조리기능사
양식 필기

양진삼, 김정민 외 지음

저자소개

경록의 3박자를 갖춘 참신한 저자를 만나보세요.

첫째, 오랜 시간 수험지도 노하우를 축적한 저자들
둘째, 대학의 조리전공 교수로서 조리계를 리더하는 저자들
셋째, 수험실기 감독 등 풍부한 시험 경험을 가진 저자들 등
경록의 저자는 완벽한 3박자를 갖추었습니다.

🍎 양진삼
국가공인 대한민국 조리기능장
《한국음식의 맛》 저자
《조리기능장 한식 실기》 저자
현) 서울종로조리기능장학원 대표

🍎 천덕상
경기대 관광전문대학원 외식산업경영 박사
서울연희전문학교 호텔조리학과 명예교수
한국산업인력공단 조리기능장 감독위원
현) 잠실롯데월드호텔 방켓연회근무

🍎 김옥현
한성대학교 경영학과 외식경영전공 박사
이화여자대학교 경제학과 학사
현) 한성대학교 미래플러스대학
　　호텔외식경영학과 강사
　　신한대학교 식품조리과학부
　　외식조리전공 겸임교수

🍎 김정민
국가공인 대한민국 조리기능장
FHC China Bronze(WACS) 2016
미국 Culinary Institute of America(CIA) 연수
현) 서울종로조리기능장 학원 원장

🍎 최영준
국가공인 대한민국 조리기능장
대구한의대학교 대학원 한방식품학과 이학박사
대구 보건대학교 호텔조리과 겸임 교수
현) 대구 공업대학 교수

🍎 진경희
국가공인 대한민국 조리기능장
한국국제요리경연대회 국무총리상 수상
사) 한국조리협회 상임이사
현) 광주국제직업전문학교 강사

🍎 정길자
국가공인 대한민국 조리기능장
한성대학교 경영대학원 석사
사) 한국조리협회 이사
현) 소담정 단양 농가레스토랑 대표

머리말

조리사로서의 첫걸음

양진삼

　현대사회의 음식이란 '건강'이라는 단어의 사용이 증가함에 따라 관심 또한 날로 높아지며 단순히 생명을 유지하기 위함이 아닌 사람과의 관계에 있어 매개체가 되고, 그 나라의 역사와 문화를 대변하며, 미래로 나아갈수록 더욱더 중요한 존재가 되는 것이라 생각됩니다.

　현 시점에 K-POP이라는 음악의 분야가 세계적으로 널리 알려짐에 따라 우리나라에 대한 외국인의 관심도 늘어나면서 한국음식 또한 세계적으로 관심이 높아지고 있습니다. 이러한 부분에 있어 한국 음식의 세계화를 위하여 전문성을 갖춘 인재로 성장하기 위해 조리의 기본기가 되는 자격증을 취득하려는 이들이 증가하고 있습니다.

　저도 어머님의 따뜻한 손맛 때문에 음식에 관심을 갖게 되었고 그로 인해 전문적인 조리사를 양성하는 지도자의 길을 걷게 되었으며 제가 이 길을 걸었던 이유처럼 요리에 관심이 있다면 누구든지 쉽게 조리의 기본과 바탕이 되는 자격증시험에 접근할 수 있도록 자격증분야에 대한 여러 가지 노하우와 경험을 바탕으로 교재를 만들게 되었습니다.

　본 교재를 활용하신 수험생 여러분께 좋은 결과가 있기를 기원합니다.

　이번 교재가 출간되기까지 저의 부족한 부분이 많았음에도 불구하고 많은 분들의 적극적인 협찬과 도움으로 책을 출간하게 할 수 있었습니다. 참여해주신 모든 분들에게 깊이 감사드립니다.

시간의 흐름에 따라 성장하는 조리사

김정민

　시간의 흐름에 따라 우리나라의 국가경쟁력이 높아지고 국민들의 의식도 선진국수준으로 높아지면서 국민건강의 인식도 함께 증가되고 있습니다.

　현재는 건강과 음식이 직결되어 외식 관련 산업이 점차 더 성장하고 있으며 더불어 조리사라는 직종도 유망직종으로 손꼽히고 있습니다.

　이에 따라 더 전문적이고 훌륭한 조리사를 필요로 하며, 조리업종의 한 전문가로서 훌륭한 조리 전문 기능인이 되기 위해서는 실무적인 기술과 더불어 과학적·이론적 배경을 기본으로 갖춘 전문가가 되어야 한다고 생각됩니다.

　본 교재는 한국산업인력공단의 출제기준에 따라 조리기능사 자격증 취득을 준비하는 수험생이 필요로 하는 관련내용과 문제를 정리하였고 최근 시행한 출제문제와 각 문항마다 정확한 해설을 수록하여 수험생 여러분들의 이론적인 부분의 이해와 최종적인 자격증 취득에 기준을 맞춰 제작하였습니다.

　본 교재의 저자로써 조리기능사 시험에 응시하는 수험생 여러분들의 합격을 기원합니다.

사회적 흐름을 따라서

최영준

음식은 시대에 따라 그 역할이 많이 바뀌어 왔습니다. 오래 전에는 음식은 단순히 삶을 살아가기 위해 반드시 섭취해야 하는 먹을 것이었다면 시대가 흐르면서 음식은 일부 상위 계층의 문화와 즐길거리였고 현대에는 모든 사람이 함께 공유할 수 있는 문화가 되었습니다. 그래서 지금은 많은 사람들이 음식을 조리하는 것에 관심을 가지고 있으며, 더 나아가 조리사를 목표로 공부하는 사람도 많습니다. 저는 현업에 종사하면서 음식을 조리하는 기본이 정말 중요하다는 것을 깨달았습니다. 그리고 학생들을 가르치는 지도자의 역할을 하면서 조리의 기본을 쉽게 알게 하고 더 나아가 조리사 자격 취득을 도와 줄 수 있는 교재를 만들어 보자라는 생각을 하였습니다. 그래서 이렇게 교재를 편찬하는 것에 참여하게 되었고 그 결과물을 보고 있습니다. 이 교재를 읽는 모든 분들이 이 교재를 통하여 조리의 기본을 익히고 준비하는 시험에서도 좋은 결과를 맺으시길 기도합니다.

이번 교재를 출간하면서 많은 분들에게 도움을 받았습니다. 도움을 주신 모든 분들께 서면을 통하여 깊은 감사의 말을 전합니다.

시험안내

필기 & 실기시험 원서접수 / 시험시행 일정

1. 한식 / 양식 / 중식 / 일식 조리기능사 (상시시험)
- 접수방법 : 한국산업인력공단 인터넷검정정보시스템(http://www.q-net.or.kr)
- 접수시간 : 원서접수 시작일 10:00~마감일 18:00까지
- 합격자발표 : 시험종료 즉시

2. 복어 조리기능사 (정기시험)
- 원서접수 : 한국산업인력공단 인터넷검정정보시스템(http://www.q-net.or.kr)
- 접수시간 : 원서접수 시작일 09:00~마감일 18:00까지
- 합격자발표 : 해당 합격자 발표일 09:00부터

필기시험 안내

1. 출제경향
- 산업현장에서 직무를 수행하기 위해 요구되는 지식, 기술, 태도 등에 관한 내용을 위주로 자격시험을 구성

2. 검정방법
- 객관식 4지선다형, 총 60문항 / 60분

3. 합격기준
- 100점 만점에 60점 이상 취득 시 (60문항 중 36문항 이상 정답 시 합격)

3 실기시험 안내

1. 출제경향
- 요구사항을 준수하여 실기시험 메뉴 2가지를 지정된 시간에 지급된 재료를 이용해 만드는 작업

2. 주요 평가내용
- 위생상태(개인 및 조리과정)
- 조리의 기술(조리기구 취급, 동작, 순서, 재료다듬기 방법)
- 작품의 평가
- 정리정돈 및 청소

3. 검정방법
- 작업형(약 60~70분)

4. 합격기준
- 100점 만점에 60점 이상 취득 시

출제기준(필기)

| 직무분야 | 음식서비스 | 중직무분야 | 조리 | 자격종목 | 중식조리기능사 | 적용기간 | 2020. 1. 1 ~ 2022. 12. 31. |

○ **직무내용** : 중식메뉴 계획에 따라 식재료를 선정, 구매, 검수, 보관 및 저장하며 맛과 영양을 고려하여 안전하고 위생적으로 음식을 조리하고 조리기구와 시설관리를 수행하는 직무이다.

| 필기검정방법 | 객관식 | 문제수 | 60 | 시험시간 | 1시간 |

필기과목명	출제문제수	주요항목	세부항목	세세항목
중식 재료관리, 음식조리 및 위생관리	60	1. 중식 위생관리	1. 개인위생관리	1. 위생관리기준 2. 식품위생에 관련된 질병
			2. 식품위생관리	1. 미생물의 종류와 특성 2. 식품과 기생충병 3. 살균 및 소독의 종류와 방법 4. 식품의 위생적 취급기준 5. 식품첨가물과 유해물질
			3. 주방 위생관리	1. 주방위생 위해요소 2. 식품안전관리인증기준(HACCP) 3. 작업장 교차오염발생요소
			4. 식중독 관리	1. 세균성 식중독 2. 자연독 식중독 3. 화학적 식중독 4. 곰팡이 독소
			5. 식품위생 관계법규	1. 식품위생법 및 관계법규 2. 제조물책임법
			6. 공중보건	1. 공중보건의 개념 2. 환경위생 및 환경오염관리 3. 역학 및 감염병 관리
		2. 중식 안전관리	1. 개인안전관리	1. 개인 안전사고 예방 및 사후 조치 2. 작업 안전관리
			2. 장비·도구안전작업	1. 조리장비·도구 안전관리지침

필기과목명	출제문제수	주요항목	세부항목	세세항목
중식 재료관리, 음식조리 및 위생관리	60		3. 작업환경 안전관리	1. 작업장 환경관리 2. 작업장 안전관리 3. 화재예방 및 조치방법
		3. 중식 재료관리	1. 식품재료의 성분	1. 수분 2. 탄수화물 3. 지질 4. 단백질 5. 무기질 6. 비타민 7. 식품의 색 8. 식품의 갈변 9. 식품의 맛과 냄새 10. 식품의 물성 11. 식품의 유독성분
			2. 효소	1. 식품과 효소
			3. 식품과 영양	1. 영양소의 기능 및 영양소 섭취기준
		4. 중식 구매관리	1. 시장조사 및 구매관리	1. 시장조사 2. 식품구매관리 3. 식품재고관리
			2. 검수 관리	1. 식재료의 품질확인 및 선별 2. 조리기구 및 설비 특성과 품질확인 3. 검수를 위한 설비 및 장비활용방법
			3. 원가	1. 원가의 의의 및 종류 2. 원가분석 및 계산
		5. 중식 기초 조리실무	1. 조리 준비	1. 조리의 정의 및 기본 조리조작 2. 기본조리법 및 대량조리기술 3. 기본 칼 기술 습득 4. 조리기구의 종류와 용도 5. 식재료 계량방법 6. 조리장의 시설 및 설비관리
			2. 식품의 조리원리	1. 농산물의 조리 및 가공·저장 2. 축산물의 조리 및 가공·저장 3. 수산물의 조리 및 가공·저장

필기과목명	출제문제수	주요항목	세부항목	세세항목
중식 재료관리, 음식조리 및 위생관리	60			4. 유지 및 유지 가공품 5. 냉동식품의 조리 6. 조미료와 향신료
		6. 중식 절임·무침 조리	1. 절임·무침조리	1. 절임·무침 준비 2. 절임류 만들기 3. 무침류 만들기 4. 절임 보관 무침 완성
		7. 중식 육수·소스 조리	1. 육수·소스조리	1. 육수·소스 준비 2. 육수·소스 만들기 3. 육수·소스 완성 보관
		8. 중식 튀김조리	1. 튀김조리	1. 튀김 준비 2. 튀김 조리 3. 튀김 완성
		9. 중식 조림조리	1. 조림조리	1. 조림 준비 2. 조림 조리 3. 조림 완성
		10. 중식 밥조리	1. 밥조리	1. 밥 준비 2. 밥 짓기 3. 요리별 조리하여 완성
		11. 중식 면조리	1. 면조리	1. 면 준비 2. 반죽하여 면 뽑기 3. 면 삶아 담기 4. 요리별 조리하여 완성
		12. 중식 냉채조리	1. 냉채조리	1. 냉채 준비 2. 냉채 조리 3. 냉채 완성
		13. 중식 볶음조리	1. 볶음조리	1. 볶음 준비 2. 볶음 조리 3. 볶음 완성
		14. 중식 후식조리	1. 후식조리	1. 후식 준비 2. 더운 후식류 조리 3. 찬 후식류 조리 4. 후식류 완성

CBT 체험하기

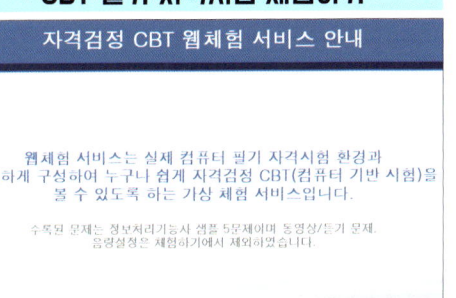
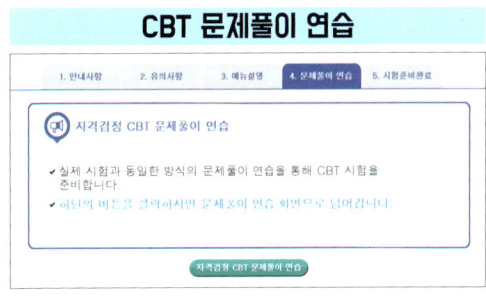

④ 문제 풀어보기
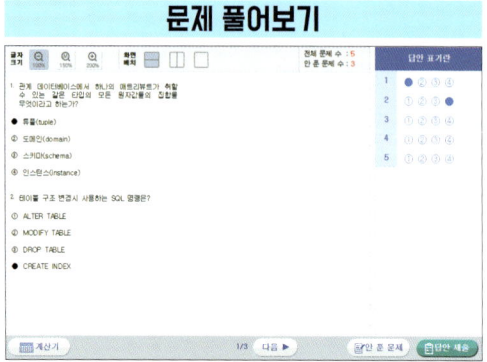

⑤ 답안 제출
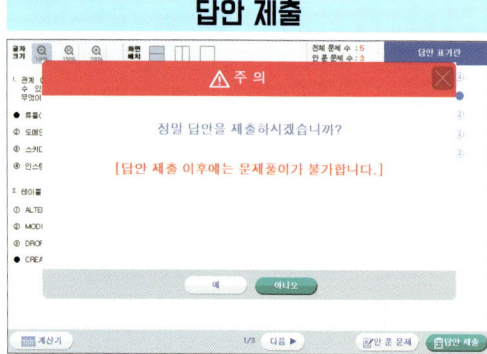

⑥ 최종 확인
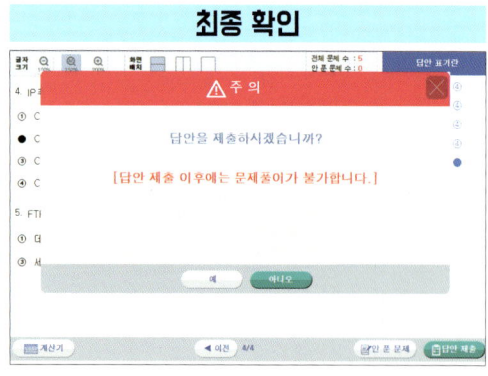

⑦ 시험 완료
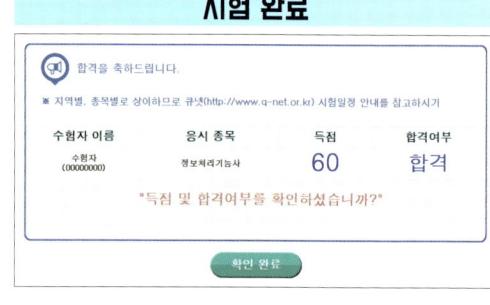

● 합격 or 불합격

● 퇴 실

Tip. 시험종료 시 바로 합격여부를 알 수 있음

■ 필기나 메모할 종이는 시험장에서 지급

■ 계산기프로그램이 시험용 컴퓨터에 있으니 사용하면 됨

Contents

01 위생관리

01	개인위생관리	17
02	식품위생에 관련된 질병	18
03	주방위생관리	28
04	식중독 관리	31
05	식품위생 관련 법규	33
06	공중보건	53
07	역학 및 감염병 관리	63
• 출제예상문제		70

02 안전관리

01	개인안전관리	85
02	장비·도구 안전작업	88
03	작업환경 안전관리	92
04	작업장 안전관리	94
05	화재예방 및 조치방법	95
• 출제예상문제		98

03 재료관리

01	식품재료의 성분	109
02	탄수화물(당질)	110
03	지질	112
04	단백질	115
05	무기질	118
06	비타민	119
07	식품의 색(향미, 냄새)	121
08	식품의 갈변	123
09	식품의 맛과 냄새	124
10	식품의 물성	127
11	식품의 유독성분	129
12	효소	130
• 출제예상문제		133

04 구매관리

01	시장조사 및 구매관리	148
02	검수관리	154
03	원가	158
• 출제예상문제		162

05 기초조리실무

01	조리준비	178
02	기본 칼 기술 습득	183
03	조리기구의 종류와 용도	186
04	식품의 조리원리	190
05	축산물의 조리 및 가공·저장	200
06	수산물의 조리 및 가공·저장	208
• 출제예상문제		217

06 스톡조리
01 스톡조리 ········· 233

07 전채조리
01 전채조리 ········· 237

08 샌드위치 조리
01 샌드위치 조리 ········· 240

09 샐러드조리
01 샐러드조리 ········· 245

10 조식조리
01 달걀요리 조리 ········· 250

11 수프조리
01 수프 재료준비 ········· 255

12 육류조리
01 육류 재료준비 ········· 259

13 파스타 조리
01 파스타 재료준비 ········· 261

14 소스조리
01 소스 재료준비 ········· 267
• 출제예상문제 ········· 271

위생관리
안전관리
재료관리
구매관리
기초조리실무
스톡조리
전채조리

샌드위치 조리
샐러드조리
조식조리
수프조리
육류조리
파스타 조리
소스조리

edukyungrok

01 위생관리

  1. 개인위생관리

1. 위생관리기준

(1) 위생관리의 의의
음료수 처리, 쓰레기, 분뇨, 하수와 폐기물 처리, 공중위생, 접객업소와 공중이용시설 및 위생용품의 위생관리, 조리, 식품 및 식품첨가물과 이에 관련된 기구·용기 및 포장의 제조와 가공에 관한 위생 관련 업무를 말한다.

(2) 위생관리의 필요성
① 식중독 위생사고 예방
②「식품위생법」및 행정처분 강화
③ 식품의 가치가 상승함(안전한 먹거리)
④ 점포의 이미지 개선(청결한 이미지)
⑤ 고객 만족(매출 증진)
⑥ 대외적 브랜드 이미지 관리

(3) 개인 위생관리
①「식품위생법」제40조, 식품영업자 및 종업원 건강진단 의무화(총리령, 건강진단 검진주기 : 1년)
② 식품영업에 종사하지 못하는 질병의 종류(「식품위생법 시행규칙」제50조)
　㉠ **소화기계 감염병** : 콜레라, 장티푸스, 파라티푸스, 세균성 이질, 장출혈성대장균감염증, A형 간염 등 → 환경위생을 철저히 함으로써 예방가능
　㉡ **결핵** : 비전염성 결핵인 경우 제외한다.
　㉢ 피부병 및 기타 화농성 질환
　㉣ **후천성면역결핍증**(AIDS) :「감염병의 예방 및 관리에 관한 법률」에 의하여 성병에 관한 건강진단을 받아야 하는 영업에 종사하는 자에 한한다.

(4) 조리사 위생관리방법

구 분		위생관리방법
개인복장관리	작업 전 점검	위생복, 위생모, 위생화의 청결
	작업복, 장갑	• 청결상태 유지 • 앞치마는 조리용, 세척용, 배식용으로 구분하여 사용 • 장갑은 수시로 새것 사용
	액세서리 및 화장	• 손톱은 짧게 깎아 유지, 매니큐어, 인조손톱 착용불가 • 시계, 반지, 목걸이, 귀걸이, 팔찌 등 착용 금지 • 진한 화장, 강한 향수, 사용 금지
작업위생관리		• 작업은 바닥으로부터 60cm 이상 높이에서 실시(바닥으로 인한 오염방지) • 칼, 도마, 조리용구 등을 용도별로 수시로 교체, 소독, 세척(교차오염방지)
방충, 방서		• 위생동물의 침입 방지를 위해 배수구, 출입구, 화장실 등에 방서설비를 함(위생관리 철저) • 방충망, 포충등, 에어커튼 설치, 살충제 등의 사용으로 위생해충의 방제를 위해 노력(정기적인 관리 필요)
조리기구의 위생관리	기구, 용구, 칼	• 사용한 후에는 흐르는 물(음용 가능한 것)로 깨끗이 세척하고 건조시켜 청결한 장소에서 위생적으로 보관 • 칼은 전용칼집에 넣어 위생적으로 관리하여 자외선 살균기에 넣어 보관하는 방법도 좋음
	도마, 조리대	작업대 옆에는 소독세제와 살균효과가 있는 소독비누를 비치
	도마, 조리, 목제 기구	• 세균이 잔존할 가능성이 높으므로 충분히 건조하여 위생적으로 사용 • 항균기능을 가진 제품이라도 반드시 살균하여 사용
	행 주	• 마른 행주와 젖은 행주를 구분하여 사용 • 행주는 사용 후 반드시 열탕소독하거나, 염소소독한 뒤 건조하여 사용 • 행주는 많이 준비하여 조리 중 반복 사용하지 않도록 함
	식품절단기, 채소절단기	자주 분해하여 세척, 살균 후 사용

2. 식품위생에 관련된 질병

1. 미생물의 종류와 특성

(1) **진균류** : 곰팡이, 효모, 버섯을 포함한 균종으로 구성하는 미생물군

① 곰팡이

　㉠ 균사체를 발육기관으로 하는 것을 사상균이라고도 한다.

　㉡ 포자법으로 증식하며 건조상태 증식 가능하고 세균보다 생육속도 느린 것이 특징이다.

누룩곰팡이	약주, 탁주, 간장, 된장, 등의 제조에 이용
푸른곰팡이	과실이나 치즈를 변패시키고 황변미를 만듦
털곰팡이	식품의 변질에 관여하며, 식품제조에 이용
거미줄곰팡이	빵에 잘 번식하여 빵곰팡이라고 불림

② 효 모
- ㉠ 단세포의 진균이며 출아법 증식한다.
- ㉡ 통성 혐기성균(공기의 존재와 무관)으로 식중독은 일으키지 않으나 세균처럼 식품변패 원인이 되는 균이다.
- ㉢ 약산성 pH에서 잘 증식하고 내산성 높으며 세균과 곰팡이의 중간크기이다.

③ 스피로헤타
- ㉠ 단세포 식물과 다세포 식물의 중간단계 미생물로 연약한 나선형모양이다.
- ㉡ 매독균·재귀열·서교증·바일병 등 병원체이다.

④ 세 균
- ㉠ 단세포의 미생물로 이분법 증식을 한다.
- ㉡ 내열성과 내건성이 높은 휴면상태의 편모 형성하며 세균성 식중독·경구 감염병·부패세균 유발시킨다.
- ㉢ 형태상 구균·간균·나선균으로 구분한다.

⑤ 리케차
- ㉠ 세균과 바이러스의 중간에 속하며 살아 있는 세포에서만 증식하는 것이 특징이며 이분법으로 증식한다.
- ㉡ 운동성이 없고 매우 작아 보통 현미경으로 관찰이 불가능하다.
- ㉢ 모양은 막대모양·원형·타원형으로 존재하며 발진열·발진티푸스 등 병원체이다.

⑥ 바이러스
- ㉠ 형태와 크기가 일정하지 않고 살아 있는 세포에서만 증식한다.
- ㉡ 가장 작은 미생물로서 전자현미경으로 관찰가능하며 세균여과기를 통과하는 여과성 병원체, 경구 감염병의 원인균이다.
- ㉢ 천연두·인플루엔자·일본뇌염·광견병·소아마비 등 병원체이다.

(2) 미생물의 구분

병원성	사람에게 질병을 일으키는 미생물	
비병원성	사람에게 질병을 일으키지 않는 미생물	
	유해한 미생물	식품의 부패와 변패의 원인이 되는 미생물
	유익한 미생물	주류(양조)나 장류(발효)등에 유익하게 이용되는 미생물

※ 미생물의 크기 : 곰팡이 > 효모 > 스피로헤타 > 세균 > 리케차 > 바이러스

(3) 미생물 생육에 필요한 조건

① **영양소** : 탄소원(당질), 질소원(아미노산, 무기질소), 무기염류, 비타민이 필요하다.

② 수 분
- ㉠ 미생물 몸체의 주성분으로 생리기능 조절한다.
- ㉡ 미생물의 발육·증식에는 40% 이상의 수분량 필요하고 수분량 15% 이상에서 곰팡이 번식 가능하다.

ⓒ 생육에 필요한 수분량 : 세균(0.95) > 효모(0.88) > 곰팡이(0.80)

③ 온도 : 0℃ 이하와 80℃ 이상에서 발육하지 못하고, 고온보다 저온에서 저항력 높다.

미생물	특 징	최적온도(℃)	발육가능온도(℃)
저온균	냉장식품의 부패 유발	15~20	0~25
중온균	대부분의 병원균·세균에 의한 부패발생	25~37	15~55
고온균	온천수에 서식하는 세균	50~60	40~70

④ 산소 : 미생물의 산소의 필요도에 따라 크게 호기성균과 혐기성균으로 구분한다.

호기성세균		산소를 필요로 하는 균(곰팡이, 효모, 식초산균, 바실러스, 방선균)
혐기성세균		산소를 필요로 하지 않는 균(낙산균, 클로스트리디움)
	통성혐기성 세균	산소의 유무에 관계없이 발육하는 균(젖산균, 효모)
	편성혐기성 세균	산소를 절대적으로 기피하는 균(보툴리누스균, 웰치균)

⑤ 수소이온농도(pH)
  ㉠ 곰팡이·효모 : 최적 pH 4.0~6.0, 최저 pH 2.5~3.0으로 산성에서 증식
  ㉡ 세균 : 최적 pH 6.5~7.5으로 중성·약알칼리성에서 증식

(4) 식품의 부패판정

① 관능검사 : 시각, 촉각, 미각, 후각 등 이용한다.
② 생균수 검사 : 식품의 신선도 측정할 때 사용한다.
  • 초기 부패 → 식품 1g당 $10^7 \sim 10^8$
③ 화학적 검사
  ㉠ 수소이온농도(pH) : 신선 → pH 5.5, 초기 부패 → pH 6.2일 때
  ㉡ 휘발성 염기질소(VBN) : 신선 → 25mg%, 초기 부패 → 30~40mg%
  ㉢ 트리메탈아민(TMA) : 초기 부패 → 4~6mg%일 때

2. 식품과 기생충병

(1) 기생충 질환의 원인과 종류

① 기생충 질환의 원인 : 환경불량, 비과학적 식생활습관, 분변의 비료화, 비위생적인 일상생활, 비위생적 영농방법 등
② 기생충의 종류

분 류	기생충명
선충류	회충, 편충, 구충, 요충, 동양모양선충, 말레이사상충
흡충류	간디스토마, 폐디스토마, 요코가와흡충
조충류	무구조충, 유구조충, 광절열두조충, 만소니열두조충
원충류	아메바성 이질, 말라리아

(2) 채소로부터 감염되는 기생충(중간숙주가 없음)
① 소장에 기생하며 경구감염 된다.
② 예방법
③ 분변관리(분뇨처리장의 증설, 분리 분뇨식 변소, 완전 부숙 후 처리)
④ 청정채소의 장려, 식품위생 수준, 파리 구제 및 환경개선
⑤ 구충제로는 피란텔파모에이트, 메벤다졸, 피페라진 등이 있음

분 류	감염형태	특 징
회 충	경구감염	우리나라에서 가장 감염률이 높음
요 충	경구감염, 집단감염	대장에 기생, 항문주위에 산란, 소양증 유발
구충(십이지장충)	경피감염, 경구감염	소장에 기생, 맨발로 작업시 감염
편 충	경구감염	대장에 기생, 자각증상이 없음
동양모양선충	경구감염	소장에 기생, 소화기계 증상, 내염성 강함

(3) 육류로부터 감염되는 기생충(중간숙주 1개)

기생충명	중간숙주	기생충명	중간숙주
무구조충	소	톡소플라즈마	돼지, 개, 고양이
유구조충	돼지	만손열두조충	뱀, 개구리
선모충	돼지, 개		

(4) 어패류로부터 감염되는 기생충(중간숙주 2개)

기생충명	제1중간숙주	제2중간숙주	종말숙주
간흡충(간디스토마)	왜우렁이	민물고기(붕어, 잉어, 모래무지)	사람, 개, 고양이
폐흡충(폐디스토마)	다슬기류	가재, 민물게	사람, 개, 고양이
고래회충(아니사키스)	바다갑각류	해산어류	고래
요코가와흡충(횡천흡충)	다슬기류	민물고기(은어, 붕어, 잉어)	사람, 개, 고양이, 돼지
광절열두조충(긴촌충)	물벼룩	민물고기(송어, 연어, 숭어, 농어)	사람, 개, 고양이, 여우
유극악구충	물벼룩	가물치, 메기, 뱀장어, 양서류, 파충류, 조류, 갑각류, 포유동물	돼지, 고양이, 개, 야생동물

※ 사람이 중간숙주 구실을 하는 것 : 말라리아

3. 소독의 종류

(1) 소독, 멸균, 및 방부의 정의

멸 균	미생물의 영양세포 및 포자를 사멸시켜 무균상태로 만드는 것
살 균	세균, 효모, 곰팡이 등 미생물의 영양세포를 사멸시키는 것
소 독	병원 미생물의 생활력을 파괴하여 감염력을 없애는 것
방 부	미생물의 증식을 억제하여 균의 발육을 저지시켜 부패나 발효를 방지하는 것

※ 살균작용의 세기 정도 : 멸균 > 살균 > 소독 > 방부

(2) 물리적 소독법

구 분	방 법	특 징
비열 처리법	자외선멸균법	• 일광소독(실외소독)이자 자외선소독(실내소독) • 도르노선 : 파장 2,500~2,800Å에서 살균력이 높음 • 단백질이 공존하는 경우 살균효과 감소
	방사선멸균법	^{60}Co(코발트60), ^{137}Cs(세슘137)등에서 발생하는 방사선을 방출하여 살균하는 방법
	세균여과법	• 세균여과기를 이용하여 음료수나 액체식품 등의 균을 걸러내어 제거하는 방법 • 세균보다 작은 바이러스는 여과기를 통과하므로 걸러지지 않음(불완전)
가열 처리법	자비소독법	끓는 물에서 15~30분간 처리하는 방법, 식기류 소독
	화염멸균법	불꽃 속에 20초 이상 접촉하여 미생물을 사멸하는 방법
	건열멸균법	건열멸균기를 이용하여 160~180℃에서 30분~1시간 가열하는 방법
	고압증기멸균법	고압증기멸균기를 이용하여 121℃에서 15~20분간 살균하는 방법, 아포형성균까지 사멸가능
	유통증기멸균법	100℃의 유통증기에서 30~60분간 가열하는 방법, 아포형성균 사멸 불가능
	간헐멸균법	• 100℃의 유통증기에서 20~30분간 1일 1회로 3회 반복 • 아포형성균까지 사멸가능
	저온살균법(LTLT법)	고온처리가 부적합한 유제품을 61~65℃에서 30분간 가열하는 방법
	고온단시간살균법(HTST법)	우유 등을 70~75℃에서 15~30초간 살균하는 방법
	초고온순간살균법(UHT법)	우유 등을 130~140℃에서 2초간 살균하는 방법

(3) 화학적인 소독

구 분	특 징
석탄산(3%)	• 변소(분뇨), 하수도, 진개 등의 오물 소독에 사용 • 살균력이 안전하고 유기물에도 소독력이 약화되지 않음 • 독성이 강하고 냄새가 독함 • 금속부식성이 있으며, 피부점막에 강한 자극을 줌 • 석탄산계수 : 소독약의 살균력을 나타내는 지표
염소, 차아염소산나트륨	채소, 식기, 과일, 음료수 등의 소독에 사용
표백분(클로르칼크)	음료수, 우물, 수영장, 채소, 식기 소독에 사용
역성비누(양성비누)	• 식기, 손 소독(10% 사용), 과일, 채소 소독(0.01~0.1%) • 보통비누와 동시 사용하거나 유기물 존재시 살균효과가 감소되므로 세제로 씻은 후 사용
크레졸비누액(3%)	변소, 하수도, 우물, 손 소독에 사용하며 석탄산보다 소독력이 2배 강함
생석회	변소(분변), 하수도, 진개 등의 오물 소독, 우물 소독에 사용
승홍수(0.1%)	손, 피부, 비금속기구의 소독에 사용
과산화수소	피부와 상처 소독에 사용

> **Tip** 소독약의 구비조건
> - 살균력 : 침투력이 강할 것
> - 부식성, 표백성, 독성, 냄새가 없을 것
> - 안정성, 용해성이 높을 것
> - 사용하기 간편하고 가격이 저렴할 것

4. 식품의 위생적 취급기준

① 식품 등을 취급하는 원료보관실·제조가공실·조리실·포장실 등의 내부는 항상 청결하게 관리하여야 한다.

② 식품 등의 원료 및 제품 중 부패·변질이 되기 쉬운 것은 냉동·냉장시설에 보관·관리하여야 한다.

③ 식품 등의 보관·운반·진열 시에는 식품 등의 기준 및 규격이 정하고 있는 보존 및 유통기준에 적합하도록 관리하여야 하고, 이 경우 냉동·냉장시설 및 운반시설은 항상 정상적으로 작동시켜야 한다.

④ 제조·가공(수입품을 포함)하여 최소 판매 단위로 포장된 식품 또는 식품첨가물을 허가를 받지 아니하거나 신고를 하지 아니하고 판매의 목적으로 포장을 뜯어 분할하여 판매하여서는 아니 된다(다만, 컵라면, 일회용 다류, 그 밖의 음식류에 뜨거운 물을 부어주거나, 호빵 등을 따뜻하게 데워 판매하기 위하여 분할하는 경우는 제외).

⑤ 식품 등의 제조·가공·조리에 직접 사용되는 기계·기구 및 음식기는 사용 후에 세척·살균하는 등 항상 청결하게 유지·관리하여야 하며, 어류·육류·채소류를 취급하는 칼·도마는 각각 구분하여 사용하여야 한다.

⑥ 유통기한이 경과된 식품 등을 판매하거나 판매의 목적으로 진열·보관하여서는 안 된다.

5. 식품첨가물과 유해물질

(1) **식품첨가물의 정의** : 식품을 제조·가공 또는 보존하는 과정에서 식품에 넣거나 섞는 물질 또는 식품을 적시는 등에 사용하는 물질을 말한다.

(2) **식품첨가물의 구비조건**
  ① 인체에 유해한 영향을 끼치지 않을 것
  ② 미량으로 효과가 클 것
  ③ 독성이 없거나 극히 적을 것
  ④ 식품에 나쁜 변화를 주지 않을 것
  ⑤ 사용법이 간단하고 저렴할 것

(3) **식품첨가물의 사용목적**
  ① 식품의 부패와 변질 방지
  ② 식품의 상품 가치 향상
  ③ 식품의 영양 강화

④ 식품의 기호 및 관능 만족
⑤ 식품의 제조 및 품질 개량

(4) 식품의 변질·부패를 방지하는 첨가물

① 보존료(방부제)
  ㉠ 정의 : 식품의 변질, 부패를 방지하고 식품의 영양가와 신선도를 보존하기 위하여 사용하는 식품첨가물
  ㉡ 구비조건
     • 변질 미생물에 대한 증식억제 효과가 클 것
     • 미량으로도 효과가 클 것
     • 독성이 없거나 극히 적을 것
     • 무미·무취·무자극성일 것
     • 공기·빛·열에 안정, pH에 영향을 받지 않을 것
     • 사용하기 간편하고 저렴할 것
  ㉢ 종류

구 분	사용식품	사용기준(첨가량)
데히드로초산	치즈(자연치즈, 가공치즈), 마가린, 버터	0.5g/kg 이하
소르빈산	식육·어육 연제품, 잼류, 건조과실류, 토마토케첩, 된장	• 식육 2g/kg 이하 • 된장 1g/kg 이하 • 잼류 1g/kg 이하 • 건조과실류, 토마토케첩 0.5g/kg 이하 • 자연치즈, 가공치즈 38g/kg 이하
안식향산, 안식향산나트륨	과실, 채소류, 간장, 청량음료, 알로에즙 등	• 과실, 채소, 간장, 청량음료 0.6g/kg 이하 • 알로에즙 0.5g/kg 이하
프로피온산, 프로피온산나트륨, 프로피온산칼슘	빵, 과자, 케이크류, 자연치즈, 가공치즈	• 빵, 케이크 2.5g/kg 이하 • 자연치즈, 가공치즈 3g/kg 이하 • 잼류 1g/kg 이하

② 살균제
  ㉠ 정의 : 식품의 부패원인균 등을 사멸시키기 위하여 사용하는 식품첨가물
  ㉡ 종류

구 분	용 도	사용 시 유의사항
차아염소산나트륨, 고도표백분, 과산화수소	음료수, 식기, 소독	• 과실류, 채소류 등 식품의 살균목적 이외에는 사용금지 • 최종 식품의 완성 전에 제거해야 함(차아염소산나트륨은 참깨에 사용 금지)

③ 산화방지제(항산화제)
  ㉠ 정의 : 유지의 산패 및 식품의 산화로 인한 품질 저하를 방지하기 위하여 사용하는 식품첨가물
  ㉡ 천연 항산화제 : 비타민 C(아스코르빈산), 비타민 E(토코페롤), 폴라본유도체, 고시폴 등

ⓒ 종 류

구 분	용 도	사용기중
에르소르빈산(Erythorbic Acid)	색소의 산화방지	산화방지 이외의 목적으로 사용금지
디부틸히드록시톨루엔(BHT), 부틸히드록시아니솔(BHA)	유지의 산화방지	• 식용유지류, 식용우지, 식용돈지, 버터류, 어패건제품, 어패염장품 0.2g/kg 이하 • 어패냉동품 및 고냉동품의 침지액 1g/kg 이하 • 추잉껌 0.4g/kg이하 • 체중조절용 조제식품, 시리얼류0.05g/kg 이하 • 마요네즈 BHT 0.06g/kg 이하, BHA o.14g/kg이하
몰식자산프로필(Propyl Gallate)	식용유지(향미유 제외), 식용우지, 식용돈지, 버터류 한정사용	0.1g/kg 이하
비타민 C(Ascorbic Acid)	천연항산화제	사용제한 없음
L-아스코르빈산나트륨(Sodium L- Ascorbate)		
비타민 E(Tocopherol)		

6. 식품의 관능을 만족시키는 첨가물

(1) 조미료

① 정의 : 식품 본래의 맛을 돋우거나 조절하여 풍미를 좋게 하기 위하여 사용하는 식품첨가물

② 종 류

구 분	구성 성분
핵산계 조미료	이노신산나트륨, 구아닐산나트륨
아미노산계조미료	글루타민산나트륨(M.S.G), 알라닌, 글리신
유기산계 조미료	주석산나트륨, 구연산나트륨, 사과산나트륨, 호박산나트륨, 젖산나트륨, 호박산

(2) 산미료

① 정의 : 식품의 산미(신맛)를 부여, 미각에 청량감과 상쾌한 자극을 주기 위하여 사용하는 식품첨가물

② 종류 : 주석산, 구연산, 사과산, 젖산, 후말산, 초산, 이산화탄소

(3) 감미료

① 정의 : 식품에 감미(단맛)를 주기 위하여 사용하는 식품첨가물

② 천연감미료와 인공감미료로 나누는데, 인공감미료는 당질을 제외한 감미를 지닌 화학적 합성품을 총칭하는 것으로 칼로리가 없다.

③ 종류 : 사카린나트륨(제한적 사용), 아스파탐, D-소르비톨, 자일리톨, 만리톨, 글리실리진산나트륨

(4) 착색제

① 정의 : 식품에 색을 부여하거나 본래의 색을 복원시키기 위해 사용하는 식품첨가물

② 종류
  ㉠ 타르계 : 아마란스(식용색소적색 제2호), 에리스로신(식용색소적색 제3호), 타르진(식용색소황색 제4호)
  ㉡ 비타르계 : β-카로틴, 삼이산화철, 이산화티타늄, 동클로로필린나트륨, 철클로로필린 나트륨, 카르민

(5) 발색제(색소고정제)
  ① 정의 : 식품 중에 존재하는 색소 단백질과 결합함으로써 식품의 색을 보다 선명하게 하거나 안정화시키기 위하여 사용하는 식품첨가물
  ② 종류
    ㉠ 육류 발색제 : 아질산나트륨, 질산나트륨, 질산칼륨
    ㉡ 식물성 식품 발색제 : 황산 제1철, 소명반(황산알루미늄칼륨)

(6) 착향료
  ① 정의 : 식품 특유의 향을 첨가하거나 제조공정 중 손실된 향을 첨가하여 식품 본래의 향을 유지시키기 위해 사용하는 식품첨가물
  ② 종류
    ㉠ 천연향료 : 동물성 천연향료(아민류, 저급지방산류), 식물성 천연향료(레몬류, 정유류, 황화합물, 알데히드류, 케톤류, 에스테르류, 알코올류)
    ㉡ 합성향료(인공향료) : 멘톨, 바닐린, 벤질알코올, 계피알데히드, 개미산 등

(7) 표백제
  ① 정의 : 식품의 제조과정 중 식품의 색소가 퇴색·변색될 경우 색을 아름답게 하기 위해 사용하는 식품첨가물
  ② 종류
    ㉠ 환원형 표백제 : 환원작용에 의해 표백, 메타중아황산칼륨, 무수아황산, 아황산나트륨, 산성아황산나트륨, 차아황산나트륨 등
    ㉡ 산화형 표백제 : 산화작용에 의해 백색으로 분해, 과산화수소, 과산화벤조일, 과황산암모늄, 차아염소산나트륨, 표백분 등

7. 식품의 품질개량·유지를 위한 첨가물

구 분	특 징	종 류
유화제(계면활성제)	물과 기름처럼 잘 섞이지 않는 두 종류의 액체를 혼합시켜 잘 분리되지 않도록 하고, 유지시키기 위해 사용	글리세린지방산에스테르, 소르비탄지방산에스테르, 자당지방산에스테르, 프로필렌글리콜지방산에스테르, 대두인지질(레시턴), 난황(레시틴)
밀가루 개량제 (소맥분 개량제)	장기 저장 시 변색, 품질 저하와 같은 경제적 이유가 발생하므로 화학적 개량제로 색 보존	과산화벤조일, 과황산암모늄, 이산화염소, 브롬산칼륨
호료(증점제, 안정제)	식품의 점착성 증가, 식품의 형체 보존, 유화 안전성의 향상, 가열이나 보존 시 선도 유지, 미각적인 촉감 유지를 위해 사용	알긴산나트륨, 카세인, 한천, 카제인나트륨, 글루텐

피막제	과실류, 채소류에 피막을 형성하여 외관 유지, 호흡작용 제한, 신선도 유지, 광택 부여 등을 하기 위한 목적으로 사용	몰포린지방산염, 초산비닐수지
품질 개량제	식육, 어육으로 연제품 제조 시 결착성을 향상시키고 식품의 탄력성, 보수성, 팽창성 증대의 목적으로 사용	인산염류
이형제	제빵 시 반죽이 분할기로부터 잘 분리되도록, 구울 때 빵틀로부터 형태를 유지하며 쉽게 분리되도록 하기 위해 사용	유동파라핀

8. 식품의 제조·가공에 필요한 첨가물

구 분	특 징	종 류
팽창제	빵, 과자제조 시 식품을 부풀게 하여 조직을 연하게 하고, 기호성을 향상시키기 위해 사용	효모(이스트), 명반, 탄산수소나트륨
소포제	식품제조 시 거품 생성을 방지하기(감소시키기)위해 사용	규소수지
껌 기초제	껌의 탄력성과 점성을 부여	에스테르검, 초산비닐수지
추출제	식용유지를 제조할 때, 유지 추출을 용이하게 하기 위해 사용	N-헥산
용 제	천연물의 성분이나 식품첨가물 등이 식품에 균일하게 혼합되기 위해 적절한 용매에 용해시켜 첨가	플로필렌글리콜, 글리세론, 글리세린지방산에스테르, 헥산

9. 중금속

납(Pb) 중독	• 중독경로 : 도료, 제련, 납땜(통조림), 도자기나 범랑용기의 유약 • 중독증상 : 빈혈, 연연, 사지마비, 피로
수은(Hg) 중독	• 중독경로 : 공장폐수에 오염된 어패류, 농약, 보존료 등으로 처리한 음식의 섭취 • 중독증상 : 미나마타병(지각이상, 언어장애, 보행곤란)
카드뮴(Cd)중독	• 중독경로 : 광산·공자폐수의 오염으로 인해 중독된 어패류 및 농작물의 섭취, 도자기나 법랑용기의 유약 • 중독증상 : 이타이이타이병(골연화증, 골다공증)
비소(As) 중독	• 중독경로 : 농약(비소제), 도자기나 법랑용기의 유약 • 중독증상 : 위장장애, 설사, 구토, 피부이상, 신경장애, 운동마비
주석(Sn) 중독	• 중독경로 : 통조림관의 도금재료 • 중독증상 : 구토, 설사, 복통, 메스꺼움
구리(Cu) 중독	• 중독경로 : 구리로 만든 식기·주전자·냄비 등의 부식, 식기에 생긴 녹청의 유출 • 중독증상 : 위통, 오심, 구토, 현기증, 호흡곤란, 잔열감
크롬(Cr) 중독	• 중독경로 : 작업장 등에서의 분진 • 중독증상 : 궤양, 피부염, 알레르기성 습진, 비염
아연(Zn) 중독	• 중독경로 : 통조림관의 도금재료 • 중독증상 : 구토, 설사, 복통

※ 주석은 통조림의 금속을 보호하기 위한 코팅으로 사용되며 이때 코팅을 너무 얇게 하거나 내용물의 산성(과일의 산)이 강해 캔이 부식되거나 유통과정 중 충격에 의해 찌그러지면 내용물에 주석이 용출 가능성이 높음

10. 조리 및 가공에서 기인하는 유해물질

구 분	종 류
유해 착색제	• 아우라민 : 단무지, 황색 색소 • 로다민 B : 토마토케첩, 과자류 • 파라니트로아닐린 : 황색 색소
유해 감미료	에틸렌글리콜, 둘신, 페릴라틴, 사이클라메이트, 파라니트로올소톨루이딘
유해 표백제	롱가리트, 형광표백제, 삼염화질소
유해 보존제	붕산, 포름알데히드, 불소화합물, 승홍
메탄올	• 주류(포도주, 사과주) 발효과정 중에 메탄올 생성으로 함유 • 증상 : 시신경염증, 두통, 구토, 설사, 실명, 호흡곤란으로 인한 사망

3. 주방위생관리

1. 주방위생 위해요소

① 조리장에 음식물과 음식물 찌꺼기를 방치하지 않기
② 조리장의 출입구에 신발을 소독할 수 있는 시설 구비
③ 조리사의 손을 소독할 수 있도록 손소독기 구비
④ 조리장의 내부 및 시설은 1일 1회 이상 청소하여 청결을 유지
⑤ 음식물 및 식재료는 위생적으로 보관하고, 남은 재료나 주방 쓰레기는 위생적으로 처리
⑥ 가스기기의 조립부분은 모두 분리해서 세제로 깨끗이 닦고, 가스가 새어나오지 않도록 가스 연결부 등을 점검
⑦ 조리기구는 사용 시와 사용 후 잘 씻고, 1일 1회 이상 세척하여 청결을 유지
⑧ 냉장, 냉동고는 주 1회 정도 세정·소독하고 서리 제거
⑨ 칼, 도마, 행주는 중성세제로 세척하여 바람이 잘 통하고 햇볕이 잘 드는 곳에서 매일 1회 이상 건조 소독
⑩ 조리장의 위생해충은 방충·방서시설, 살충제 등을 사용하여 방제를 위해 지속적으로 노력

2. 식품안전관리인증기관(HACCP)

(1) HACCP의 정의

위해요소분석(Hazard Analysis)과 중요관리점(Critical Control Point)의 영문 약자로서, "해썹", "식품안전관리인증기준"으로 지칭하며 식품의 원재료부터 제조·가공·보존·유통·조리 단계를 거쳐 최종소

비자가 섭취하기 전까지의 각 단계에서 발생할 우려가 있는 위해요소를 관리하기 위한 중요관리점을 결정하여 자율적·체계적·효율적 관리로 식품의 안전성을 확보하기 위한 과학적인 위생관리체계

(2) HACCP의 7원칙 12절차

준비단계 (5절차)	절차 1. HACCP 팀 구성
	절차 2. 제품설명서 작성
	절차 3. 제품의 용도 확인
	절차 4. 공정흐름도 작성
	절차 5. 공정흐름도 현장확인
7원칙	원칙 1. 위해요소 분석
	원칙 2. 중점관리점(CCP) 결정
	원칙 3. 중요관리점에 대한 한계기준 설정
	원칙 4. 중요관리점 모니터링 체계 확립
	원칙 5. 개선조치 방법 수립
	원칙 6. 검증절차 및 방법 수립
	원칙 7. 문서화, 기록유지 방법 설정

(3) 식품안전관리인증기준(HACCP) 대상 식품 13종(「식품위생법 시행규칙」 제62조)

① 어육가공품 중 어묵·어육소시지
② 냉동수산식품 중 어류·연체류·조미가공품
③ 냉동식품 중 피자류·만두류·면류
④ 과자류 중 과자·캔디류·빙과류
⑤ 음료류
⑥ 레토르트식품
⑦ 김치류 중 배추김치
⑧ 빵 또는 떡류 중 빵류·떡류
⑨ 코코아가공품 또는 초콜릿류 중 초콜릿류
⑩ 면류 중 국수·유탕면류
⑪ 특수용도식품
⑫ 즉석섭취·편의식품류 중 즉석섭취식품
⑫-② 즉시섭취·편의식품류의 즉석조리식품 중 순대
⑬ 식품제조·가공업의 영업소 중 전년도 총 매출액이 100억원 이상인 영업소에서 제조·가공하는 식품
 ※ 대상식품에 껌(츄잉껌)류는 포함되지 않는다.

3. 작업장 교차오염발생요소

(1) 교차오염
오염되지 않은 식재료나 음식이 오염된 식재료, 기구, 종사자와의 접촉으로 인해 미생물이 혼입되어 오염되는 것

(2) 교차오염이 발생하는 원인
① 맨손으로 식품을 취급한다.
② 손을 깨끗이 씻지 않을 경우
③ 식품 쪽에서 기침을 할 경우
④ 칼, 도마 등을 혼용 사용할 경우

(3) 교차오염 예방
① 일반구역과 청결구역을 설정하여 전처리, 조리, 기구 세척 등을 별도의 구역에서 이행한다.

일반작업구역	검수구역, 전처리구역, 식재료 저장구역, 세정구역
청결작업구역	조리구역, 배선구역, 식기보관구역

② 칼, 도마 등의 기구나 용기는 용도별(조리 전후) 구분하여 전용으로 준비하여 사용한다.
  * 칼 완제품, 가공식품용 / 육류용 / 어류용 / 채소용 색 구분 사용
③ 반드시 손을 세척·소독한 후에 식품 취급 작업을 하며, 조리용 고무장갑도 세척·소독하여 사용한다.
④ 세척 용기(또는 세척대)는 어육류, 채소류를 구분하여 사용하고, 사용 전후에 충분히 세척·소독한 후 사용한다.
⑤ 식품취급 등의 작업은 바닥으로부터 60cm 이상 떨어진 곳에서 실시하여 바닥의 오염된 물이 튀지 않도록 주의한다.
⑥ 전처리 시 사용하는 물은 반드시 먹는 물로 사용한다.
⑦ 전처리하기 전후의 식품을 분리·보관한다.
⑧ 반지, 팔찌 등의 장신구는 착용금지한다.
⑨ 핸드폰 사용 시 코풀기, 재채기, 난류·어류·육류를 만지거나 화장실을 이용한 뒤 반드시 손을 씻어 청결을 유지한다.
⑩ 오염도에 따른 식재료 구분 보관

냉장고	냉동고
소스류/완제품(소독 후 야채)	완제품
소독 전 야채류	가공품
육류, 어패류	어패류
해동 중 식재료(맨 아래칸)	육류(맨 아래칸)

4. 식중독 관리

1. 감염형 세균성 식중독

(1) 세균성 식중독

식중독	살모넬라균 식중독	장염비브리오균 식중독	병원성 대장균 식중독	웰치균
원인균	살모넬라균	비브리오균	병원성 대장균	웰치균(A~F형 중에서 A형이 식중독 원인균이다.)
특 징	쥐, 파리, 바퀴 등에 의해 식품을 오염시키는 균으로 보균자나 보균 동물에 의해 일어나는 인축 공통적 특성을 가진다.	3~4%의 염도에서 잘 증식하는 호염성세균으로 그람음성 무아포의 간균	사람이나 동물의 장내에 서식하는 균으로 흙속에도 존재한다.	편성 혐기성 세균이고, 아포를 형성하며 열에 강한 균이다.
원인식품	육류 및 가공품, 우유 및 유제품, 채소샐러드, 조류 및 알 등	어패류(주로 하절기)	우유, 치즈, 햄, 소시지, 햄버거	육류·어패류의 가공품, 튀김 두부 등
감염경로	쥐, 바퀴벌레, 파리, 돼지, 닭, 고양이 등의 장내에서 장내 세균으로 서식	어패류의 생식, 어패류를 손질한 도마(조리기구), 손을 통한 2차 감염	환자나 가축의 분변	오염된 육류나 가공품을 섭취
잠복기	식후 8~20시간 (평균 18시간)	식후 10~18시간 (평균 12시간)	평균 13시간	8~20시간 (평균 12시간)
증 상	급성위장염 및 급한 발열 (38~40℃)	구토, 복통, 설사(혈변), 약간의 발열(37~38℃), 급성위장염	급성대장염	구토, 복통, 설사 (혈변)
예방법	방충 및 방서시설, 식품의 저온보존, 위생관리 철저, 65℃에서 약 30분간 가열하여 섭취한다.	여름철에 어패류의 생식을 피하며, 이 균은 저온에서 번식하지 못하므로 냉장보관 한다.	동물의 배설물이 오염원이므로 분변오염이 되지 않도록 한다.	분변의 오염을 막고, 조리된 식품을 저온, 냉동 보관한다.

(2) 독소형 식중독

식중독	포도상구균 식중독	클로스트리디움 보툴리누스균 식중독	바실루스 세레우스균 식중독
원인균	포도상구균	보툴리누스균(A~G형 중에서 A,B,E,F형이 식중독 원인균)	바실루스속의 세레우스균
원인식품	우유, 크림, 버터, 치즈, 떡, 김밥 등	햄, 소시지, 통조림, 병조림 등	• 설사형 : 육류, 채소 수프, 푸딩 등 • 구토형 : 쌀밥, 볶음밥 등 탄수화물 식품
잠복기	1~6시간(평균 3시간)	12~36시간	• 8~16시간(설사형) • 1~5시간(구토형)
증 상	구토, 복통, 설사, 급성위장염	시력저하, 사시, 동공확대, 신경마비 등	복통, 설사, 메스꺼움, 구토
예방법	화농성 질환자의 식품취급 금지, 주방청결 유지, 식품의 위생적 보관, 재고 식품의 빠른 처리	80℃에서 15분 정도 가열섭취, 통조림 등 원인식품의 살균처리	냉장, 냉동보관하여 증식 억제, 가열 후 즉시 섭취

(3) 기타 식중독

구 분	노로바이러스	아리조나균	장구균	알레르기성
원인균	• 감염환자 가검물 • 조리도구 오염물 • 기침, 재채기 통한 비말 감염	• Salmonella Arizona • 가금류와 파충류의 정상적인 장내 세균 • 살모넬라 식중독균과 비슷	• Enterococcus Faecalis • 사람과 동물의 정상적인 장내 세균	• Proteus Morgani • 사람이나 동물의 장내에 상주 • 알레르기를 일으키는 히스타민을 만듦
원인식품	오염된 식수, 오염된 물로 재배된 채소, 과일, 식품	가금류, 난류와 그 가공품	유제품(치즈, 우유), 육류(소세지, 햄), 곡류	붉은살 생선(꽁치, 고등어, 정어리, 참치 등)
잠복기	24시간	18~24시간	5~10시간	30분 전후
증 상	구토, 설사, 복통	메스꺼움, 설사, 구토, 발열	설사, 복통, 구토	안면홍조, 발진(두드러기)

2. 자연독 식중독

• 동물성 식중독

구 분		원인독소	증 상	특 징
복어중독		테트로도톡신	구토, 지각이상, 호흡곤란, 호흡마비, 치사율 50~60%에 이르는 사지의 마비	• 잠복기 : 식후 30분~5시간 • 치사량 : 2mg • 독소량 : 난소>간>내장>피부 • 독소는 끓여도 파괴되지 않음 • 유독시기 : 산란 직전인 5~6월 • 예방대책 : 독소가 함유된 부위의 제거와 폐기를 철저히 할 것, 전문조리사만이 조리할 것
조개류 종류	모시조개, 바지락, 굴	베네루핀	혈변, 출혈, 구토, 혼수상태	• 유독시기 : 5~9월 • 특징 : 끓여도 파괴되지 않음
	섭조개(홍합), 대합	삭시톡신	신경마비, 신체마비, 호흡곤란	• 유독시기 : 2~4월 • 특징 : 끓여도 파괴되지 않음

3. 화학적 식중독

구 분	원인물질	특징 및 증상
유해성 금속물질	수 은	콩나물재배시 소독제 : 미나마타병(지각이상, 언어장애, 보행곤란)
	납	통조림땜납, 도자기나 법랑용기, 수도관 : 구토, 사지마비, 지각상실
	카드뮴	도금공장, 광산폐수 : 이타이이타이병(신장장애, 폐기종, 골연화증)
	비 소	식품첨가물, 도자기나 법랑용기 : 위장장애, 신경장애
농 약	유기인제	파라티온, 말라티온 : 신경독증상, 혈압상승, 근력감퇴
	유기염소제	BHC, DDT등의 농약 : 신경독증상, 구토, 설사, 시력감퇴
	비소화합물	비산칼륨등의 농약 : 식도의 수축, 구토, 색소침착, 설사

유해첨가물	착색제	아우라민, 로다민 : 신장장애, 혈액독, 두통
	감미료	둘신, 시클라메이트 : 중추신경계자극, 간종양, 발암성
	표백제	롱가릿, 삼염화질소 : 발암성, 신장자극
	보존료	붕산, 승홍, 포름알데히드 : 소화불량, 현기증, 호흡곤란
식품의 제조와 소독과정 발생	메탄알코올	• 과실주의 알코올 발효 시 펙틴으로부터 생성 • 10~15ml 섭취시 : 두통, 현기증, 구토, 복통, 설사, 시신경염증으로 실명 • 30~100ml 섭취시 : 마비, 호흡곤란, 사망
	벤조올파피렌	• 석유, 석탄, 목재, 식품 등을 태울 때 불완전 연소로 생성됨 • 발암성이 매우 강함
	PCB중독	• PCB가 생체에 혼입되면 지방조직에 축적되어 중독증상 발생 • 증상 : 피부염, 간질환, 신경장애 증세
	N-니트로사민	육가공의 발색제 사용 시 아민과 아질산의 반응으로 생성
	다환방향족 탄화수소	유기물질 고온가열시 단백질과 지방의 분해로 발생, 벤조피렌(훈제육, 태운고기
	아크릴 아마이드	전분식품 가열시 아미노산과 당의 열에 의한 결합반응으로 유전자변형 발생

4. 곰팡이독(마이코톡신) 식중독

아플라톡신	• 원인식품 : 옥수수, 쌀, 땅콩, 보리, 된장, 곶감 • 독소 : 아스페르길루스 플라브스 → 아플라톡신(간장독) • 증상 : 간암유발
맥각중독	• 원인식품 : 보리, 호밀, 밀 • 독소 : 맥각균 → 에르고톡신(간장독) • 증상 : 구토, 복통, 설사, 임산부의 유산, 조산 위험성
황변미중독	• 원인식품 : 저장미(수분 14~15% 함유한 쌀) • 독소 : 페니실륨속 푸른곰팡이 → 시트리닌(신장독), 시트레오비리딘(신경독), 아이스란디톡신(간장독) • 증상 : 인체에 신장독, 신경독, 간장독을 일으킴

※ 1960년 영국에서 10만 마리의 칠면조가 간장 장애를 일으켜 대량 폐사한 사고가 발생하여 원인을 조사한 결과 땅콩박에서 Aspergillus flavus 곰팡이가 번식하여 생성한 독소인 아플라톡신(aflatoxin)이 원인물질로 밝혀졌다.

 5. 식품위생 관련 법규

2019.3.14.부터 ☞ 표기가 있는 법률은「식품 등의 표시, 광고에 관한 법률」로 변경되나 식품 관련 법규임으로 문제출제가 가능함

1. 식품위생법

(1) 총 칙

목적(식품위생법 제1조) 식품으로 인하여 생기는 위생상의 위해를 방지하고 식품영양의 질적 향상을 도모하며 식품에 관한 올바른 정보를 제공하여 국민보건의 증진에 이바지함을 목적으로 한다.

용어의 정의(식품위생법 제2조)

1. "식품"이란 모든 음식물(의약으로 섭취하는 것은 제외한다)을 말한다.
2. "식품첨가물"이란 식품을 제조·가공·조리 또는 보존하는 과정에서 감미, 착색, 표백 또는 산화방지 등을 목적으로 식품에 사용되는 물질을 말한다. 이 경우 기구·용기·포장을 살균·소독하는 데에 사용되어 간접적으로 식품으로 옮아갈 수 있는 물질을 포함한다.
3. "화학적 합성품"이란 화학적 수단으로 원소 또는 화합물에 분해 반응 외의 화학 반응을 일으켜서 얻은 물질을 말한다.
4. "기구"란 다음 각 목의 어느 하나에 해당하는 것으로서 식품 또는 식품첨가물에 직접 닿는 기계·기구나 그 밖의 물건(농업과 수산업에서 식품을 채취하는 데에 쓰는 기계·기구나 그 밖의 물건 및 위생용품은 제외한다)을 말한다.
    - 가. 음식을 먹을 때 사용하거나 담는 것
    - 나. 식품 또는 식품첨가물을 채취·제조·가공·조리·저장·소분(완제품을 나누어 유통을 목적으로 재포장하는 것을 말한다.)·운반·진열할 때 사용하는 것
5. "용기·포장"이란 식품 또는 식품첨가물을 넣거나 싸는 것으로서 식품 또는 식품첨가물을 주고받을 때 함께 건네는 물품을 말한다.
6. "위해"란 식품, 식품첨가물, 기구 또는 용기·포장에 존재하는 위험요소로서 인체의 건강을 해치거나 해칠 우려가 있는 것을 말한다.
7. "영업"이란 식품 또는 식품첨가물을 채취·제조·가공·조리·저장·소분·운반 또는 판매하거나 기구 또는 용기·포장을 제조·운반·판매하는 업(농업과 수산업에 속하는 식품 채취업은 제외한다)을 말한다.
8. "표시"란 식품, 식품첨가물, 기구 또는 용기·포장에 기재하는 문자·숫자 또는 도형을 말한다.
9. "영양표시"란 식품의 일정량에 함유된 영양소의 함량 등 영양에 관한 정보를 표시하는 것을 말한다.
10. "영업자"란 영업허가를 받은 자나 영업신고를 한 자 또는 영업등록을 한 자를 말한다.
11. "식품위생"이란 식품, 식품첨가물, 기구 또는 용기·포장을 대상으로 하는 음식에 관한 위생을 말한다.
12. "집단급식소"란 영리를 목적으로 하지 아니하면서 특정 다수인에게 계속하여 음식물을 공급하는 다음 각 목의 어느 하나에 해당하는 곳의 급식시설로서 대통령령으로 정하는 시설을 말한다.
    - 가. 기숙사
    - 나. 학교
    - 다. 병원
    - 라. 사회복지시설
    - 마. 산업체
    - 바. 국가, 지방자치단체 및 공공기관
    - 사. 그 밖의 후생기관 등
13. "식품이력추적관리"란 식품을 제조·가공단계부터 판매단계까지 각 단계별로 정보를 기록·관리하여 그 식품의 안전성 등에 문제가 발생할 경우 그 식품을 추적하여 원인을 규명하고 필요한 조치를 할 수 있도록 관리하는 것을 말한다.

14. "식중독"이란 식품 섭취로 인하여 인체에 유해한 미생물 또는 유독물질에 의하여 발생하였거나 발생한 것으로 판단되는 감염성 질환 또는 독소형 질환을 말한다.
15. "집단급식소에서의 식단"이란 급식대상 집단의 영양섭취기준에 따라 음식명, 식재료, 영양성분, 조리방법, 조리인력 등을 고려하여 작성한 급식계획서를 말한다.

식품 등의 취급(식품위생법 제3조) ① 누구든지 판매(판매 외의 불특정 다수인에 대한 제공을 포함한다. 이하 같다)를 목적으로 식품 또는 식품첨가물을 채취·제조·가공·사용·조리·저장·소분·운반 또는 진열을 할때에는 깨끗하고 위생적으로 하여야 한다.
② 영업에 사용하는 기구 및 용기·포장은 깨끗하고 위생적으로 다루어야 한다.
③ 위의 규정에 의한 식품, 식품첨가물, 기구 또는 용기·포장의 위생적인 취급에 관한 기준은 총리령으로 정한다.

(2) 식품 및 식품첨가물

위해식품 등의 판매 등 금지(식품위생법 제4조) 누구든지 다음 각 호의 어느 하나에 해당하는 식품 등을 판매하거나 판매할 목적으로 채취·제조·수입·가공·사용·조리·저장·소분·운반 또는 진열하여서는 아니 된다.

1. 썩거나 상하거나 설익어서 인체의 건강을 해칠 우려가 있는 것
2. 유독·유해물질이 들어 있거나 묻어 있는 것 또는 그러할 염려가 있는 것. 다만, 식품의약품안전처장이 인체의 건강을 해칠 우려가 없다고 인정하는 것은 제외한다.
3. 병을 일으키는 미생물에 오염되었거나 그러할 염려가 있어 인체의 건강을 해칠 우려가 있는 것
4. 불결하거나 다른 물질이 섞이거나 첨가된 것 또는 그 밖의 사유로 인체의 건강을 해칠 우려가 있는 것
5. 안전성 심사 대상인 농·축·수산물 등 가운데 안전성 심사를 받지 아니하였거나 안전성 심사에서 식용으로 부적합하다고 인정된 것
6. 수입이 금지된 것 또는 수입신고를 하여야 하는 경우에 수입신고를 하지 아니하고 수입한 것
7. 영업자가 아닌 자가 제조·가공·소분한 것

병든 동물고기 등의 판매 등 금지(식품위생법 제5조) 누구든지 총리령으로 정하는 질병에 걸렸거나 걸렸을 염려가 있는 동물이나 그 질병에 걸려죽은 동물의 고기·뼈·젖·장기 또는 혈액을 식품으로 판매하거나 판매할 목적으로 채취·수입·가공·사용·조리·저장·소분 또는 운반하거나 진열하여서는 아니 된다.

- 총리령으로 정하는 병든 동물 고기 판매 등의 금지에 따른 병에는 리스테리아병, 살모넬라병, 파스튜렐라병, 선모충증이 있음

기준·규격이 정하여지지 아니한 화학적 합성품 등의 판매 등 금지(식품위생법 제6조) 누구든지 다음 각 호의 어느 하나에 해당하는 행위를 하여서는 아니 된다. 다만, 식품의약품안전처장이 식품위생심의위원회(이하 "심의위원회"라 한다)의 심의를 거쳐 인체의 건강을 해칠 우려가 없다고 인정하는 경우에는 그러하지 아니하다.

1. 기준·규격이 정하여지지 아니한 화학적 합성품인 첨가물과 이를 함유한 물질을 식품첨가물로 사용하는 행위

  2. 식품첨가물이 함유된 식품을 판매하거나 판매할 목적으로 제조·수입·가공·사용·조리·저장·소분·운반 또는 진열하는 행위

식품 또는 식품첨가물에 관한 기준과 규격(식품위생법 제7조) ① 식품의약품안전처장은 국민보건을 위하여 필요하면 판매를 목적으로 하는 식품 또는 식품첨가물에 관한 다음 각 호의 사항을 정하여 고시한다.
  1. 제조·가공·사용·조리·보존 방법에 관한 기준
  2. 성분에 관한 규격
② 식품의약품안전처장은 기준과 규격이 고시되지 아니한 식품 또는 식품첨가물의 기준과 규격을 인정받으려는 자에게 식품의약품안전처장이 지정한 식품전문 시험·검사기관 또는 총리령으로 정하는 시험·검사기관의 검토를 거쳐 기준과 규격이 고시될 때까지 그 식품 또는 식품첨가물의 기준과 규격으로 인정할 수 있다.
③ 수출할 식품 또는 식품첨가물의 기준과 규격은 위 항에도 불구하고 수입자가 요구하는 기준과 규격을 따를 수 있다.
④ 기준과 규격이 정하여진 식품 또는 식품첨가물은 그 기준에 따라 제조·수입·가공·사용·조리·보존하여야 하며, 그 기준과 규격에 맞지 아니하는 식품 또는 식품첨가물은 판매하거나 판매할 목적으로 제조·수입·가공·사용·조리·저장·소분·운반·보존 또는 진열하여서는 아니 된다.

권장규격 예시 등(식품위생법 제7조의 2) ① 식품의약품안전처장은 기준 및 규격이 설정되지 아니한 식품 등이 국민보건상 위해 우려가 있어 예방조치가 필요하다고 인정하는 경우에는 그 기준 및 규격이 설정될 때까지 위해 우려가 있는 성분 등의 안전관리를 권장하기 위한 규격(이하 "권장규격"이라 한다)을 예시할 수 있다.
② 식품의약품안전처장은 권장규격을 예시할 때에는 국제식품규격위원회 및 외국의 규격 또는 다른 식품 등에 이미 규격이 신설되어 있는 유사한 성분 등을 고려하여야 하고 심의위원회의 심의를 거쳐야 한다.
③ 식품의약품안전처장은 영업자가 권장규격을 준수하도록 요청할 수 있으며 이행하지 아니한 경우 그 사실을 공개할 수 있다.

(3) 기구와 용기·포장

유독기구 등의 판매·사용 금지(식품위생법 제8조) 유독·유해물질이 들어 있거나 묻어 있어 인체의 건강을 해칠 우려가 있는 기구 및 용기·포장과 식품 또는 식품첨가물에 직접 닿으면 해로운 영향을 끼쳐 인체의 건강을 해칠 우려가 있는 기구 및 용기·포장을 판매하거나 판매할 목적으로 제조·수입·저장·운반·진열하거나 영업에 사용하여서는 아니 된다.

기구 및 용기 포장에 관한 기준과 규격(식품위생법 제9조) ① 식품의약품안전처장은 국민보건을 위하여 필요한 경우에는 판매하거나 영업에 사용하는 기구 및 용기·포장에 관하여 다음 각 호의 사항을 정하여 고시한다.
  1. 제조 방법에 관한 기준
  2. 기구 및 용기·포장과 그 원재료에 관한 규격
② 식품의약품안전처장은 기준과 규격이 고시되지 아니한 기구 및 용기·포장의 기준과 규격을 인정받으

려는 자에게 기준사항을 제출하게 하여 「식품·의약품 분야 시험·검사 등에 관한 법률」따라 식품의약품안전처장이 지정한 식품전문 시험·검사기관 또는 같은 총리령으로 정하는 시험·검사기관의 검토를 거쳐 기준과 규격이 고시될 때까지 해당 기구 및 용기·포장의 기준과 규격으로 인정할 수 있다.

③ 수출할 기구 및 용기·포장과 그 원재료에 관한 기준과 규격은 수입자가 요구하는 기준과 규격을 따를 수 있다.

④ 기준과 규격이 정하여진 기구 및 용기·포장은 그 기준에 따라 제조하여야 하며, 그 기준과 규격에 맞지 아니한 기구 및 용기·포장은 판매하거나 판매할 목적으로 제조·수입·저장·운반·진열하거나 영업에 사용하여서는 아니 된다.

(4) 표 시

☞ **표시기준**(식품위생법 제10조) ① 식품의약품안전처장은 국민보건을 위하여 특히 필요하다고 인정하는 때에는 판매를 목적으로 하는 식품 또는 식품첨가물의 표시, 기준, 또는 규격이 정하여진 기구와 용기·포장의 표시에 관하여 필요한 기준을 정하여 이를 고시할 수 있다.

② 표시에 관한 기준이 정하여진 식품 등은 그 기준에 맞는 표시가 없으면 이를 판매하거나 판매의 목적으로 수입·진열 또는 운반하거나 영업상 사용하여서는 아니 된다.

☞ **식품의 영양표시 등**(식품위생법 제11조) ① 식품의약품안전처장은 총리령으로 정하는 식품의 영양표시에 관하여 필요한 기준을 정하여 고시할 수 있다.

② 식품을 제조·가공·소분 또는 수입하는 영업자가 식품을 판매하거나 판매할 목적으로 수입·진열·운반하거나 영업에 사용하는 경우 정해진 영양표시 기준을 지켜야 한다.

☞ **나트륨 함량 비교 표시등**(식품위생법 제11조의 2) 2019. 3. 14 「식품 등의 표시, 광고에 관한 법률」시행

① **나트륨 함량 비교 표시 기준** : 나트륨 함량 비교 단위는 총 내용량으로 한다. 다만, 개 또는 단위로 나눌 수 있는 단위 제품에서 그 단위 내용량이 100g 이상이거나 1회 섭취량 이상인 식품의 비교단위는 단위 내용량으로 한다.

② **나트륨 함량 표시 사항** : 나트륨 함량 비교 표시 대상 식품은 세부분류별 비교 표준값에 대한 비율 및 비교단위당 나트륨 함량을 표시하여야 한다.

③ **나트륨 함량 비교 표시기준의 재평가 등** : 식품의약품안전처장은 세부분류별 비교 표준 값 등 나트륨 함량 비교 표시 기준을 주기적으로 재평가하여야 한다.

유전자재조합식품 등의 표시(식품위생법 제12조의2) ① 생명공학기술을 활용하여 재배·육성된 농산물·축산물·수산물 등을 원재료로 하여 제조·가공한 식품 또는 식품첨가물(이하 "유전자변형식품 등"이라 한다)은 유전자변형식품임을 표시하여야 한다. 다만, 제조·가공 후에 유전자변형 DNA 또는 유전자변형 단백질이 남아 있는 유전자변형식품등에 한정한다.

1. 인위적으로 유전자를 재조합하거나 유전자를 구성하는 핵산을 세포 또는 세포 내 소기관으로 직접 주입하는 기술
2. 분류학에 따른 과(科)의 범위를 넘는 세포융합기술

② 유전자변형식품등은 표시가 없으면 판매하거나 판매할 목적으로 수입·진열·운반하거나 영업에 사용하여서는 아니 된다.

③ 표시의무자, 표시대상 및 표시방법 등에 필요한 사항은 식품의약품안전처장이 정한다.

☞ **표시·광고의 심의**(식품위생법 제12조의3) ① 영유아식, 체중조절용 조제식품 등 대통령으로 정하는 식품에 대하여 표시·광고를 하려는 자는 식품의약품안전처장이 정한 식품 표시·광고 심의기준, 방법 및 절차에 따라 심의를 받아야 한다.

☞ **허위표시 등의 금지**(식품위생법 제13조) ① 식품 등의 명칭·제조방법 및 품질에 관하여는 허위표시 또는 과대광고를 하지 못하고, 포장에 있어서는 과대포장을 하지 못하는 식품·식품첨가물의 표시에 있어서는 의약품과 혼동할 우려있는 표시를 하거나 광고를 하여서는 아니 된다. 식품·식품첨가물의 영양가 및 성분에 관하여도 또한 같다.

② 허위표시·과대광고·과대포장의 범위 기타 필요한 사항은 총리령으로 정한다.

※ 연간 태어난 출생아 1,000명 중에 만 1세 미만에 사망한 영아수의 천분의 일로서 건강수준이 향상되면 영아사망률이 감소하므로 국민보건 상태의 측정지표로 이용되며 영아사망률은 환경악화나 비위생적인 환경에서 가장 예민한 시기이므로 보건수준을 나타내는 지표로서 큰 의미를 지니고 있다.

(5) 식품 등의 공전

식품 등의 공전(식품위생법 제14조) 식품의약안전처장은 식품 또는 식품첨가물의 기준과 규격, 기구 및 용기·포장의 기준과 규격, 식품 등의 표시기준 등을 실은 식품 등의 공전을 작성·보급하여야 한다.

(6) 검사 등

위해평가(식품위생법 제15조) ① 식품의약품안전처장은 국내외에서 유해물질이 함유된 것으로 알려지는 등 위해의 우려가 제기되는 식품 등이 위해 식품 등의 판매, 유독기구 등의 판매, 사용 등에 해당한다고 의심되는 경우에는 그 식품 등의 위해요소를 신속히 평가하여 그것이 위해식품 등인지를 결정하여야 한다.

② 식품의약품안전처장은 위해평가가 끝나기 전까지 국민건강을 위하여 예방조치가 필요한 식품 등에 대하여는 판매하거나 판매할 목적으로 채취·제조·수입·가공·사용·조리·저장·소분·운반 또는 진열하는 것을 일시적으로 금지할 수 있다. 다만, 국민건강에 급박한 위해가 발생하였거나 발생할 우려가 있다고 식품의약품안전처장이 인정하는 경우에는 그 금지조치를 하여야 한다.

③ 식품의약품안전처장은 일시적 금지조치를 하려면 미리 심의위원회의 심의·의결을 거쳐야 한다. 다만, 국민건강을 급박하게 위해할 우려가 있어서 신속히 금지조치를 하여야 할 필요가 있는 경우에는 먼저 일시적 금지조치를 한 뒤 지체 없이 심의위원회의 심의·의결을 거칠 수 있다.

④ 심의위원회는 심의하는 경우 대통령령으로 정하는 이해관계인의 의견을 들어야 한다.

⑤ 식품의약품안전처장은 위해평가나 사후 심의위원회의 심의·의결에서 위해가 없다고 인정된 식품 등에 대하여는 지체없이 일시적 금지조치를 해제하여야 한다.

⑥ 위해평가의 대상, 방법 및 절차, 그 밖에 필요한 사항은 대통령령으로 정한다.

유전자 재조합 식품 등의 안전성 평가 등(식품위생법 제18조) ① 유전자변형식품 등을 식용으로 수입·개발·생산하는 자는 최초로 유전자변형식품 등을 수입하는 경우 등 대통령령으로 정하는 경우에는 식품의약품안전처장에게 해당 식품 등에 대한 안전성 심사를 받아야 한다.

② 식품의약품안전처장은 유전자변형식품 등의 안전성 심사를 위하여 식품의약품안전처에 유전자변형식품 등 안전성심사위원회(이하 "안전성심사위원회"라 한다)를 둔다.

③ 안전성심사위원회의 구성·기능·운영에 필요한 사항은 대통령령으로 정한다.

④ 안전성 심사의 대상, 안전성 심사를 위한 자료제출의 범위 및 심사절차 등에 관하여는 식품의약품안전처장이 정하여 고시한다.

특정 식품 등의 수입·판매 등 금지(식품위생법 제21조) ① 식품의약품안전처장은 특정 국가 또는 지역에서 채취·제조·가공·사용·조리 또는 저장된 식품 등이 그 특정 국가 또는 지역에서 위해한 것으로 밝혀졌거나 위해의 우려가 있다고 인정되는 경우에는 그 식품 등을 수입·판매하거나 판매할 목적으로 제조·가공·사용·조리·저장·소분·운반 또는 진열하는 것을 금지할 수 있다.

② 식품의약품안전처장은 위해평가 또는 검사 후 식품 등에서 유독·유해물질이 검출된 경우에는 해당 식품 등의 수입을 금지하여야 한다. 다만, 인체의 건강을 해칠 우려가 없다고 식품의약품안전처장이 인정하는 경우는 그러하지 아니하다.

③ 식품의약품안전처장은 금지를 하려면 미리 관계 중앙행정기관의 장의 의견을 듣고 심의위원회의 심의·의결을 거쳐야 한다. 다만, 국민건강을 급박하게 위해할 우려가 있어서 신속히 금지 조치를 하여야 할 필요가 있는 경우 먼저 금지조치를 한 뒤 지체 없이 심의위원회의 심의·의결을 거칠 수 있다.

④ 심의위원회가 심의하는 경우 대통령령으로 정하는 이해관계인은 심의위원회에 출석하여 의견을 진술하거나 문서로 의견을 제출할 수 있다.

⑤ 식품의약품안전처장은 직권으로 수입·판매 등이 금지된 식품 등에 대하여 이해관계가 있는 국가 또는 수입한 영업자의 신청을 받아 그 식품 등에 위해가 없는 것으로 인정되면 심의위원회의 심의·의결을 거쳐 금지의 전부 또는 일부를 해제할 수 있다.

출입·검사·수거 등(식품위생법 제22조) ① 식품의약품안전처장(대통령령으로 정하는 그 소속 기관의 장을 포함한다. 이하 이 조에서 같다), 시·도지사 또는 시장·군수·구청장은 식품 등의 위해방지·위생관리와 영업질서의 유지를 위하여 필요하면 다음 각 호의 구분에 따른 조치를 할 수 있다.

1. 영업자나 그 밖의 관계인에게 필요한 서류나 그 밖의 자료의 제출 요구
2. 관계 공무원으로 하여금 다음 각 목에 해당하는 출입·검사·수거 등의 조치
   가. 영업소(사무소, 창고, 제조소, 저장소, 판매소, 그 밖에 이와 유사한 장소를 포함한다)에 출입하여 판매를 목적으로 하거나 영업에 사용하는 식품 등 또는 영업시설 등에 대하여 하는 검사
   나. 가목에 따른 검사에 필요한 최소량의 식품 등의 무상 수거
   다. 영업에 관계되는 장부 또는 서류의 열람

② 식품의약품안전처장은 시·도지사 또는 시장·군수·구청장이 출입·검사·수거 등의 업무를 수행하면서

식품 등으로 인하여 발생하는 위생 관련 위해방지 업무를 효율적으로 하기 위하여 필요한 경우에는 관계 행정기관의 장, 다른 시·도지사 또는 시장·군수·구청장에게 행정응원을 하도록 요청할 수 있다. 이 경우 행정응원을 요청받은 관계 행정기관의 장, 시·도지사 또는 시장·군수·구청장은 특별한 사유가 없으면 이에 따라야 한다.

③ 출입·검사·수거 또는 열람하려는 공무원은 그 권한을 표시하는 증표 및 조사기간, 조사범위, 조사담당자, 관계 법령 등 대통령령으로 정하는 사항이 기재된 서류를 지니고 이를 관계인에게 내보여야 한다.

④ 행정응원의 절차, 비용 부담 방법, 그 밖에 필요한 사항은 대통령령으로 정한다.

식품 등의 재검사(식품위생법 제23조) ① 식품의약품안전처장(대통령령으로 정하는 그 소속 기관의 장을 포함한다. 이하 이 조에서 같다), 시·도지사 또는 시장·군수·구청장은 식품 등을 검사한 결과 해당 식품 등이 식품 등의 기준이나 규격에 맞지 아니하면 대통령령으로 정하는 바에 따라 해당 영업자에게 그 검사 결과를 통보하여야 한다.

② 통보를 받은 영업자가 그 검사 결과에 이의가 있으면 검사한 제품과 같은 제품(같은 날에 같은 영업시설에서 같은 제조공정을 통하여 제조·생산된 제품에 한정한다.)을 식품의약품안전처장이 인정하는 국내외 검사기관 2곳 이상에서 같은 검사항목에 대하여 검사를 받아 그 결과가 통보받은 검사 결과와 다를 때에는 그 검사기관의 검사성적서 또는 검사증명서를 첨부하여 식품의약품안전처장, 시·도지사 또는 시장·군수·구청장에게 재검사를 요청할 수 있다. 다만, 시간이 경과 함에 따라 검사 결과가 달라질 수 있는 검사항목 등 총리령으로 정하는 검사항목은 재검사 대상에서 제외한다.

③ 재검사 요청을 받은 식품의약품안전처장, 시·도지사 또는 시장·군수·구청장은 영업자가 제출한 검사 결과가 검사 결과와 다르다고 확인되거나 같은 항의 검사에 따른 검체의 채취·취급방법, 검사방법·검사과정 등이 식품 등의 기준 및 규격에 위반된다고 인정되는 때에는 지체 없이 재검사하고 해당 영업자에게 재검사 결과를 통보하여야 한다. 이 경우 재검사 수수료와 보세창고료 등 재검사에 드는 비용은 영업자가 부담한다.

자가품질검사 의무(식품위생법 제31조) ① 식품 등을 제조·가공하는 영업자는 총리령으로 정하는 바에 따라 제조·가공하는 식품 등이 기준과 규격에 맞는지를 검사하여야 한다.

② 식품의약품안전처장 및 시·도지사는 검사를 해당 영업을 하는 자가 직접 행하는 것이 부적합한 경우 자가품질위탁 시험·검사기관에 위탁하여 검사하게 할 수 있다.

③ 검사를 직접 행하는 영업자는 검사 결과 해당 식품 등이 위반하여 국민건강에 위해가 발생하거나 발생할 우려가 있는 경우에는 지체 없이 식품의약품안전처장에게 보고하여야 한다.

④ 검사의 항목·절차, 그 밖에 검사에 필요한 사항은 총리령으로 정한다.

식품위생감시원(식품위생법 제32조) ① 관계 공무원의 직무와 그 밖에 식품위생에 관한 지도 등을 하기 위하여 식품의약품안전처(대통령령으로 정하는 그 소속 기관을 포함한다), 특별시·광역시·특별자치시·도·특별자치도(이하 "시·도"라 한다) 또는 시·군·구(자치구를 말한다. 이하 같다)에 식품위생감시원을 둔다.

② 식품위생감시원의 자격·임명·직무범위, 그 밖에 필요한 사항은 대통령령으로 정한다.

식품위생감시원 직무(식품위생법 시행령 제17조)
1. 식품 등의 위생적인 취급에 관한 기준의 이행지도
2. 수입·판매 또는 사용 등이 금지된 식품 등의 취급 여부에 관한 단속
3. 표시기준 또는 과대광고 금지의 위반 여부에 관한 단속
4. 출입·검사 및 검사에 필요한 식품 등의 수거
5. 시설기준의 적합 여부의 확인·검사
6. 영업자 및 종업원의 건강진단 및 위생교육의 이행 여부 확인·지도
7. 조리사 및 영양사의 법령준수사항 이행 여부의 확인·지도
8. 행정처분의 이행 여부 확인
9. 식품 등의 압류·폐기 등
10. 영업소의 폐쇄를 위한 간판 제거 등의 조치
11. 그 밖에 영업자의 법령 이행 여부에 관한 확인·지도

소비자식품위생감시원(식품위생법 제33조) ① 식품의약품안전처장(대통령령으로 정하는 그 소속 기관의 장을 포함한다. 이하 이 조에서 같다), 시·도지사 또는 시장·군수·구청장은 식품위생관리를 위하여 등록한 소비자단체의 임직원 중 해당 단체의 장이 추천한 자나 식품위생에 관한 지식이 있는 자를 소비자식품위생감시원으로 위촉할 수 있다.

② 위촉된 소비자식품위생감시원(이하 "소비자식품위생감시원"이라 한다)의 직무는 다음 각 호와 같다.
　1. 식품접객업을 하는 자(이하 "식품접객영업자"라 한다)에 대한 위생관리 상태 점검
☞ 2. 유통 중인 표시·광고의 기준에 맞지 아니하거나 부당한 표시 또는 광고행위의 금지 규정을 위반한 경우 관할 행정관청에 신고하거나 그에 관한 자료 제공
　3. 식품위생감시원이 하는 식품 등에 대한 수거 및 검사 지원
　4. 그 밖에 식품위생에 관한 사항으로서 대통령령으로 정하는 사항

③ 소비자식품위생감시원은 직무를 수행하는 경우 그 권한을 남용하여서는 아니 된다.

④ 소비자식품위생감시원을 위촉한 식품의약품안전처장, 시·도지사 또는 시장·군수·구청장은 소비자식품위생감시원에게 직무 수행에 필요한 교육을 하여야 한다.

⑤ 식품의약품안전처장, 시·도지사 또는 시장·군수·구청장은 소비자식품위생감시원이 다음 각 호의 어느 하나에 해당하면 그 소비자식품위생감시원을 해촉하여야 한다.
　1. 추천한 소비자단체에서 퇴직하거나 해임된 경우
　2. 직무와 관련하여 부정한 행위를 하거나 권한을 남용한 경우
　3. 질병이나 부상 등의 사유로 직무수행이 어렵게 된 경우

⑥ 소비자식품위생감시원이 직무를 수행하기 위하여 식품집객영업자의 영업소에 단독으로 출입하려면 미리 식품의약품안전처장, 시·도지사 또는 시장·군수·구청장의 승인을 받아야 한다.

⑦ 소비자식품위생감시원이 승인을 받아 식품접객영업자의 영업소에 단독으로 출입하는 경우에는 승인서와 신분을 표시하는 증표 및 조사기간, 조사범위, 조사담당자, 관계 법령 등 대통령령으로 정하는 사항이 기재된 서류를 지니고 이를 관계인에게 내보여야 한다.

⑧ 소비자식품위생감시원의 자격, 직무 범위 및 교육, 그 밖에 필요한 사항은 대통령령으로 정한다.

(7) 영업

시설기준(식품위생법 제36조) 다음의 영업을 하려는 자는 총리령으로 정하는 시설기준에 맞는 시설을 갖추어야 한다.

① 식품 또는 식품첨가물의 제조업, 가공업, 운반업, 판매업 및 보존업
② 기구 또는 용기·포장의 제조업
③ **식품접객업**
- **휴게음식점영업** : 주로 다류, 아이스크림류 등을 조리·판매하거나 패스트푸드점, 분식점 형태의 영업 등 음식류를 조리·판매하는 영업으로서 음주행위가 허용되지 않는 영업(다만, 편의점·슈퍼마켓·휴게소, 그 밖의 음식류를 판매하는 장소에서 컵라면, 일회용 다류 또는 그 밖의 음식류에 뜨거운 물을 부어주는 경우는 제외한다.)
- **일반음식점영업** : 음식류를 조리·판매하는 영업으로서 식사와 함께 부수적으로 음주행위가 허용되는 영업
- **단란주점영업** : 주로 주류를 조리·판매하는 영업으로서 손님이 노래를 부르는 행위가 허용되는 영업
- **유흥주점영업** : 주로 주류를 조리·판매하는 영업으로서 유흥종사자를 두거나 유흥시설을 설치할 수 있고 손님이 노래를 부르거나 춤을 추는 행위가 허용되는 영업
- **위탁급식영업** : 집단급식소를 설치·운영하는 자와의 계약에 따라 그 집단급식소 내에서 음식류를 조리하여 제공하는 영업
- **제과점영업** : 주로 빵·떡·과자 등을 제조·판매하는 영업으로서 음주행위가 허용되지 아니하는 영업

영업의 허가 등(식품위생법 제37조) ① 영업 중 대통령령으로 정하는 영업을 하려는 자는 대통령령으로 정하는 바에 따라 영업종류별 또는 영업소별로 식품의약품안전처장 또는 특별자치시장·특별자치도지사·시장·군수·구청장의 허가를 받아야 한다. 허가받은 사항 중 대통령령으로 정하는 중요한 사항을 변경할 때에도 또한 같다.

② 식품의약품안전처장 또는 특별자치시장·특별자치도지사·시장·군수·구청장은 영업허가를 하는 때에는 필요한 조건을 붙일 수 있다.

③ 영업허가를 받은 자가 폐업하거나 허가받은 사항 중 같은 항 후단의 중요한 사항을 제외한 경미한 사항을 변경할 때에는 식품의약품안전처장 또는 특별자치시장·특별자치도지사·시장·군수·구청장에게 신고하여야 한다.

④ 영업 중 대통령령으로 정하는 영업을 하려는 자는 대통령령으로 정하는 바에 따라 영업 종류별 또는 영업소별로 식품의약품안전처장 또는 특별자치시장·특별자치도지사·시장·군수·구청장에게 신고하여야 한다. 신고한 사항 중 대통령령으로 정하는 중요한 사항을 변경하거나 폐업할 때에도 또한 같다.

⑤ 영업 중 대통령령으로 정하는 영업을 하려는 자는 대통령령으로 정하는 바에 따라 영업 종류별 또는 영업소별로 식품의약품안전처장 또는 특별자치시장·특별자치도지사·시장·군수·구청장에게 등록하여야 하며, 등록한 사항 중 대통령령으로 정하는 중요한 사항을 변경할 때 에도 또한 같다. 다만,

　폐업하거나 대통령령으로 정하는 중요한 사항을 제외한 경미한 사항을 변경할 때에는 식품의약품안전처장 또는 특별자치시장·특별자치도지사·시장·군수·구청장에게 신고하여야 한다.

⑥ 식품 또는 식품첨가물의 제조업·가공업의 허가를 받거나 신고 또는 등록을 한 자가 식품또는 식품첨가물을 제조·가공하는 경우에는 총리령으로 정하는 바에 따라 식품의약품안전처장 또는 특별자치시장·특별자치도지사·시장·군수·구청장에게 그 사실을 보고하여야 한다. 보고한 사항 중 총리령으로 정하는 중요한 사항을 변경하는 경우에도 또한 같다.

⑦ 식품의약품안전처장 또는 특별자치시장·특별자치도지사·시장·군수·구청장은 영업자가 관할 세무서장에게 폐업신고를 하거나 관할세무서장이 사업자등록을 말소한 경우에는 신고 또는 등록 사항을 직권으로 말소할 수 있다.

⑧ 폐업하고자 하는 자는 영업정지 등 행정 제재처분기간 중에는 폐업신고를 할 수 없다.

⑨ 식품의약품안전처장 또는 특별자치시장·특별자치도지사·시장·군수·구청장은 직권말소를 위하여 필요한 경우 관할 세무서장에게 영업자의 폐업여부에 대한 정보 제공을 요청할 수 있다. 이 경우 요청을 받은 관할 세무서장은 영업자의 폐업여부에 대한 정보를 제공한다.

건강진단(식품위생법 제40조) ① 총리령으로 정하는 영업자 및 그 종업원은 건강진단을 받아야 한다. 다만, 다른 법령에 따라 같은 내용의 건강진단을 받는 경우에는 이 법에 따른 건강진단을 받은 것으로 본다.

② 건강진단을 받은 결과 타인에게 위해를 끼칠 우려가 있는 질병이 있다고 인정된 자는 그영업에 종사하지 못한다.

③ 영업자는 제1항을 위반하여 건강진단을 받지 아니한 자나 제2항에 따른 건강진단 결과 타인에게 위해를 끼칠 우려가 있는 질병이 있는 자를 그 영업에 종사시키지 못한다.

④ 건강진단의 실시방법 등과 타인에게 위해를 끼칠 우려가 있는 질병의 종류는 총리령으로정한다.

식품위생교육(식품위생법 제41조) ① 대통령령으로 정하는 영업자 및 유흥종사자를 둘 수 있는 식품접객업 영업자의 종업원은 매년 식품위생에 관한 교육(이하 "식품위생교육"이라 한다)을 받아야 한다.

② 영업을 하려는 자는 미리 식품위생교육을 받아야 한다. 다만, 부득이한 사유로 미리 식품위생교육을 받을 수 없는 경우에는 영업을 시작한 뒤에 식품의약품안전처장이 정하는 바에 따라 식품위생교육을 받을 수 있다.

③ 교육을 받아야 하는 자가 영업에 직접 종사하지 아니하거나 두 곳 이상의 장소에서 영업을 하는 경우에는 종업원 중에서 식품위생에 관한 책임자를 지정하여 영업자 대신 교육을 받게 할 수 있다. 다만, 집단급식소에 종사하는 조리사 및 영양사가 식품위생에 관한 책임자로 지정되어 교육을 받은 경우에는 해당 연도의 식품위생교육을 받은 것으로 본다.

④ 다음 각 호의 어느 하나에 해당하는 면허를 받은 자가 식품접객업을 하려는 경우에는 식품위생교육을 받지 아니하여도 된다.

　1. 조리사 면허
　2. 영양사 면허

3. 위생사 면허

⑤ 영업자는 특별한 사유가 없는 한 식품위생교육을 받지 아니한 자를 그 영업에 종사하게 하여서는 아니 된다.

⑥ 교육의 내용, 교육비 및 교육실시 기관 등에 관하여 필요한 사항은 총리령으로 정한다.

✚ 신규로 영업을 하고자 할 경우

구 분	교육시간
• 식품제조·가공업 : 식품을 제조·가공하는 영업 • 즉석판매제조·가공업 : 식품을 제조·가공업소에서 직접 최종 소비자에게 판매하는 영업 • 식품첨가물제조업 : 화학적 합성품을 제조·가공하는 영업 / 추출하는 등의 방법으로 얻은 물질을 제조·가공하는 영업 / 식품첨가물의 혼합제재를 제조·가공하는 영업 / 간접적으로 식품에 이행될 수 있는 물질을 제조·가공하는 영업	8시간
• 식품운반업 : 식품을 위생적으로 운반하는 영업 • 식품소분·판매업 : 식용얼음판매업 / 식품자동판매기 영업 / 유통전문판매업 / 집단급식소 식품판매업 / 식품 등 수입판매업 / 기타 식품판매업(백화점, 슈퍼마켓, 연쇄점) • 식품보존업 : 식품조사처리업(방사선을 쬐어 식품의 보존성을 물리적으로 높이는 것을 영업) / 식품냉동·냉장업 • 용기·포장류제조업 : 용기·포장지 제조업 / 옹기류 제조업	4시간
식품접객업	6시간
집단급식소를 설치·운영하려는 자	6시간

영업 제한(식품위생법 제43조) ① 시·도지사는 영업 질서와 선량한 풍속을 유지하는 데에 필요한 경우에는 영업자 중 식품접객영업자와 그 종업원에 대하여 영업시간 및 영업행위를 제한할 수 있다.

② 제한 사항은 대통령령으로 정하는 범위에서 해당 시·도의 조례로 정한다.

영업자 등의 준수사항(식품위생법 제44조) ① 영업을 하는 자 중 대통령령으로 정하는 영업자와 그 종업원은 영업의 위생관리와 질서유지, 국민의 보건위생 증진을 위하여 영업의 종류에 따라 다음 각 호에 해당하는 사항을 지켜야 한다.

1. 검사를 받지 아니한 축산물 또는 실험 등의 용도로 사용한 동물은 운반·보관·진열·판매하거나 식품의 제조·가공에 사용하지 말 것

2. 「야생생물 보호 및 관리에 관한 법률」을 위반하여 포획·채취한 야생생물은 이를 식품의 제조·가공에 사용하거나 판매하지 말 것

3. 유통기한이 경과된 제품·식품 또는 그 원재료를 조리·판매의 목적으로 소분·운반·진열·보관하거나 이를 판매 또는 식품의 제조·가공에 사용하지 말 것

4. 수돗물이 아닌 지하수 등을 먹는 물 또는 식품의 조리·세척 등에 사용하는 경우에는 먹는물 수질검사기관에서 총리령으로 정하는 바에 따라 검사를 받아 마시기에 적합하다고 인정된 물을 사용할 것. 다만, 둘 이상의 업소가 같은 건물에서 같은 수원을 사용하는 경우에는 하나의 업소에 대한 시험결과로 나머지 업소에 대한 검사를 갈음할 수 있다.

5. 위해평가가 완료되기 전까지 일시적으로 금지된 식품 등을 제조·가공·판매·수입·사용 및 운반하지 말 것
6. 식중독 발생 시 보관 또는 사용 중인 식품은 역학조사가 완료될 때까지 폐기하거나 소독 등으로 현장을 훼손하여서는 아니 되고 원상태로 보존하여야 하며, 식중독 원인규명을 위한 행위를 방해하지 말 것
7. 손님을 꾀어서 끌어들이는 행위를 하지 말 것
8. 그 밖에 영업의 원료관리, 제조공정 및 위생관리와 질서유지, 국민의 보건위생 증진 등을 위하여 총리령으로 정하는 사항

② 식품접객영업자는 청소년에게 다음 각 호의 어느 하나에 해당하는 행위를 하여서는 아니 된다.
1. 청소년을 유흥접객원으로 고용하여 유흥행위를 하게 하는 행위
2. 청소년출입·고용 금지업소에 청소년을 출입시키거나 고용하는 행위
3. 청소년고용금지업소에 청소년을 고용하는 행위
4. 청소년에게 주류를 제공하는 행위

③ 누구든지 영리를 목적으로 식품접객업을 하는 장소(유흥종사자를 둘 수 있도록 대통령령으로 정하는 영업을 하는 장소는 제외한다)에서 손님과 함께 술을 마시거나 노래 또는 춤으로 손님의 유흥을 돋우는 접객행위(공연을 목적으로 하는 가수, 악사, 댄서, 무용수 등이 하는 행위는 제외한다)를 하거나 다른 사람에게 그 행위를 알선하여서는 아니 된다.

④ 식품접객영업자는 유흥종사자를 고용·알선하거나 호객행위를 하여서는 아니 된다.

위해식품 등의 회수(식품위생법 제45조) ① 판매의 목적으로 식품 등을 제조·가공·소분·수입 또는 판매한 영업자는 등록한 수입식품 등 수입·판매업자를 포함한다. 해당 식품 등이 위반한 사실(식품 등의 위해와 관련이 없는 위반사항을 제외한다)을 알게 된 경우에는 지체없이 유통 중인 해당 식품 등을 회수하거나 회수하는 데에 필요한 조치를 하여야 한다. 이 경우 영업자는 회수계획을 식품의약품안전처장, 시·도지사 또는 시장·군수·구청장에게 미리 보고하여야 하며, 회수결과를 보고받은 시·도지사 또는 시장·군수·구청장은 이를 지체없이 식품의약품안전처장에게 보고하여야 한다. 다만, 해당 식품 등이 수입한 식품 등이고, 보고의무자가 해당 식품 등을 수입한 자인 경우에는 식품의약품안전처장에게 보고하여야 한다.

② 식품의약품안전처장, 시·도지사 또는 시장·군수·구청장은 회수에 필요한 조치를 성실히 이행한 영업자에 대하여 해당 식품 등으로 인하여 받게 되는 행정처분을 대통령령으로 정하는 바에 따라 감면할 수 있다.

③ 회수대상 식품 등·회수계획·회수절차 및 회수결과 보고 등에 관하여 필요한 사항은 총리령으로 정한다.

식품 등의 이물발견보고 등(식품위생법 제46조) ① 판매의 목적으로 식품 등을 제조·가공·소분·수입 또는 판매하는 영업자는 소비자로부터 판매제품에서 식품의 제조·가공·조리·유통 과정에서 정상적으로 사용된 원료 또는 재료가 아닌 것으로서 섭취할 때 위생상 위해가 발생할 우려가 있거나 섭취하기에 부적합한 물질[이하 "이물"이라 한다]을 발견한 사실을 신고 받은 경우 지체 없이 이를 식품의약품안전처장, 시·도지사 또는 시장·군수·구청장에게 보고하여야 한다.

② 한국소비자원 및 소비자단체는 소비자로부터 이물 발견의 신고를 접수하는 경우 지체 없이 이를 식품의

약품안전처장에게 통보하여야 한다.
③ 시·도지사 또는 시장·군수·구청장은 소비자로부터 이물 발견의 신고를 접수하는 경우 이를 식품의약품안전처장에게 통보하여야 한다.
④ 식품의약품안전처장은 이물 발견의 신고를 통보받은 경우 이물혼입 원인 조사를 위하여 필요한 조치를 취하여야 한다.
⑤ 이물 보고의 기준·대상 및 절차 등에 필요한 사항은 총리령으로 정한다.

위생등급(식품위생법 제47조) ① 식품의약품안전처장 또는 특별자치시장·특별자치도지사·시장·군수·구청장은 총리령으로 정하는 위생등급 기준에 따라 위생관리 상태 등이 우수한 식품 등의 제조·가공업소, 식품접객업소 또는 집단급식소를 우수업소 또는 모범업소로 지정할 수 있다.
② 식품의약품안전처장(대통령령으로 정하는 그 소속 기관의 장을 포함한다), 시·도지사 또는 시장·군수·구청장은 지정한 우수업소 또는 모범업소에 대하여 관계 공무원으로 하여금 총리령으로 정하는 일정기간 동안 출입·검사·수거 등을 하지 아니하게 할 수 있으며, 시·도지사 또는 시장·군수·구청장은 영업자의 위생관리시설 및 위생설비시설 개선을 위한 융자 사업과 같은 음식문화 개선과 좋은 식단 실천을 위한 사업에 대하여 우선 지원 등을 할 수 있다.
③ 식품의약품안전처장 또는 특별자치시장·특별자치도지사·시장·군수·구청장은 우수업소 또는 모범업소로 지정된 업소가 그 지정기준에 미치지 못하거나 영업정지 이상의 행정처분을 받게 되면 지체 없이 그 지정을 취소하여야 한다.
④ 우수업소 또는 모범업소의 지정 및 그 취소에 관한 사항은 총리령으로 정한다.

모범업소와 우수업소의 구분

우수업소의 지정	식품의약품안전처장 또는 특별자치도지사·시장·군수·구청장
모범업소의 지정	특별자치도지사·시장·군수·구청장
우수업소와 모범업소의 구분	• 식품제조·가공업 및 식품첨가물제조업은 우수업소와 일반업소로 구분 • 집단급식소 및 일반음식점 영업은 모범업소와 일반업소로 구분

(8) 조리사와 영양사

조리사(식품위생법 제51조) ① 집단급식소 운영자와 대통령령으로 정하는 식품접객업자는 조리사를 두어야 한다. 다만, 다음 각 호의 어느 하나에 해당하는 경우에는 조리사를 두지 아니하여도 된다.
  1. 집단급식소 운영자 또는 식품접객영업자 자신이 조리사로서 직접 음식물을 조리하는 경우
  2. 1회 급식인원 100명 미만의 산업체인 경우
  3. 영양사가 조리사의 면허를 받은 경우
② 집단급식소에 근무하는 조리사는 다음 각 호의 직무를 수행한다.
  1. 집단급식소에서의 식단에 따른 조리업무[식재료의 전처리에서부터 조리, 배식 등의 전 과정을 말한다]
  2. 구매식품의 검수 지원

   3. 급식설비 및 기구의 위생·안전 실무

   4. 그 밖에 조리실무에 관한 사항

영양사(식품위생법 제52조) ① 집단급식소 운영자는 영양사를 두어야 한다. 다만, 다음 각 호의 어느 하나에 해당하는 경우에는 영양사를 두지 아니하여도 된다.

   1. 집단급식소 운영자 자신이 영양사로서 직접 영양 지도를 하는 경우

   2. 1회 급식인원 100명 미만의 산업체인 경우

   3. 조리사가 영양사의 면허를 받은 경우

② 집단급식소에 근무하는 영양사는 다음 각 호의 직무를 수행한다.

   1. 집단급식소에서의 식단 작성, 검식 및 배식관리

   2. 구매식품의 검수 및 관리

   3. 급식시설의 위생적 관리

   4. 집단급식소의 운영일지 작성

   5. 종업원에 대한 영양 지도 및 식품위생교육

조리사의 면허(식품위생법 제53조) ① 조리사가 되려는 자는 「국가기술자격법」에 따라 해당 기능분야의 자격을 얻은 후 특별자치시장·특별자치도지사·시장·군수·구청장의 면허를 받아야 한다.

② 조리사의 면허 등에 관하여 필요한 사항은 총리령으로 정한다.

면허취득의 결격사유(식품위생법 제54조)

위반사항	행정처분기준		
	1차 위반	2차 위반	3차 위반
정신질환자(전문의가 조리사로서 적합하다고 인정하는 자는 제외), 감염병환자(B형간염환자 제외), 마약이나 그 밖의 약물 중독자, 조리사 면허의 취소처분을 받고 그 취소된 날부터 1년이 지나지 아니한 자	면허취소	–	–
조리사와 영양사가 법 규정에 따른 교육(식품위생 수준 및 자질의 향상을 위함)을 받지 아니한 경우	시정명령	업무정지 15일	업무정지 1개월
식중독이나 그 밖에 위생과 관련한 중대한 사고 발생에 직무상의 책임이 있는 경우	업무정지 1개월	업무정지 2개월	면허취소
면허를 타인에게 대여하여 사용하게 한 경우	업무정지 2개월	업무정지 3개월	면허취소
업무정지기간 중에 조리사의 업무를 하는 경우	면허취소	–	–

교육(식품위생법 제56조) ① 식품의약품안전처장은 식품위생 수준 및 자질의 향상을 위하여 필요한 경우 조리사와 영양사에게 교육(조리사의 경우 보수교육을 포함한다. 이하 이 조에서 같다)을 받을 것을 명할 수 있다. 다만, 집단급식소에 종사하는 조리사와 영양사는 2년마다 교육을 받아야 한다.

② 교육의 대상자·실시기관·내용 및 방법 등에 관하여 필요한 사항은 총리령으로 정한다.

③ 식품의약품안전처장은 교육 등 업무의 일부를 대통령령으로 정하는 바에 따라 관계 전문기관이나 단체에 위탁할 수 있다.

(9) 식품위생심의위원회

식품위생심의위원회의 설치 등(식품위생법 제57조) 식품의약품안전처장의 자문에 응하여 다음 각 호의 사항을 조사·심의하기 위하여 식품의약품안전처에 식품위생심의위원회를 둔다.

1. 식중독 방지에 관한 사항
2. 농약·중금속 등 유독·유해물질 잔류 허용 기준에 관한 사항
3. 식품등의 기준과 규격에 관한 사항
4. 그 밖에 식품위생에 관한 중요 사항

심의위원회에 조직과 운영(식품위생법 제58조) ① 심의위원회는 위원장 1명과 부위원장 2명을 포함한 100명 이내의 위원으로 구성한다.

② 심의위원회의 위원은 다음 각 호의 어느 하나에 해당하는 사람 중에서 식품의약품안전처장이 임명하거나 위촉한다.

1. 식품위생 관계 공무원
2. 식품등에 관한 영업에 종사하는 사람
3. 시민단체의 추천을 받은 사람
4. 동업자조합 또는 한국식품산업협회(이하 "식품위생단체"라 한다)의 추천을 받은 사람
5. 식품위생에 관한 학식과 경험이 풍부한 사람

③ 심의위원회 위원의 임기는 2년으로 하되, 공무원인 위원은 그 직위에 재직하는 기간 동안 재임한다. 다만, 위원이 궐위된 경우 그 보궐위원의 임기는 전임위원 임기의 남은 기간으로 한다.

④ 심의위원회에 식품 등의 국제기준 및 규격을 조사·연구할 연구위원을 둘 수 있다.

(10) 시정명령과 허가취소 등 행정제재

시정명령(식품위생법 제71조) ① 식품의약품안전처장, 시·도지사 또는 시장·군수·구청장은 제3조에 따른 식품 등의 위생적취급에 관한 기준에 맞지 아니하게 영업하는 자와 이 법을 지키지 아니하는 자에게는 필요한 시정을 명하여야 한다.

② 식품의약품안전처장, 시·도지사 또는 시장·군수·구청장은 시정명령을 한 경우에는 그 영업을 관할하는 관서의 장에게 그 내용을 통보하여 시정명령이 이행되도록 협조를 요청할 수 있다.

③ 요청을 받은 관계 기관의 장은 정당한 사유가 없으면 이에 응하여야 하며, 그 조치결과를 지체없이 요청한 기관의 장에게 통보하여야 한다.

폐기처분 등(식품위생법 제72조) ① 식품의약품안전처장, 시·도지사 또는 시장·군수·구청장은 영업자가 "식품 등의 판매 등 금지, 기준 및 규격에 관한 규정을 위반한 경우에는 관계 공무원에게 그 식품 등을 압류 또는 폐기하게 하거나 용도·처리방법 등을 정하여 영업자에게 위해를 없애는 조치를 하도록 명하여야 한다.

② 식품의약품안전처장, 시·도지사 또는 시장·군수·구청장은 허가받지 아니하거나 신고 또는 등록하지 아니하고 위반 하거나 제조·가공·조리한 식품 또는 식품첨가물이나 여기에 사용한 기구 또는 용기·포장 등을 관계 공무원에게 압류하거나 폐기하게 할 수 있다.

③ 식품의약품안전처장, 시·도지사 또는 시장·군수·구청장은 식품위생상의 위해가 발생하였거나 발생할 우려가 있는 경우에는 영업자에게 유통 중인 해당 식품 등을 회수·폐기하게 하거나 해당 식품 등의 원료, 제조 방법, 성분 또는 그 배합 비율을 변경할 것을 명할 수 있다.

④ 압류나 폐기를 하는 공무원은 그 권한을 표시하는 증표 및 조사기간, 조사범위, 조사담당자, 관계 법령 등 대통령령으로 정하는 사항이 기재된 서류를 지니고 이를 관계인에게 내보여야 한다.

⑤ 압류 또는 폐기에 필요한 사항과 회수·폐기 대상 식품 등의 기준 등은 총리령으로 정한다.

⑥ 식품의약품안전처장, 시·도지사 및 시장·군수·구청장은 폐기처분명령을 받은 자가 그 명령을 이행하지 아니하는 경우에는 대집행을 하고 그 비용을 명령위반자로부터 징수할 수 있다.

허가 취소 등(식품위생법 제75조) ① 식품의약품안전처장 또는 특별자치도지사·시장·군수·구청장은 영업자가 규정을 위반하는 경우에는 대통령령으로 정하는 바에 따라 영업허가 또는 등록을 취소하거나 6개월 이내에 기간을 정하여 그 영업의 전부 또는 일부를 정지하거나 영업소 폐쇄를 명할 수 있다.

② 영업자가 영업정지 명령을 위반하여 영업을 계속하면 영업허가 또는 등록을 취소하거나 영업소 폐쇄를 명할 수 있다.

③ 다음의 어느 하나에 해당하는 경우에는 영업허가 또는 등록을 취소하거나 영업소 폐쇄를 명할 수 있다.
  1. 영업자가 정당한 사유 없이 6개월 이상 계속 휴업하는 경우
  2. 영업자(영업허가를 받은 자)가 사실상 폐업하여 관할세무서장에게 폐업신고를 하거나 관할세무서장이 사업자등록을 말소한 경우

영업허가 등의 취소 요청(식품위생법 제77조) ① 식품의약품안전처장은 허가 또는 면허를 받은 자가 법을 위반한 경우에는 해당 허가 또는 면허 업무를 관할하는 중앙행정기관의 장에게 다음 각 호의 조치를 하도록 요청할 수 있다. 다만, 주류는 유해 등의 기준에 해당하는 경우로 한정한다.
  1. 허가 또는 면허의 전부 또는 일부 취소
  2. 일정 기간의 영업정지
  3. 그 밖에 위생상 필요한 조치

② 영업허가 등의 취소 요청을 받은 관계 중앙행정기관의 장은 정당한 사유가 없으면 이에 따라야 하며, 그 조치결과를 지체없이 식품의약품안전처장에게 통보하여야 한다.

면허취소 등(식품위생법 제80조) ① 식품의약품안전처장 또는 특별자치시장·특별자치도지사·시장·군수·구청장은 조리사가 다음 각 호의 어느 하나에 해당하면 그 면허를 취소하거나 6개월 이내의 기간을 정하여 업무정지를 명할 수 있다. 다만, 조리사가 제1호 또는 제5호에 해당할 경우 면허를 취소하여야 한다.
  1. 결격사유 조항 중 어느 하나에 해당하게 된 경우
  2. 교육을 받지 아니한 경우
  3. 식중독이나 그 밖에 위생과 관련한 중대한 사고 발생에 직무상의 책임이 있는 경우

4. 면허를 타인에게 대여하여 사용하게 한 경우
5. 업무정지기간 중에 조리사의 업무를 하는 경우

② 행정처분의 세부기준은 그 위반 행위의 유형과 위반 정도 등을 고려하여 총리령으로 정한다.

(11) 보 칙

식중독에 관한 조사 보고(식품위생법 제86조) ① 다음 각 호의 어느 하나에 해당하는 자는 지체 없이 관할 시·군수·구청장에게 보고하여야 한다. 이 경우 의사나 한의사는 대통령령으로 정하는 바에 따라 식중독 환자나 식중독이 의심되는 자의 혈액 또는 배설물을 보관하는 데에 필요한 조치를 하여야 한다.

1. 식중독 환자나 식중독이 의심되는 자를 진단하였거나 그 사체를 검안한 의사 또는 한의사
2. 집단급식소에서 제공한 식품 등으로 인하여 식중독 환자나 식중독으로 의심되는 증세를 보이는 자를 발견한 집단급식소의 설치·운영자

② 시장·군수·구청장은 보고를 받은 때에는 지체 없이 그 사실을 식품의약품안전처장 및 시·도지사에게 보고하고, 대통령령으로 정하는 바에 따라 원인을 조사하여 그 결과를 보고하여야 한다.

③ 식품의약품안전처장은 보고의 내용이 국민 보건상 중대하다고 인정하는 경우에는 해당 시·도지사 또는 시장·군수·구청장과 합동으로 원인을 조사할 수 있다.

④ 식품의약품안전처장은 식중독 발생의 원인을 규명하기 위하여 식중독 의심환자가 발생한 원인시설 등에 대한 조사절차와 시험·검사 등에 필요한 사항을 정할 수 있다.

집단급식소(식품위생법 제88조) ① 집단급식소를 설치·운영하려는 자는 총리령으로 정하는 바에 따라 특별자치시장·특별자치도지사·시장·군수·구청장에게 신고하여야 한다.

② 집단급식소를 설치·운영하는 자는 집단급식소 시설의 유지·관리 등 급식을 위생적으로 관리하기 위하여 다음 각 호의 사항을 지켜야 한다.

1. 식중독 환자가 발생하지 아니하도록 위생관리를 철저히 할 것
2. 조리·제공한 식품의 매회 1인분 분량을 총리령으로 정하는 바에 따라 144시간 이상 보관할 것
3. 영양사를 두고 있는 경우 그 업무를 방해하지 아니할 것
4. 영양사를 두고 있는 경우 영양사가 집단급식소의 위생관리를 위하여 요청하는 사항에 대하여는 정당한 사유가 없으면 따를 것
5. 그 밖에 식품 등의 위생적 관리를 위하여 필요하다고 총리령으로 정하는 사항을 지킬 것

(12) 벌 칙

징역 또는 벌금(식품위생법 제93~97조)

3년 이상의 징역	① 소해면상뇌증(광우병), 탄저, 가금 인플루엔자 질병에 걸린 동물을 사용하여 판매할 목적으로 식품 또는 식품첨가물을 제조·가공·수입 또는 조리한 자 ② ①의 경우 제조·가공·수입·조리한 식품 또는 식품첨가물을 판매하였을 때에는 그 소매가격의 2배 이상 5배 이하에 해당하는 벌금을 병과한다.

벌칙	위반사항
1년 이상의 징역	① 마황, 부자, 천오, 초오, 백부자, 섬수, 백선피, 사리풀 등의 원료 또는 성분 등을 사용하여 판매할 목적으로 식품 또는 식품첨가물을 제조·가공·수입 또는 조리한 자 ② ①의 경우 제조·가공·수입·조리한 식품 또는 식품첨가물을 판매하였을 때에는 그 소매가격의 2배 이상 5배 이하에 해당하는 벌금을 병과한다.
10년 이하의 징역 또는 1억원 이하의 벌금 및 병과	① 위해식품 등의 판매 등 금지위반 ② 병든 동물 고기 등의 판매 등 금지위반 ③ 기준·규격이 고시되지 않은 화학적 합성품 등의 판매 등 금지위반 ④ 유독기구 등의 판매·사용 금지위반 ⑤ 영업허가 등 위반
5년 이하의 징역 또는 5천만원 이하의 벌금 및 병과	① 식품 또는 식품첨가물에 관한 기준 및 규격위반 ② 기구 및 용기·포장에 관한 기준 및 규격위반 ③ 수입 식품 등의 신고 위반 ④ 식품위생검사기관의 지정취소 등 규정위반 ⑤ 영업시간 및 영업행위 등에 관한 제한위반 ⑥ 폐기처분 등 조치에 대한 명령위반 ⑦ 위해식품 등의 공표위반 ⑧ 영업정지 명령에 위반하여 영업을 계속한 자(다만, 영업의 허가를 받은 자에 한한다.)
3년 이하의 징역 또는 3천만원 이하의 벌금 및 병과	① 조리사 고용위반 ② 영양사 고용위반
3년 이하의 징역 또는 3천만원 이하의 벌금	① 표시기준 위반 ② 유전자재조합식품 등의 표시위반 ③ 허위표시 등의 금지위반 ④ 위해식품 등에 대한 긴급대응이 필요한 해당 식품 등의 제조·판매 등의 금지위반 ⑤ 자가품질검사의 의무 위반 ⑥ 업무상 알게 된 영업에 관한 비밀을 누설하거나 업무목적 외의 용도로 사용한 시민식품감사인 ⑦ 영업허가 받은 자의 폐업 또는 경미한 사항변경 등 신고 위반. 영업신고 및 영업신고한 자의 폐업 또는 대통령령이 정하는 중요사항 변경 신고 위반 ⑧ 영업자의 지위승계 신고위반 ⑨ 위해요소중점관리기준 위반 ⑩ 위해요소중점관리기준 적용업소의 영업자가 지정받은 식품을 다른 업소에 위탁하여 제조·가공한 경우 ⑪ 조리사 또는 영양사의 명칭 사용금지위반 ⑫ 신고된 수입식품 등의 검사를 위반한 자 ⑬ 검사·출입·수거·압류·폐기를 거부·방해 또는 기피한 자 ⑭ 우수수입업소 등록 등의 위반행위를 한 자 ⑮ 시설기준을 갖추지 못한 영업자 ⑯ 영업허가 조건을 갖추지 못한 영업자 ⑰ 품질관리 및 영업의 준수사항 등 영업자가 지켜야 할 사항을 위반한 자 ⑱ 영업정지 명령 위반 및 영업소 폐쇄명령에 위반하여 영업을 계속한 자 ⑲ 품목제조정지 명령을 위반한 자 ⑳ 관계 공무원이 부착한 봉인 또는 게시문 등을 함부로 제거하거나 손상시킨 자
1년 이하의 징역 또는 1천만원 이하의 벌금	① 영리를 목적으로 식품접객업을 하는 장소에서 손님과 함께 술을 마시거나 노래 또는 춤으로 손님의 유흥을 돋우는 접객행위를 하거나 다른 사람에게 그 행위를 알선한 자 ② 소비자로부터 위생상 위해가 발생할 우려가 있거나 섭취하기에 부적합한 이물 발견의 신고를 접수하고 이를 거짓으로 보고한 자 ③ 이물의 발견을 거짓으로 신고한 자 ④ 위해식품 등의 회수보고 위반

양벌규정(식품위생법 제100조) 법인의 대표자나 법인 또는 개인의 대리인·사용인, 기타의 종업원이 그 법인 또는 개인의 업무에 관하여 위반 행위를 한때에는 그 행위자를 벌하는 외에 그 법인이나 개인에 대하여도 각 조의 벌금형을 과한다.

과태료(식품위생법 제101조) 과태료는 대통령령으로 정하는 바에 따라 식품의약품안전처장, 시·도지사 또는 시장·군수·구청장이 부과·징수한다.

1천만원 이하의 과태료	① 식품의 영양표시기준을 준수하지 아니한 자 ② 나트륨 함량 비교표시를 하지 아니라거나 비교표시기준 및 방법을 지키지 아니한 자
5백만원 이하의 과태료	① 식품 등의 취급위반 ② 영업자 및 그 종업원이 건강진단을 받지 않거나 건강진단결과 타인에게 위해를 끼칠 우려가 있는 질병이 있다고 인정된 자를 영업에 종사시킨 경우 ③ 식품위생교육을 받지 않거나 식품위생에 관한 교육을 받지 않은 자를 그 영업에 종사시킨 경우 ④ 식중독에 관한 조사보고 위반 ⑤ 식품안전교육을 받지 않은 해당 영업자 ⑥ 검사명령을 위반한 영업자 ⑦ 자가품질검사 의무위반 ⑧ 시민식품감사인에 관한 보고 위반 ⑨ 식품 또는 식품첨가물 제조·가공 보고 위반 ⑩ 식품 및 식품첨가물의 생산실적 보고 위반 ⑪ 위해요소중점관리기준 적용업소 명칭 사용 위반 ⑫ 교육을 받지 않은 자 ⑬ 시설의 개수 명령 위반 ⑭ 집단급식소 설치·운영 신고위반 및 허위신고를 한 자 ⑮ 집단급식소 시설의 유지·관리 등 급식의 위생적 관리를 위하여 제반사항 준수 위반
3백만원 이하의 과태료	① 검사기관 운영자의 지위를 승계하고 1개월 이내에 지위승계를 신고하지 아니한 자 ② 영업자가 지켜야 할 사항 중 총리령으로 정하는 경미한 사항을 지키지 아니한 자 ③ 소비자로부터 이물 발견신고를 받고 보고하지 아니한 자 ④ 식품이력추적관리 등록사항이 변경된 경우 변경사유가 발생한 날부터 1개월 이내에 신고하지 아니한 자

2. 제조물책임법

(1) **제조물책임법 정의** : 제조물의 결함으로 발생한 손해에 대한 피해자 보호를 위해 제정된 법률로, 제조물의 결함으로 인한 생명, 신체 또는 재산상의 손해에 대하여 제조업자 등이 무과실책임의 원칙에 따라 손해배상책임을 지도록 하는 규정을 말한다.

(2) **제조물책임법의 목적** : 제물의 결함으로 발생한 손해에 대한 제조업자 등의 손해배상 책임을 규정함으로써 피해자 보호를 도모하고 국민생활의 안전향상과 국민경제의 건전한 발전에 이바지함을 목적으로 한다.

(3) **제조물책임법상 용어의 뜻**
  ① 제조물 : 제조되거나 가공된 동산(다른 동산이나 부동산의 일부를 구성하는 경우 포함)

② **결함** : 해당 제조물에 다음 중 어느 하나에 해당하는 제조상·설계상 또는 표시상의 결함이 있거나 그 밖에 통상적으로 기대할 수 있는 안전성이 결여되어 있는 것

제조상의 결함	제조업자가 제조물에 대하여 제조상·가공상의 주의의무를 이행하였는지에 관계없이 제조물이 원래 의도한 설계와 다르게 제조·가공됨으로써 안전하지 못하게 된 경우
설계상의 결함	제조업자가 합리적인 대체설계를 채용하였더라면 피해나 위험을 줄이거나 피할 수 있었음에도 대체설계를 채용하지 아니하여 해당 제조물이 안전하지 못하게 된 경우
표시상의 결함	제조업자가 합리적인 설명·지시·경고 또는 그 밖의 표시를 하였더라면 해당 제조물에 의하여 발생할 수 있는 피해나 위험을 줄이거나 피할 수 있었음에도 이를 하지 아니한 경우

6. 공중보건

1. 공중보건의 개념

(1) **세계보건기구(WHO)의 공중보건 정의**

조직적인 지역사회의 노력을 통하여 질병을 예방하고 생명을 연장시키며 육체적, 정신적 효율을 증진시키는 기술이며 과학을 말한다.

> **Tip 세계보건기구(WHO)**
> - 창설 : 1948년 4월 7일
> - 본부 : 스위스 제네바
> - 한국가입 : 1949년 6월(65번째 회원국을 가입)
> - 주요기능 : • 국제적인 보건사업의 지휘 및 조정
>   • 회원국에 대한 기술지원 및 자료공급
>   • 전문가 파견에 의한 기술자문 활동

(2) **공중보건의 대상·범위** : 대상은 개인이 아닌 지역사회의 인간집단(지역주민)이며, 더 나아가서 국민 전체를 대상으로 한다.

(3) **공중보건의 분야** : 환경관리, 질병관리, 보건관리

(4) **공중보건의 목표** : 생활환경 개선, 감염병 예방, 질병 조기발견 및 조기치료를 통해 지역사회 전 주민의 건강 유지를 목표로 한다.

(5) **공중보건의 3요소** : 질병예방, 수명연장, 건강증진

2. 건 강

(1) **건강의 정의** : 단순한 질병, 허약의 부재 상태만을 의미하는 것이 아니라 육체적·정신적·사회적 안녕으로 모두 완전한 상태를 말한다.

(2) **건강의 3요소** : 환경, 유전, 개인의 생활습관

(3) 공중보건 수준의 평가지표
　① 평균사망 : 인간의 생존 기대 기간
　② 조사망률(보통사망률) : 연간 사망자 수/ 그 해 인구수 × 1,000
　③ 비례사망자수 : 연간 전체 사망자 수에 대한 50세 이상의 사망자수의 구성비
　④ 영아사망률 : 생후 1년 미만의 영아의 사망률로 한 국가의 보건수준을 나타내는 지표
　　　　　　　　영아사망률 = 연간 영아 사망 수 / 연간 출생아 수 × 1,000
　⑤ 모성사망률 : 임신, 분만, 산욕과 연관된 질병 또는 이로 인한 합병증으로 일어나는 사망률
　　※ 환경악화나 비위생적인 환경에 노출되는 가장 예민한 시기이므로 보건수준을 나타내는 지표로서 큰 의미를 지님

3. 환경위생 및 환경오염 관리

(1) 환경위생
　① 환경위생의 정의
　　　건강한 생활을 영위할 수 있도록 인간의 건강 및 생존에 영향을 주는 물리적 생활환경의 모든 요소들을 개선, 관리하는 것을 말한다.
　② 환경요소의 분류
　　　㉠ 자연환경 : 기후, 공기, 물 등
　　　㉡ 인위적환경 : 채광, 조명, 환기, 냉난방, 상하수도, 오물처리, 공해, 해충의 구제 등
　　　㉢ 사회적환경 : 교통, 인구, 종교

(2) 일 광
　① 자외선(100~400nm)
　　　㉠ 파장이 가장 짧다(2,000~3,800Å).
　　　㉡ 2,500~2,800Å에서 살균력이 가장 강해 소독에 이용한다.
　　　㉢ 자외선이 7-디하이드로-콜레스테롤, 스테로이드에 작용하여 비타민 D의 형성으로 구루병 예방 작용을 한다.
　　　㉣ 피부결핵, 관절염의 치료, 신진대사의 촉진, 혈압강하작용
　　　㉤ 자외선 조사량이 과도하면 피부의 홍반 및 피부색소 침착 등을 일으키며 심하면 부종, 수포 형성, 피부 박리, 결막염, 설안염, 피부암 등 발생
　② 가시광선(390~780nm)
　　　㉠ 3,900~7,800Å의 파장이며 5,500Å에서 가장 강한 빛을 느낌
　　　㉡ 눈의 망막을 자극하여 색채 구별 가능하고 명암이 있음
　　　㉢ 조명이 불충분라면 시력저하, 눈의 피로를 일으키고 너무 강할 때는 어두운 곳에서 암순응능력을 저하시킨다.
　③ 적외선(780nm 이상)
　　　㉠ 가장 긴 파장임(780nm 이상)

    ⓒ 고열물체의 복사열을 운반하는 광선으로 열선이라고도 함
    ⓒ 열작용을 하여 지상의 기온을 좌우하며 피부온도상승, 혈관확장, 피부홍반 등 유발
    ⓔ 조사량이 과도하면 두통, 현기증, 열경련, 열사병, 백내장, 일사병 발병

- 옴스트롱(Å) : 빛, 전자기 방사선의 파장을 표현하는 길이의 단위
- 나노미터(nm) : 빛의 파장을 측정하는 단위로 1nm는 10억분의 1미터임(1nm = 10Ådp 해당된다)
- 생명선(vital ray) : 2,800~3,200Å의 파장은 사람의 몸에 유익한 작용을 하는 도르노의 건강선(Dorno ray)

(3) 공기·온열조건

① 공 기
  ㉠ 산소(O_2) : 인간이 감당할 수 있는 산소의 변동 범위는 15~27%, 일반적으로 21%이다.
    ⓐ 저산소증 : 10%이하에서 호흡이 곤란, 7%이하에서는 사망 가능
    ⓑ 산소중독 : 고농도의 산소에서 발생
  ㉡ 질소(N_2) : 불활성 기체에서는 인체에 무해하다.
    ⓐ 4기압 이상(수중 30m 이상)에서 질소가스가 중추신경에 마취 작용을 한다.
    ⓑ 잠함병(감압병) : 고압상태에서 급격한 저압으로 체액 및 지질에 용해되어 있던 질소가 기포를 형성하여 모세혈관에 혈전현상을 일으킨다.
  ㉢ 이산화탄소(CO_2) : 실내공기의 오염, 환기의 판정을 결정하는 척도
    ⓐ 무색, 무취, 비독성 가스이며 10%전후에서 호흡곤란으로 사망을 일으킨다.
    ⓑ 실내공기의 오탁 판정기준 : 실내 서한량(위생학적 허용관계)은 0.1%(1,000ppm)
  ㉣ 일산화탄소(CO) : 무색, 무취, 무자극성
    ⓐ 공기보다 가볍고 물체의 불완전 연소시 발생하는데 연탄가스, 매연, 담배에서 주로 발생한다.
    ⓑ 8시간 기준 서한량은 0.01%(100ppm)
    ⓒ 혈액 속의 헤모글로빈과의 친화성이 산소에 비해 250배 이상 강해 산소농도를 저하시켜 무산소증을 일으킴
  ㉤ 아황산가스(SO_2) : 자극성 가스, 도시공해의 주범(자동차 배기가스)
    ⓐ 실외 공기오염이 지표
    ⓑ 산성비의 원인, 식물의 고사현상, 호흡기계 염증, 호흡곤란, 금속부식성 유발

- 공기의 조성(0℃, 1기압 기준) : 질소 78%, 산소 21%, 아르곤 0.9%, 이산화탄소 0.03%, 기타 0.07%
- ppm은 100만분의 1을 나타내는 약호, (10,000)ppm = 1%
- 군집독 : 실내의 다수인이 밀집해 있을 때 공기의 물리적·화학적 조성이 문제가 되어 불쾌감, 두통, 권태, 현기증, 구토, 식욕저하 등의 생리적 현상을 일으키는 것으로 적절한 환기를 통해 예방할 수 있다.

> **Tip** 공기의 자정작용
> - 기류에 의한 공기 자체의 희석작용
> - 강우, 강설 등에 의하여 분진이나 용해성 가스의 세정작용
> - 산소, 오존 및 과산화수소 등에 산화작용
> - 태양광선 중의 자외선에 의한 살균작용
> - 식물의 탄소동화작용에 의한 이산화탄소(CO_2)와 산소(O_2)의 교환작용

② 온열조건
  ㉠ 감각온도의 3요소 : 기온, 기습, 기류
  ㉡ 4대 온열인자(온열요소)

기 온	기온의 측정은 지상 1.5m에서의 건구온도를 말하며 작업장에서는 호흡선 온도를 측정하는 것을 말한다.
기 습	일정 온도의 공기 중에 포함될 수 있는 수분량
기 류	주로 기압의 차와 기온의 차에 의해 바람 형성
복사열	발열체로부터 직접 발산되는 열, 거리의 제곱에 반비례함

③ 기온역전현상
  ㉠ 대기층의 온도는 100m상승할 때 마다 1℃ 정도 낮아지므로 대부분 상부 기온이 하부 기온보다 낮음
  ㉡ 기온역전현상은 상부기온이 하부기온보다 높을 때를 말함
  ㉢ 지표면의 기온이 지표면 상층부보다 낮아지면 대기오염물질의 이루어지지 못하므로 대기오염이 더 심해짐
  ㉣ 불감기류 : 공기의 흐름이 0.2~0.5m/s로 약하게 움직여 사람들이 바람 부는 것을 못느낀다.
  ㉤ 실외의 기온측정 : 지상 1.5m에서의 건구온도를 측정(1일 최고온도 : 오후 2시, 1일 최저온도 : 일출 전)
  ㉥ 실내기류 측정은 카타온도계, 실외기류 측정은 건구온도계, 복사열 측정은 흑구온도계로 실시
  ㉦ 불쾌지수(DI)

DI 70 이상	10% 정도의 사람들이 불쾌감을 느낌
DI 75 이상	50% 정도의 사람들이 불쾌감을 느낌(동양인의 9%가 불쾌감을 느낌)
DI 80 이상	거의 대부분의 사람이 불쾌감을 느낌
DI 85 이상	견딜 수 없는 상태

  ㉧ 쾌적조건 : 기온(18±2℃), 습도(55±15%), 공기의 흐름이 초당 1m이동할 때가 건강에 가장 좋음
  ㉨ 여름철 냉방 시 실내외 온도차는 5~7℃ 적당

(4) 물·상하수도
 ① 물
  ㉠ 물은 체중의 2/3를 차지, 성인 하루 필요량은 2~2.5L, 인체 내 물이 10% 상실하면 신체기능에 이상 발생하고 20%상실하면 생명에 위험하다.

　　ⓛ 물의 인체 내 작용
　　　• 체액구성 및 정상 농도 유지
　　　• 피부 및 점막의 마찰 방지
　　　• 체온조절
　　　• 식품, 혈액, 임파액 및 노폐물 제거의 운반책
② 수인성 감염병
　　㉠ 소화기계 감염병이 대부분으로 장티푸스, 파라티푸스, 세균성이질, 콜레라, 아메바성 이질 등
　　ⓛ 수인성 감염병의 특징
　　　• 환자가 집단적·폭발적 발생
　　　• 유행지역과 음료수 사용지역 일치
　　　• 음료수 중에서 동일한 병원체를 검출할 수 있음
　　　• 음료수 사용을 중지하거나 개선하면 환자 발생율이 감소하거나 중단됨
　　　• 비교적 잠복기가 짧고 치명률과 2차 감염률이 낮음
　　　• 계절에 관계없이 발생하나 여름철 많이 발생
　　　• 일반적으로 성별, 연령, 직업, 생활수준에 차이가 없음
③ 물과 관련된 질병
　　㉠ 우치, 충치 : 불소가 없거나 적게 함유된 물을 장기간 음용 시 발현된다.
　　ⓛ 반상치 : 불소가 과다 함유된 물을 장기간 음용 시 치아가 다갈색, 흑색 반점으로 침식된다.
　　㉢ 청색아 : 질산염이 다량 함유된 물의 장기간 음용 시 소아가 청색증에 걸려 사망할 가능성이 높아진다.

　• 황산마그네슘이 다량 함류된 물은 설사 유발　　　• 음료수의 허용 불소함량은 0.8~1.0ppm

④ 기생충 질병의 감염병
　　㉠ 물의 오염과 관련 있는 기생충 질병은 간디스토마, 폐디스토마 등
　　ⓛ 회충, 편충 등도 수질오염으로 전파 가능
　　㉢ 중금속 물질의 오염원 : 산업장에서 유출되는 유해 물질은 시안, 수은, 질산은, 카드뮴, 아연, 유기산 등
⑤ 음용수
　　㉠ 음용수의 수원
　　　ⓐ 천수(눈, 비)
　　　• 매연, 분진, 세균의 오염이 다수
　　　• 지표수나 지하수가 부족할 때 사용한다.
　　　• 연수이지만 맛이 좋지 않아 열대지질이나 섬에서 사용한다.
　　　ⓑ 지표수(하천, 호수의 물) : 우리나라 상수도의 대부분은 지표수로 사용한다.

ⓒ 지하수(샘물, 우물물)
- 수도시설이 없는 곳에서 사용한다.
- 유기물이나 미생물의 오염은 적고 탁도가 낮으나 경도가 높다.

ⓓ 복류수

하천바닥의 자갈이나 모래층을 통하여 모아진 물로 지표수보다 탁도가 낮다.

ⓒ 음용수의 수질기준
- 무색, 무미, 무취해야 하고, 색도는 5도 이하 탁도는 2도 이하인 것
- 불소 함량이 1.5mg/L를 넘지 말아야 할 것
- 수소이온농도는 pH 5.5~8.5여야 할 것
- 대장균은 50cc중에서 검출되지 아니할 것
- 일반 세균수는 1cc중 100을 넘지 아니할 것
- 증발잔유물은 50mg/L를 넘지 아니할 것
- 경도는 300mg/L 이하일 것

● 대장균이 수질오염의 지표로 중시되는 이유는 대장균 검출 시 다른 미생물이나 분변오염을 추측할 수 있으며 검출방법이 간편하고 정확하기 때문

⑥ 상수도

㉠ 상수도의 정수 : 취수 → 침사 → 침전 → 여과 → 소독 → 급수

㉡ 침 전

ⓐ 보통침전

유속을 느리게 하거나 침전지에서 정지 상태로 두면 물보다 비중이 무거운 부유물이 침전되어 색도, 탁도, 세균 등의 감소가 일으키는 방법

ⓑ 약품침전

물에 응집제를 주입하여 부유물을 불용성 응집물인 플랙(flock)을 형성하여 침전시키는 방법

㉢ 여 과

ⓐ 완속여과

물이 모래판 내를 흘러감에 따라 불순물이 모래알 사이의 틈 사이에 침전되어 제거되는 원리를 이용한 여과법

ⓑ 급속여과

완속여과의 유속에 비하여 빠른 속도로 여과되기 때문에 약품침전을 하는 방법

㉣ 소 독

ⓐ 물리적 소독법 : 열처리법(100℃ 이상), 자외선 소독법, 오존 소독법

ⓑ 화학적 소독법 : 염소 소독법, 표백분 소독

> **Tip**
> - 염소 소독 시 잔류 염소량은 0.2ppm, 식용얼음, 수영장, 감염병 발생시 0.4ppm을 유지
> - 우물은 화장실로부터 최저 20m이상, 하수관이나 배수로에서 3m이상 거리를 둠
> - 염소소독의 장단점
>   - 장점 : 소독력이 강하고 잔류효과가 크며 조작이 간편하고 가격이 저렴
>   - 단점 : 냄새가 나고 독성이 강함
> - 특수정수법
>   - 수원의 종류와 목적에 따라 특수정수법에 의한 처리 필요
>   - 조류제거법, 경수연화법, 철분제거법, 망간제거법, 불소주입법 등
> - 물의 자정작용
>   - 지표수는 시간이 경과되면 자연적으로 정화
>   - 희석작용, 침전작용, 자외선에 의한 살균작용, 산화작용, 수증생물에 의한 식균작용 등

⑦ 하수도

　㉠ 하수도의 종류

　　ⓐ 합류식 : 가정용수, 천수 등 모든 하수를 운반하는 방법

　　ⓑ 분류식 : 천수를 별도로 운반하는 데 필요한 하수관 시설로 시설보수유지, 청소 등의 유지비가 필요

　　ⓒ 혼합식 : 천수와 가정용수 등의 일부를 섞어 운반하는 방법

> **Tip** 합류식의 장·단점
> - 장점 : 건설비가 적게 들고 우수에 의해 하수관이 자연 청소되며 시공, 수리,검사, 청소 등이 용이함
> - 단점 : 우기에 처리 능력이 없을 때는 범람의 우려가 있고 천수를 별도로 이용 할 수 없으며 갈수에는 유속이 감소되고 침전물이 생겨 하수관이 막히기 쉬우며 악취가 발생하며 미관을 해침

　㉡ 하수처리과정

　　ⓐ 예비처리

　　　하수 유입구에 제진망을 설치하여 부유물, 고형물을 제거하고 토사 침전시키는 방법으로 보통침전 또는 약품침전을 이용한다.

　　ⓑ 본처리 : 미생물을 이용한 생물화학적 방법

　　　• 호기성 처리 : 호기성 미생물을 발육, 증식시켜 처리하는 방법으로 활성오니법(활성슬러지법, 가장 진보적인 방법), 살수여과법, 접촉여상법, 관개법, 산화지법 등이 있다.

　　　• 혐기성 처리 : 무산소 상태에서 혐기성균을 증식하여 처리하는 방법으로 부패조처리법, 임호프탱크법 등이 있다.

　　ⓒ 오니처리

　　　하수 처리의 마지막 과정으로 본처리 과정에서 생기는 슬러지를 탈수 또는 소각하는 과정, 소각법이 진보적이고 육상처리법, 해상투기법, 사상건조법, 소각법, 퇴비화법 등이 있다.

　㉢ 하수오염측정법

용존산소량(DO)의 측정	• DO : 하수 중에 들어 있는 산소량 • 4~5ppm 이상이어야 하며, 낮을수록 오염도가 높음

생화학적 산소요구량(BOD)의 측정	• BOD: 20℃에서 5일간 안정화시키는 데 소비한 산소량을 ppm 또는 mg/L로 표기한 것 • 20ppm 이하여야 하며, 수치가 높으면 오염도가 높음
화학적 산소요구량(COD)의 측정	유기물질의 산화제에 의해 산화될 때 소비된 산소량을 ppm 또는 mg/L로 표기한 것
수소이온농도(pH)	물속에 존재하는 수소이온량을 나타내는 지수
부유물질(SS)	수중에 부유하는 입경 2mm이하의 불용성고체의 미립자

※ 오염된 물은 생물학적 산소요구량(BOD), 화학적 산소요구량(COD)은 높고 용존산소량(DO)은 낮음

4. 오물처리

(1) **분뇨처리** : 화장실, 운반, 종말처리로 나눠짐
  ① 분변으로 옮기는 소화기계 질병 : 장티푸스, 세균성이질, 콜레라, 기생충, 이질, 흡충류 등
  ② 완전부숙처리법 : 분변의 비료화로 인한 토양오염을 줄이기 위해 겨울 3개월, 여름 1개월 이상 완전부숙하여 사용한다.
  ③ 분뇨의 종말처리 : 비료화법, 해양투기법, 분뇨소화처리법, 화학적 처리법, 정화조이용법, 수세식처리법, 습식산화법(소각법)

(2) **진개처리**
  ① 주개 : 부엌에서 나오는 동식물성 유기물을 말한다.
    * 주개만 동물의 사료로 재활용이 가능
  ② 잡개 : 가연성 및 불연성 진개로 구분되며 주개와 잡개가 혼입된 것을 혼합진개라 부른다.

(3) **진개처리법**
  ① 매립법 : 도시에서 많이 사용하는 방법으로 진개의 두께는 2m이하 복토의 두께는 0.6~1m가 적당하다.
  ② 소각법 : 가장 위생적인 방법이지만 대기오염 발생의 원인이 된다.
    *소각법은 고온의 열로 인해 미생물까지 사멸이 가능하여 가장 위생적이나 대기오염을 유발하고 소각 중 발생하는 다이옥신은 단 1g만으로 어른 2만 명을 죽일 수 있는 물질이며 아주 극소량이라도 다이옥신을 계속 흡입하면 암에 걸릴 수 있으며, 불임과 기형아 출산의 원인이 된다.
  ③ 비료화법(퇴비화법) : 농촌이나 주변 도시에서 많이 이용되는 방법으로 유기물이 많은 쓰레기를 발효시켜 비료로 사용한다.
  ④ 재활용법 : 재활용으로 쓰레기양의 감소와 처리비용을 절감하고 환경악화 등을 방지할 수 있다.

> **Tip 진개의 품목별 분류**
> ● 주개(제1류) : 동물성 및 식물성 주개
> ● 가연성 진개(제2류) : 소각이 가능한 쓰레기(종이, 나무, 풀, 직물류, 고무류, 피혁류 등)
> ● 불연성 진개(제3류) : 소각이 불가능한 쓰레기(금속, 도자기, 식기, 초자, 토사류 등)
> ● 재활용성 진개(제4류) : 재활용이 가능한 쓰레기(병류, 종이류, 플라스틱류 등)

5. 공해

(1) 대기오염

① 대기오염원 : 공장매연, 자동차배기가스, 가정의 굴뚝매연, 공장의 분진, 먼지 등
② 대기오염물질 : 아황산가스, 일산화탄소, 질소산화물, 자동차 배기가스 등
③ 대기오염에 의한 피해 : 호흡기계 질병 유발, 식물의 고사, 자연환경의 악화, 경제적 손실 등
④ 대기오염대책 : 공장의 입지 대책과 연료배출대책, 공공기간 도시계획의 합리화, 대기오염 실태 파악과 방지 지도, 법적 규제와 방지기술 개발 등

> **Tip**
> - 스모그 : 매연성분과 안개가 혼합하여 대기오염을 일으키는 현상
> - 모니터링 : 공기의 검체를 취하여 대기오염의 질을 조사하는 것
> - 링겔만 비탁표 : 검댕이량 측정(자동차 배기가스 측정), 허용기준은 2° 이하

(2) 수질오염

① 수질오염원 : 농업, 공업, 광업, 도시 하수 등
② 수질오염물질 : 카드뮴, 유기수은, 시안, 농약, PCB 등
③ 수질오염에 의한 피해 : 이타이이타이병, 미나마타병, 가네미유증, 농작물의 고사, 어류의 사멸, 상수원의 오염, 악취로 인한 불쾌감 등
④ 수지오염대책 : 계획적 정비, 법적 규제, 자가폐수처리장의 설치, 실태 파악, 오염방지 지도, 처리기술 개발 등
⑤ 수질오염에 의한 공해 질병 : 수은중독(미나마타병), 카드뮴(이타이이타이병), PCB(가네미유증)

> **Tip** 부영양화 현상
> - 호수, 연안 해역, 하천 등의 정체된 수역에 오염된 유기물질이 과도하게 유입되어 발생하는 수질의 악화현상
> - 부영양화의 영양물질 : 암모니아, 아질산염, 질산염, 인산염 등
> - 물이 부영양화가 되면 유입된 유기물을 미생물이 분해하면서 용존산소를 다량소비하면서 용존산소의 결핍현상 발생

(3) 소음

① 소음의 허용기준 : 1일 8시간 기준으로 90dB
② 소음장애 : 수면장해, 두통, 식욕감퇴, 정신적 불안정, 불쾌감, 불필요한 긴장 등
③ 소음방지대책 : 소음원의 규제, 소음확산 방지, 도시계획의 합리화, 소음방지의 지도, 법적 규제 등

> **Tip**
> - 데시벨(dB) : 소음의 측정 단위로 음의 강도 수준단위
> - 폰(phon) : 소음계로 측정한 음압 레벨의 단위로 음 크기의 측정단위
> - 초기 청력 장애 시 직업성 난청병을 조기 발생할 수 있는 주파수는 4,000Hz 정도

(4) 진동
① **전신장애** : 자율 신경, 특히 순환기계에 나타나는데 말초혈관의 수축, 혈압상승, 맥박이 증가되는 현상이다.
② **국소장애** : 자동톱, 공기 해머, 착압기 등을 사용할 때 나타나며 한랭한 환경에서 손가락의 말초혈관 운동장애로 일어나는 감각 마비와 청색으로 변하는 청색증으로 주증상은 레이노드병이다.

6. 채광·조명·환기·냉난방

(1) 채광(자연조명, 태양광선을 이용)
① **창의 방향** : 남쪽방향 선호
② **창의 크기**
  ㉠ 빛이 들어오는 창 : 벽 면적의 70%, 바닥 면적의 1/5∼1/7이 적당하다.
  ㉡ 환기를 위한 창 : 바닥면적의 1/20이 적당하고 개각는 4∼5°이상, 입사각은 28°이상, 개각과 입사각은 클수록 밝다.
  ㉢ 창의 높이 : 높을수록 밝으며 천장인 경우 보통 창의 3배 이상 효과적이다.
  ㉣ 거실의 안쪽 길이 : 바깥에서 창틀 상단 높이의 1.5배 이하가 적합하다.
  ㉤ 일조시간 : 약 6시간이 좋은데 최소한 4시간 이상은 햇빛이 비추어야 한다.

(2) 조명(인공조명)
① **조명의 종류**

직접 조명	조명 효율이 크고 경제적이지만 강한 음영으로 불쾌감을 준다.
간접 조명	조명 효율이 낮고 설비유지비가 비싸다.
반간접 조명(절충식)	직접 조명과 간접조명의 절충식으로 부엌 조리장의 조도는 50∼100lux가 적당하다.

② **조명 시 고려할 점**
  ㉠ 조명도는 시간과 장소에 따라 불변이고 균등해야 하고 최고와 최저의 조명도차이는 30% 이내여야 한다.
  ㉡ 빛의 색은 일광에 가까워야 하고 폭발, 화재의 위험이 없어야 한다.
  ㉢ 취급하기 간단하고 가격이 저렴하고 유해 가스가 발생되지 않아야 한다.
  ㉣ 조명도는 충분하여야 하고 작업할 때는 간접조명이 좋다.
③ **조명불량으로 인한 피해** : 가성근시, 안정피로, 안구진탕증, 안염, 백내장이 발생한다.

- 조명도 : 빛이 조사된 어느 면상의 어느 점에서의 그 광선 밀도를 그 점의조명도라고 한다.
- 룩스(Lux) : 조명의 단위로 1룩스는 1촉광의 광원으로부터 1m 거리의 사각면에 비친 밝기의 정도를 말한다.

(3) 환기
① **자연환기**
  ㉠ 실내외의 온도차가 5℃ 이상일 때 환기가 잘 이루어진다.
  ㉡ 실내외의 온도차, 기체의 확산력, 외기의 풍력에 의해 이루어진다.

> **Tip** 중성대
> 환기창의 아래쪽으로 바깥 공기가 들어오고 위쪽으로 공기가 나가는데 이 중간을 중성대라 하며 중성대가 높은 위치에 형성될수록 환기량이 큼. 천장 가까이에 있는 것이 좋다.

 ② 인공환기
  ㉠ 기계력(환풍기, 후드 등)을 이용한 환기
  ㉡ 환기창은 5%이상으로 내야 한다.

(4) 냉·난방
 ① 실내온도 18±2℃, 습도 40~70% 정도 유지
 ② 냉방 : 실내온도가 26℃ 이상 시 필요(실내외의 온도차는 5~8℃ 이내로 유지)
 ③ 난방 : 실내온도가 10℃ 이하 시 필요(머리와 발의 온도차는 2~3℃ 내외 유지)

7. 역학 및 감염병 관리

1. 경구감염병의 개요

세균, 리케차, 바이러스, 진균, 원충 등의 병원체가 인간이나 동물에 침입하여 증식함으로써 일어나는 감염병을 말한다.

2. 경구감염병 발생의 3요인

(1) **감염원**(병원체, 병원소) : 감염병의 병원체를 내포하고 있어 감수성 숙주에게 감염균을 전파시킬 수 있는 근원이 되는 모든 것을 말한다.

(2) **감염경로**(환경) : 감염원으로부터 감수성 보유자에게 병원체가 전파되는 과정을 말한다.

(3) **숙주의 감수성**
 ① 숙주 : 한 생물체가 다른 생물체의 침범을 받아 영양물질의 탈취 및 조직 손상 등을 당하는 생물체
 ② 감수성 : 숙주에 침입한 병원체에 대항하여 감염이나 발병을 저지할 수 없는 상태로 감수성이 높으면 면역성이 낮아 질병이 쉽게 발병
 ③ 감염병이 전파되어도 병원체에 대한 저항력이나 면역성이 있어 개개인의 감염에는 차이 존재

3. 경구감염병의 생성과정

(1) **병원체** : 인체에 침입하는 미생물로 박테리아, 바이러스, 리케차, 기생충 등
(2) **병원소** : 병원체가 생존, 증식을 계속하여 질병이 전파될 수 있는 상태로 저장되는 장소(사람, 동물, 토양 등)
(3) **병원소로부터 병원체 탈출** : 호흡기계, 소화기계, 비뇨기계, 기계적, 개방병소 탈출

(4) **병원체의 전파** : 직접전파, 간접전파
(5) **병원체의 새로운 숙주로의 침입** : 호흡기계 침입, 소화기계 침입, 피부점막 침입
(6) **숙주의 감수성** : 숙주 내 병원체가 침입으로 감염이 발생되는 것이 아니라 숙주가 병원체에 대한 저항력이나 면역이 있을 때는 발병되지 않으며 감수성이 있을 때만 감염

> **Tip 감수성이란?**
> - 면역의 반대되는 의미, 숙주에 침입한 병원체에 대항하여 감염이나 발병을 저지할 수 없는 상태을 말한다.
> - 감수성이 높을수록 감염이 잘됨
> - 감수성지수(접촉감염자수) : 두창, 홍역 > 백일해 > 성홍열 > 디프테리아 > 폴리오

4. 경구감염병과 세균성 식중독의 차이점

구 분	경구감염병	세균성 식중독
감염원	감염균에 오염된 식품과 음용수 섭취에 의해 경구감염	감염균에 오염된 식품섭취에 의해 감염
감염균의 양	적은 양의 균으로도 감염	많은 양의 균과 독소
잠복기	상대적으로 길다(2~7일)	짧다(12~24시간)
2차 감염	있 음	없 음
면역성	있 음	없 음
독 성	강 함	약 함
음료수	관련 있음	관련 적음
예 방	예방접종한 경우도 대부분 불가능	가 능

5. 우리나라 법정 감염병

구 분	특 징	종 류
제1군 감염병 (6종)	• 마시는 물 또는 식품을 매개로 발생 • 집단발생의 우려가 커서 발생 도는 유행 즉시 방역대책을 수립해야 하는 감염병 • 감염속도가 빠르고 국민건강에 위해를 끼치는 정도가 큼 • 발생 즉시 환자 격리	콜레라, 장티푸스, 파라티푸스, 세균성 이질, 장출혈성 대장균감염증, A형간염
제2군 감염병 (12종)	• 예방접종을 통하여 예방 및 관리가 가능 • 국가예방접종사업의 대상이 되는 감염병	디프테리아, 백일해, 파상풍, 홍역, 유행성이하선염, 풍진, 폴리오, B형간염, 일본뇌염, 수두, b형 헤모필루스 인플루엔자, 폐렴구균
제3군 감염병 (19종)	간헐적으로 유행할 가능성이 있어 계속 그 발생을 감시하고 방역대책의 수립이 필요한 감엽병	말라리아, 결핵, 한센병, 성홍열, 수막구균성수막염, 레지오넬라증, 비브리오패혈증, 발진티푸스, 발진열, 쯔쯔가무시증, 렙토스피라증, 브루셀라증, 탄저, 공수병, 신증후군출혈열, 인플루엔자, 후천성면역결핍증, 매독, 크로이츠펠트-야콥병 및 변종크로이츠펠트-야콥병

제4군 감염병 (19종)	• 국내에서 새롭게 발생하였거나 발생할 우려가 있는 감염병 • 국내유입이 우려되는 해외 유행 감염병 • 갑작스러운 국내 유입 도는 유행이 예견되어 긴급히 예방·관리가 필요하여 보건복지부장관이 지정하는 감염병	페스트, 황열, 뎅기열, 바이러스성 출혈열, 두창, 보툴리눔독소증, 중증 급성호흡기증후군, 동물인플루엔자 인체감염증, 신종인플루엔자, 야토병, 큐열, 웨스트나일열, 신종감염병증후군, 라임병, 진드기매개뇌염, 유비저, 치쿤구니아열, 중증열성혈소판감소증후군, 중동호흡기증후군(MERS)
제5군 감염병 (6종)	• 기생충에 감염되어 발생되어 감염병 • 정기적인 조사를 통한 감시가 필요하여 보건복지부령으로 정하는 감염병	회충증, 편충증, 요충증, 간흡충증, 폐흡충증, 장흡충증

6. 우리나라 검역 감염병

① 검역법에서 검역기간은 해당 감염병의 최장 잠복기간을 기준으로 함
② 검역 감염병의 종류 : 콜레라(120시간), 페스트(144시간), 황열(144시간)

7. 최근 이슈가 되는 감염병

(1) 구제역
① 소, 돼지, 양, 염소, 사슴 등 발굽이 둘로 갈라진 동물에게 감염되는 질병
② 제1종 법정 감염병 지정

(2) 광우병
① 4~5세의 소에서 주로 발생되는 전염성 뇌질환
② 고기와 뼈로 만든 동물성 사료를 먹는 소의 뇌에 생기는 신경성 질환

8. 감염병의 분류

(1) 병원체에 따른 분류
① 세균 : 장티푸스, 파라티푸스, 콜레라, 결핵, 성병, 나병, 백일해 등
② 바이러스 : 소아마비, 간염, 두창, 인플루엔자, 홍역, 유행성 이하선염, 에이즈, 트라코마, 일본뇌염, 풍진 등
③ 리케차 : Q열, 발진티푸스, 발진열, 양충병(쯔쯔가무시병) 등
④ 원충류 : 아메바성 이질, 말라리아, 아프리카수면병 등
⑤ 스피로헤타 : 매독, 서교증, 와일씨병, 재귀열 등

(2) 인체 침입 장소에 따른 분류
① 호흡기계 침입 : 디프테리아, 백일해, 결핵, 폐렴, 수막구균 수막염, 인플루엔자, 홍역, 수두, 풍진, 유행성 이하선염, 성홍열 등
② 소화기계 침입 : 장티푸스, 콜레라, 파라티푸스, 이질(세균성, 아메바성), 폴리오, 유행성 간염 등
③ 경피침입
   ㉠ 병원체의 피부접촉에 의한 그 자신의 힘으로 숙주의 체내에 침입 : 바일병, 십이지장충 등

ⓒ 상처를 통한 감염 : 파상풍, 매독, 한센병 등
ⓒ 동물에 접촉이나 물려서 병원체 침입 : 모기, 이, 벼룩, 진드기, 쥐, 개 등 매개 감염병

(3) 감염경로에 따른 분류

① 직접접촉 감염 : 매독, 임질 피부병, 풍진 등

② 간접접촉 감염
　㉠ 비말 감염 : 디프테리아, 인플루엔자, 성홍열, 백일해, 결핵 등
　㉡ 진애 감염 : 결핵, 디프테리아, 천연두 등
　㉢ 개달물 감염 : 결핵, 트라코마, 천연두 등
　㉣ 수인성 감염 : 이질, 콜레라, 폴리오, 장티푸스, 파라티푸스, 유행성 간염 등
　㉤ 위생해충에 의한 감염

구 분	질 병
파 리	세균성 소화기 감염증(장티푸스, 파라티푸스, 세균성 이질, 세균성 식중독, 소아마비)
바퀴벌레	이질, 콜레라, 장티푸스, 폴리오 등
쥐	페스트, 서교증, 재귀열, 바일병, 유행성 출혈열, 쯔쯔가무시증 등
진드기	쯔쯔가무시증, 옴, 재귀열, 유행성 출혈열 등
벼 룩	페스트, 발진열, 재귀열 등
모 기	말라리아, 일본뇌염, 황열, 사상충증, 뎅기열 등
이	발진티푸스, 재귀열 등
빈 대	재귀열 등
음식물감염	이질, 콜레라, 폴리오, 장티푸스, 파라티푸스, 유행성 감염 등
토양감염	파상풍 등
경태반감염	매독, 풍진, 두창 등

- 비말감염 : 환자의 보균자의 기침, 재채기, 대화 중 튀는 침에 병원균이 함유되어 감염되는 것을 말한다.
- 진애감염 : 병원체가 붙어 있는 먼지 등을 흡입하여 감염되는 것을 말한다.

9. 잠복기에 따른 분류

(1) **1주일 이내** : 콜레라, 페스트, 유행성 간염, 이질, 성홍열, 뇌염, 파라티푸스, 디프테리아, 황열, 인플루엔자 등

　* 콜레라 : 잠복기가 가장 짧다.

(2) **1주~2주** : 발진티푸스, 두창, 홍역, 백일해, 장티푸스, 수두, 유행성 이하선염, 풍진 등

(3) **잠복기가 가장 긴 질병** : 나병(한센병), 결핵

　* 결핵 : 잠복기가 가장 길다.

10. 인수공통감염병

(1) 인수공통감염병의 정의
사람과 동물이 같은 병원체에 의해서 감염증상을 일으키는 감염병을 말한다.

(2) 인수공통감염병의 종류와 이환가축

구 분	이환가축	특 징
탄 저	소, 말, 양	• 동물간의 감염은 주로 오염된 풀과 사료에 의해 경구감염 • 패혈증을 일으킴
결 핵	소	• 오염된 사료, 물, 젖 등에 의해 경구감염, 비말감염, 공기감염, 자궁 내 감염도 가능 • 기침, 호흡곤란, 가래, 흉통, 관절염, 뇌막염 등 증상발생
야토병	토끼, 쥐 다람쥐	• 페스트와 비슷한 증상 • 산토끼를 비롯하여 설치류와 가축에 감염 • 발열, 오한, 두통, 설사, 근육통, 관절통, 마른기침 등의 증상 발생
브루셀라증	소, 양, 돼지	• 감염된 동물들과 직간접 접촉으로 발생 • 동물의 육과 젖을 매개로 한 경구감염
돈단독	돼 지	접촉성 피부 및 피하조직의 질환, 피부염, 패혈증 발생
렙토스피라증	쥐	• 가축이나 야생동물의 소변으로 전파 • 고위험군 : 농림업, 어업, 축산업, 광업종사자, 하수청소부, 수의사, 군인
큐 열	쥐, 소, 양	• Query fever(알수없는 열)에서 명명 • 감염동물과 직간접접촉, 감염된 소의 생우유 또는 오염된 음식물의 섭취로 경구감염 가능
구제역	소, 돼지, 양, 염소	• 발굽이 둘로 갈라진 가축들이 잘 걸리는 집병으로 전염성이 매우 강하며 사람에게 전파 • 감염가축은 심한 거품이 섞인 침을 흘리며 입안, 혀, 발굽, 젖꼭지에 물집이 생기고 식욕저하 등의 증상을 보이며 심하게 앓다가 죽음
조류인플루엔자	닭, 칠면조 야생조류	• 전염성이 매우 높은 급성 감염병 • 바이러스에 의해 발생 • 호흡기 증상, 설사, 산란율의 급격한 감소
광우병	소	• 병원체 : 프리온(Prion) • 다 자란 소에게 주로 발생 • 뇌조직에 스폰지같은 구멍이 생기는 해면상 뇌증으로 소가 포악해지고 정신이상 행동을 보이다가 죽어가는 전염성 뇌질환

11. 감염병의 예방대책

(1) **환자에 대한 대책** : 환자의 조기 발견, 격리, 감시, 치료실시, 법정감염병 등의 환자신고한다.
(2) **보균자에 대한 대책** : 보균자의 조기 발견으로 감염병의 전파를 막음, 특히 식품을 다루는 업무에 종사하는 사람에 대한 검색을 철저히 하는 것이 중요하다.
(3) **외래 감염병에 대한 대책** : 병에 걸린 동물을 신속히 제거한다.
(4) **역학조사** : 호구조사, 집단검진 등 각종 자료에서 감염원을 조사하여 대책을 세운다.

12. 감염경로 대책

① 감염원의 접촉기회 억제
② 소독, 살균 철저
③ 공기의 위생적 유지
④ 상수도의 위생관리
⑤ 식품의 오염방지

13. 감수성 대책

(1) **저항력 증진** : 영양부족, 수면부족, 피로 등에 의한 체력저하를 방지하고 체력을 증진시켜 저항력 유지 및 증진에 노력한다.

(2) **예방접종**

구 분	연 령	예방접종의 종류	예방접종 금기 대상자
기본접종	4주 이내	BCG(결핵예방접종)	• 열이 높은 자 • 심장, 신장, 간장 질환자 • 알레르기 또는 경련성 환자 • 임산부 • 병약자
	2, 4, 6개월	DPT, 경구용 소아마비	
	15개월	홍역, 볼거리, 풍진	
	3~15세	일본뇌염	
추가접종	18개월, 6세	DPT, 경구용 소아마비	
	매 년	유행 전 접종(독감)	

Tip
- DPT : 디프테리아(Diphtheria), 백일해(Pertussis), 파상풍(Tetanus)을 예방하기 위한 백신
- MMR : 홍역(Measles), 볼거리(Mumps), 풍진(Rubella)을 예방하기 위한 백신
- BCG(결핵예방접종) : 아기가 태어나서 제일 먼저하는 예방접종
- 투베르쿨린반응검사 : 결핵균 감염 여부 진단검사

14. 면역의 종류

종 류		특징 및 종류
선천적 면역		• 체내에 자연적으로 형성된 면역 • 종속면역, 인종면역, 개인면역
후천적 면역	능동면역	• 자연능동면역(자연감염) : 질병감염 후 획득한 면역 • 인공능동면역 : 사람이 백신으로 획득한 면역
	수동면역	• 자연수동면역 : 모체로부터 항체를 받은 면역 • 인공수동면역 : 면역이 생긴 혈청 등을 접종하여 면역성을 부여

15. 면역과 질병

(1) **영구면역** : 홍역, 백일해, 발진티푸스, 장티푸스, 페스트, 콜레라, 폴리오 등

(2) **일시면역** : 디프테리아, 폐렴, 인플루엔자, 세균성이질, 매독 등

(3) **면역이 형성되지 않는 질병** : 매독, 이질, 말라리아 등

16. 인공능동면역을 위한 백신

(1) **생균백신** : 사람에 감염되나 발병까지는 도달하지 못하도록 병원성을 약화시켜 만든 백신으로 홍역, 결핵, 황열, 폴리오(소아마비), 탄저병에 효과가 있다.

(2) **사균백신** : 화학약품이나 가열 등의 처리에 의해 면역성을 보존하면서 균을 사멸시켜 만든 백신으로 콜레라, 백일해, 장티푸스, 파라티푸스, 일본뇌염에 효과가 있다.

(3) **순화독소** : 세균이 생산하는 체외독소를 처리하여 불활성화한 백신으로 디프테리아, 파상풍 등에 효과가 있다.

 보균자
- 건강보균자 : 병원균을 가지고 있으나 발병하지 않고 건강한 자로 감염병 관리가 가장 어려운 것이 특징이다.
- 잠복기 보균자 : 병원체가 잠복기에 있는 상태인 발병 전단계로 전염성을 가지고 있다.
- 회복기보균자 : 감염되었다가 회복기에 있는 자로 여전히 병원체를 가지고 있다.

17. 감염병의 시간적 유행

변 화	주 기	감염병		
순환 변화 (단기변화 : 단기간 주기로 유행)	2~5년	• 백일해(2~4년)	• 홍역(2~4년)	• 일본뇌염(3~4년)
추세 변화 (장기변화 : 장기간 주기로 유행)	10~40년	• 디프테리아(20년)	• 성홍열(30년)	• 장티푸스(30~40년)
계절적 변화	• 하 계 • 동 계	• 소화기계 감염병 • 호흡기계 감염병		

01 출제예상문제

해 설

01
미숙한 매실, 살구씨에 존재하는 독성분은 아미그달린이다. **답** ④

02
미생물은 광학현미경으로 확인할 수 있는 생물체로 세균, 곰팡이, 효모, 바이러스 등이 있고 기생충은 육관으로 확인이 된다. **답** ④

03
부패는 단백질식품이 혐기성 미생물에 의해 변질되는 것이고, 산패는 지방질식품이 산화되어 변질된 것이다. **답** ④

04
미생물은 적당한 영양소, 수분, 온도, pH, 산소가 있어 생육이 가능하다. **답** ④

05
아크롤레인은 발연점 이상의 유지를 고온 가열하여 발생시킨다. **답** ④

---

01 미숙한 매실이나 살구씨에 존재하는 독성분은?
① 라이코린 ② 하이오사이어마인
③ 리 신 ④ 아미그달린

02 다음 중 식품위생과 관련된 미생물이 아닌 것은?
① 세 균 ② 곰팡이
③ 효 모 ④ 기생충

03 식품의 산패에 관한 설명으로 잘못된 것은?
① 식품에 들어 있는 지방질이 산화되는 현상이다.
② 맛, 냄새가 변한다.
③ 유지가 가수분해 되어 일어나기도 한다.
④ 부패와 반응 기질이 같다.

04 미생물의 생육에 필요한 조건과 거리가 먼 것은?
① 수 분 ② 산 소
③ 온 도 ④ 자외선

05 생선 및 육류의 초기부패 판정 시 지표가 되는 물질에 해당되지 않는 것은?
① 휘발성 염기질소(VBN)
② 암모니아(Ammonia)
③ 트리메틸아민(Trimethylamine)
④ 아크롤레인(Acrolein)

06 식품의 변화현상에 대한 설명 중 틀린 것은?
① 산패 : 유지식품의 지방질 산화
② 발효 : 화학물질에 의한 유기화합물의 분해
③ 변질 : 식품이 품질 저하
④ 부패 : 단백질과 유기물이 부패미생물에 의해 분해

해 설

06
발효는 탄수화물이 미생물의 작용으로 분해되어 각종 유기산과 알코올 등을 생성하는 것이다.   **답** ②

07 어육의 초기 부패 시에 나타나는 휘발성 염기질소의 양은?
① 5~10mg%   ② 15~25mg%
③ 30~40mg%   ④ 50mg%

07
어육의 초기 부패를 판정하는 휘발성 염기질소의 양은 30~40mg%이다.
답 ③

08 세균성 식중독의 예방방법으로 적합하지 않은 것은?
① 시설 및 식품을 위생적으로 취급한다.
② 일단 조리한 식품은 빠른 시간 내에 섭취하도록 한다.
③ 식품을 냉동고에 보관할 때는 덩어리째 보관하여 사용 시마다 냉동 및 해동을 반복하여 조리한다.
④ 식기, 도마 등은 세척과 소독을 철저히 한다.

08
냉동과 해동을 반복하면 세균의 증식과 품질 저하되므로 한번 사용할 만큼 소분하여 냉동 저장하여 필요한 만큼 해동하여 쓰는 것이 좋다.   **답** ③

09 황변미 중독을 일으키는 오염 미생물은?
① 곰팡이   ② 효 모
③ 세 균   ④ 기생충

09
곰팡이독의 원인이 되어 황변미 중독이 발생한다.   **답** ①

10 일반 가열조리법으로 예방하기 가장 어려운 식중독은?
① 살모넬라에 의한 식중독
② 웰치균에 의한 식중독
③ 포도상구균에 의한 식중독
④ 병원성 대장균에 의한 식중독

10
포도상구균은 80℃에서 30분간 가열 시 파괴되지만 포도상구균이 생성한 엔테로톡신은 120℃에서 20분간 가열해도 파괴되지 않아 일반 가열 조리로는 예방이 어렵다.   **답** ③

해 설

11
아플라톡신은 탄수화물이 풍부한 곡류, 땅콩, 콩류에 자라며 아플라톡신은 인체에 간장독을 일으킨다. **답 ②**

12
곰팡이류의 생육 최적온도는 30℃ 정도이며 곰팡이 발생을 막기 위한 수분량은 13% 이하이다. **답 ②**

13
독소형 식품 내에 병원체가 증식하여 생성한 독소에 의해 생기는 식중독으로 황색포도상구균 식중독과 클로스트리디움 보툴리눔 식중독이 있다. **답 ①**

14
엔테로톡신의 원인식품은 떡, 김밥 등이고 120℃에서 20분간 가열해도 파괴 되지 않으며 잠복기는 평균 3시간이다. **답 ③**

15
아플라톡신은 곰팡이독으로 중독증상으로 간장장애가 있다. **답 ③**

---

11 곰팡이 독소와 독성을 나타내는 곳을 잘못 연결한 것은?

① 오크라톡신(Ochratoxin) : 간장독
② 아플라톡신(Aflatoxin) : 신경독
③ 시트리닌(Citrinin) : 신장독
④ 스테리그마토시스틴(Sterigmatocystin) : 간장독

12 곰팡이독소(Mycotoxin)에 대한 설명으로 틀린 것은?

① 곰팡이가 생산하는 2차 대사산물로 사람과 가축에 질병이나 이상생리 작용을 유발하는 물질이다.
② 온도 24~35℃, 수분 7% 이상의 환경조건에서는 발생하지 않는다.
③ 곡류, 견과류와 곰팡이가 번식하기 쉬운 식품에서 주로 발생한다.
④ 아플라톡신(Aflatoxin)은 간암을 유발하는 곰팡이 독소이다.

13 식품에 오염된 미생물이 증식하여 생성한 독소에 의해 유발되는 대표적인 식중독은?

① 황색포도상구균 식중독
② 살모넬라균 식중독
③ 장염비브리오 식중독
④ 리스테리아 식중독

14 엔테로톡신에 대한 설명으로 옳은 것은?

① 해조류 식품에 많이 들어있다.
② 100℃에서 10분간 가열하면 파괴된다.
③ 황색포도상구균이 생성한다.
④ 잠복기는 2~5일이다.

15 곰팡이독으로서 간장에 장애를 일으키는 것은?

① 시트리닌(Citrinin)
② 파툴린(Patulin)
③ 아플라톡신(Aflaroxin)
④ 솔라렌(Psoralene)

16 노로바이러스에 대한 설명으로 틀린 것은?
① 발병 후 자연치유 되지 않는다.
② 크기가 매우 작은 구형이다.
③ 급성위장염을 일으키는 식중독 원인체이다.
④ 감염되면 설사, 복통, 구토 등의 증상이 나타난다.

해 설

16
노로바이러스는 감염 후 1~2일 뒤에 자연치유 된다. **답** ①

17 식중독에 관한 설명으로 틀린 것은?
① 자연독이나 유해물질이 함유된 음식물을 섭취함으로써 생긴다.
② 발열, 구역질, 구토, 설사, 복통 등의 증세가 나타난다.
③ 세균, 곰팡이, 화학물질 등이 원인 물질이다.
④ 대표적인 식중독은 콜레라, 세균성이질, 장티푸스 등이 있다.

17
콜레라, 세균성 이질, 장티푸스는 미생물에 의한 감염병이다. **답** ④

18 통조림, 병조림과 같은 밀봉식품의 부패가 원인이 되는 식중독과 가장 관계가 깊은 것은?
① 살모넬라 식중독
② 클로스트리디움 보툴리늄 식중독
③ 포도상구균 식중독
④ 리스테리아균 식중독

18
클로스트리디움 보툴리늄 식중독은 살균이 덜 된 통조림과 병조림의 부패가 원인이 된다. **답** ②

19 Staphylococcus Aureus균이 분비하는 장독소가 원인이 되는 식중독은?
① 살모넬라 식중독
② 장염비브리오 식중독
③ 병원성 대장균 식중독
④ 황색포도상구균 식중독

19
황색포도상구균은 장독소인 엔테로톡신을 생성하고 엔테로톡신은 열에 강해서 120℃에서 20분간 처리해도 파괴되지 않으며 화농성 질환자의 식품취급을 금한다. **답** ④

20 곰팡이 중독증의 예방법으로 틀린 것은?
① 곡류 발효식품을 많이 섭취한다.
② 농수축산물의 수입 시 검역을 철저히 행한다.
③ 식품가공 시 곰팡이가 피지 않는 원료를 사용한다.
④ 음식물은 습기가 차지 않고 서늘한 곳에 밀봉해서 보관한다.

20
곰팡이는 곡류, 두류 및 가공품 등 탄수화물이 많이 함유된 식품에서 주로 발생한다. **답** ①

해 설

21
복어의 독성분은 테트로도톡신, 모시조개의 독성분은 베네루핀이다.
답 ④

22
식중독 발생 시 해당 기관 신고를 통해 원인균과 원인식을 조사하여 적절한 초치를 시행한다. 소화제 복용은 적절한 조치가 아니다.
답 ④

23
메틸알코올 중독 시 두통, 현기증, 구토 등의 증상이 나타나고 심할 경우 시신경염증으로 인한 실명, 호흡곤란 등의 증상이 나타나거나 사망에 이르게 된다.
답 ③

24
식중독 발생 시 발생 신고를 제일 먼저 실시한다.
답 ①

25
감염병의 대책에는 감수성 숙주의 대책(예방접종 실시), 감염경로의 대책(감염경로 차단), 감염원의 대책(환자의 조기 발견, 격리)이 있다.
답 ④

---

21 복어와 모시조개 섭취 시 식중독을 유발하는 독성물질을 순서대로 나열한 것은?

① 엔테로톡신(Enterotoxin), 사포닌(Saponin)
② 엔테로톡신(Enterotoxin), 아플라톡신(Aflatoxin)
③ 테트로도톡신(Tetrodotoxin), 듀린(Dhurrin)
④ 테트로도톡신(Tetrodotoxin), 베네루핀(Venerupin)

22 집단 식중독 발생 시 처치사항으로 잘못된 것은?

① 원인식을 조사한다.
② 구토물 등의 원인균 검출에 필요하므로 버리지 않는다.
③ 해당 기관에 즉시 신고한다.
④ 소화제를 복용시킨다.

23 화학물질에 의한 식중독으로 일반 중독증상과 시신경의 염증으로 실명의 원인이 되는 물질은?

① 납
② 수 은
③ 메틸알코올
④ 청 산

24 식중독 발생 시 즉시 취해야 할 행정적 조치는?

① 식중독 발생 신고
② 원인식품의 폐기처분
③ 연막조사
④ 역학조사

25 예방접종이 감염병 관리상 갖는 의미는?

① 병원소의 제거
② 감염원의 제거
③ 환경의 관리
④ 감수성 숙주의 관리

26 채소류를 매개로 감염될 수 있는 기생충이 아닌 것은?
① 회충
② 유구조충
③ 구충
④ 편충

26
유구조충은 돼지에 의해 감염된다.
답 ②

27 D.P.T. 예방접종과 관계없는 질병은?
① 페스트
② 디프테리아
③ 백일해
④ 파상풍

27
D.P.T. 예방접종은 Diphtheria (디프테리아), Pertussis (백일해), Tetanus (파상풍) 대한 접종이다.
답 ①

28 병원체가 생활, 증식, 생존을 계속하여 인간에게 전파될 수 있는 상태로 저장되는 곳을 무엇이라 하는가?
① 숙주
② 보균자
③ 환경
④ 병원소

28
감염원은 병을 일으키는 병원체와 병원체가 증식하면서 다른 숙주에게 전파시킬 수 있는 상태로 저장되어 있는 병원소를 포함한다.
답 ④

29 폐흡충증의 제2중간숙주는?
① 잉어
② 연어
③ 게
④ 송어

29
폐흡충증의 제1중간숙주는 다슬기 이며 제2중간숙주는 게, 가재이다.
답 ③

30 돼지고기를 완전히 익히지 않고 먹을 경우 감염될 수 있는 기생충은?
① 아니사키스
② 무구낭미충
③ 선모충
④ 광절열두조충

30
덜 익은 돼지고기를 섭취했을 때 선충류에 속하는 선모충에 감염된다.
답 ③

31 다음 중 중간숙주의 단계가 하나인 기생충은?
① 간디스토마
② 폐디스토마
③ 무구조충
④ 광절열두조충

31
무구조충은 소를 중간숙주로 하며 중간숙주의 단계가 하나이다.
답 ③

해 설

32
광절열두조충의 제1중간숙주는 물벼룩, 제2중간숙주는 민물고기, 제3중간숙주는 사람, 개, 고양이다. **답** ④

33
수인성 감염병은 동일한 물을 다수의 사람들이 사용했을 때 동시에 많은 환자가 발생하는 것으로 연령과 직업에 따른 이환율의 차이가 없다. **답** ①

34
병원체가 인체의 침입한 후 자각적, 타각적 임상증상이 발생할 때까지의 기간을 잠복기라고 한다. **답** ③

35
무구조충 – 소 **답** ②

36
요충은 채소류로 인해 감염되는 기생충이며 직장이나 항문근처에 산란하며 소양증을 발생시키며 전염속도가 빠르다. **답** ③

---

32 기생충과 중간숙주와의 연결이 틀린 것은?

① 간흡충 : 쇠우렁, 참붕어
② 요코가와흡충 : 다슬기, 은어
③ 폐흡충 : 다슬기, 게
④ 광절열두조충 : 돼지고기, 쇠고기

33 수인성 감염병의 유행 특성에 대한 설명으로 옳지 않은 것은?

① 연령과 작업에 따른 이환율에 차이가 있다.
② 2~3일 내에 환자 발생이 폭발적이다.
③ 환자발생은 급수지역에 한정되어 있다.
④ 계절에 직접적인 관계없이 발생한다.

34 병원체가 인체의 침입한 후 자각적, 타각적 임상증상이 발생 할 때까지의 기간은?

① 세대기   ② 이환기
③ 잠복기   ④ 전염기

35 기생충과 인체감염원 식품의 연결이 틀린 것은?

① 유구조충 : 돼지고기
② 무구조충 : 민물고기
③ 동양모양선충 : 채소류
④ 아니사키스 : 바다생선

36 집단감염이 잘되며 항문부위의 소양증을 유발하는 기생충은?

① 회 충   ② 구 충
③ 요 충   ④ 간흡충

37 다음 감염병 중 바이러스(Virus)가 병원체인 것은?
① 세균성 이질　② 폴리오
③ 파라티푸스　④ 장티푸스

해 설

37
바이러스가 병원체인 것은 폴리오(소아마비)이다.　답 ②

38 모기가 매개하는 감염병이 아닌 것은?
① 말라리아　② 일본뇌염
③ 파라티푸스　④ 황 열

38
파라티푸스는 파리가 매개체이다.　답 ③

39 접촉감염 지수가 가장 높은 질병은?
① 유행성이하선염　② 홍 역
③ 성홍열　④ 디프테리아

39
접촉감염 지수는 홍역 > 백일해 > 성홍열 > 디프테리아 > 소아마비 순이다.　답 ②

40 소고기를 가열하지 않고 회로 먹을 때 생길 수 있는 가능성이 가장 큰 기생충은?
① 민촌충　② 선모충
③ 유구조충　④ 회 충

40
소를 완전히 가열 하지 않고 섭취 시 민촌충(무구조충)에 감염된다.　답 ①

41 분변 소독에 가장 적합한 것은?
① 과산화수소　② 알코올
③ 생석회　④ 머큐로크롬

41
생석회는 수분을 흡수하고 용해가 잘되어 분변, 하수도, 진개 등의 오물소독과 우물소독 등에 사용된다.　답 ③

42 물로 전파되는 수인성 감염병에 속하지 않는 것은?
① 장티푸스　② 홍 역
③ 세균성 이질　④ 콜레라

42
홍역은 제2군 감염병으로 호흡기계 감염병이다.　답 ②

해 설

43 차아염소산나트륨 과실류, 채소류, 식기, 음료수 등의 살균에 사용된다.
답 ④

44 콜레라는 제1군 감염병으로 쌀뜨물 같은 심한 설사, 구토를 유발한다.
답 ④

45 방사선살균법은 곡류, 청과류, 축산물 살균처리 시 이용한다. 이는 뿌리, 싹이 트는 것을 억제한 효과가 있다.
답 ④

46 식품의 저온 보존은 식중독 예방법이다.
답 ③

47 자외선은 2,500~2,800Å의 파장에서 살균력이 높아서 살균, 소독에 사용한다.
답 ③

48 초고온순간살균법은 130~140℃에서 2초간 살균하는 방법이다.
답 ④

---

43 과실류, 채소류 등 식품의 살균목적으로 사용되는 것은?
① 초산비닐수지(Polyvinyl Acetate)
② 이산화염소(Chlorine Dioxide)
③ 규소수지(Silicone Resin)
④ 차아염소산나트륨(Sodium Hypochlorite)

44 쌀뜨물 같은 설사를 유발하는 경구전염병의 원인균은?
① 살모넬라균   ② 포도상구균
③ 장염비브리오균   ④ 콜레라균

45 감자, 고구마 및 양파와 같은 식품에 뿌리가 나고 싹이 트는 것을 억제하는 효과가 있는 것은?
① 자외선 살균법   ② 적외선 살균법
③ 일광소독법   ④ 방사선 살균법

46 전염병의 예방대책과 거리가 먼 것은?
① 병원소의 제거   ② 환자의 격리
③ 식품의 저온보존   ④ 예방접종

47 미생물에 대한 살균력이 가장 큰 것은?
① 적외선   ② 가시광선
③ 자외선   ④ 라디오파

48 우유의 초고온순간살균법에 가장 적합한 가열온도와 시간은?
① 200℃에서 2초간   ② 162℃에서 5초간
③ 150℃에서 5초간   ④ 132℃에서 2초간

해 설

49 다음 중 음료수 소독에 가장 적합한 것은?
① 생석회
② 알코올
③ 염 소
④ 승홍수

49
음료수 소독에는 염소를 가장 많이 사용한다.
답 ③

50 식품첨가물의 사용목적이 아닌 것은?
① 변질, 부패 방지
② 관능 개선
③ 질병 예방
④ 품질개량, 유지

50
식품첨가물은 보존성 향상, 영양 강화, 기호도 충족, 품질 향상에 목적이 있다.
답 ③

51 역성비누에 대한 설명 중 틀린 것은?
① 양이온 계면활성제
② 살균제, 소독제 등으로 사용된다.
③ 자극성 및 독상이 없다.
④ 무미·무해하나 침투력이 약하다.

51
역성비누는 계면활성제이며 자극성 및 독성이 없고 무색, 무미, 무취하나 침투력이 강하여 과일 야채, 식기, 손소독에 사용한다.
답 ④

52 식품첨가물이 갖추어야 할 조건으로 옳지 않은 것은?
① 식품에 나쁜 영향을 주지 않을 것
② 다량 사용하였을 때 효과가 나타날 것
③ 상품의 가치를 향상시킬 것
④ 식품 성분 등에 의해서 그 첨가물을 확인할 수 있을 것

52
식품첨가물은 소량 사용으로 그 목적을 달성할 수 있어야 한다.
답 ②

53 식품취급자가 손을 씻는 방법으로 적합하지 않은 것은?
① 살균효과를 증대시키기 위해 역성비누에 일반비누액을 섞어 사용한다.
② 팔에서 손으로 씻어 내린다.
③ 손을 씻은 후 비눗물을 흐르는 물에 충분히 씻는다.
④ 역성비누 원액을 몇 방울 손에 받아 30초 이상 문지르고 흐르는 물로 씻는다.

53
역성비누는 일반비누와 함께 사용하면 살균효과가 감소한다.
답 ①

해설

54
소포제로는 규소수지가 사용되며 초산비닐수지는 피막제로 사용된다.
답 ②

55
HACCP 12절차의 첫 번째 단계는 HACCP팀의 구성이다.
답 ④

56
초산비닐수지는 추잉껌의 기초제, 과실의 피막제로 사용된다.
답 ①

57
HACCP의 의무적용 대상 식품은 총 13종으로 껌류는 해당하지 않는다.
답 ③

58
스테비아 추출물은 감미료이다.
답 ②

---

54 사용목적별 식품첨가물의 연결이 틀린 것은?
① 착색료 : 철클로로필린나트륨
② 소포제 : 초산비닐수지
③ 표백제 : 메타중아황산나트륨
④ 감미료 : 사카린나트륨

55 HACCP에 대한 설명으로 틀린 것은?
① 어떤 위해를 미리 예측하여 그 위해요인을 사전에 파악하는 것이다.
② 위해 방지를 위한 사전 예방적 식품안전관리 체계를 말한다.
③ 미국, 일본, 유럽연합, 국제기구(CODEX, W.H.O) 등에서도 모든 식품에 HACCP을 적용할 것을 권장하고 있다.
④ HACCP 12절차의 첫 번째 단계는 위해요소 분석이다.

56 껌 기초제로 사용되며 피막제로도 사용되는 식품첨가물은?
① 초산비닐수지   ② 에스테르검
③ 폴리이소부틸렌 ④ 폴리소르베이트

57 HACCP의 의무적용 대상 식품에 해당되지 않는 것은?
① 빙과류   ② 비가열음료
③ 껌 류   ④ 레토르트식품

58 다음 중 천연 항산화제와 거리가 먼 것은?
① 토코페롤   ② 스테비아 추출물
③ 플라본 유도체 ④ 고시폴

59 다음 중 식품위생법상 식품위생의 대상은?
① 식품, 약품, 기구, 용기, 포장
② 조리법, 조리시설, 기구, 용기, 포장
③ 조리법, 단체급식, 기구, 용기, 포장
④ 식품, 식품첨가물, 기구, 용기, 포장

60 식품위생법상 집단급식소는 상시 1회 몇 인에게 식사를 제공하는 급식소인가?
① 20명 이상
② 40명 이상
③ 50명 이상
④ 100면 이상

61 식품위생법상에 명시된 식품위생감시원의 직무가 아닌 것은?
① 과대광고 금지의 위반 여부에 관한 단속
② 조리사 및 영양사의 법령 준수사하 이행 여부 확인·지도
③ 생산 및 품질관리일지의 작성 및 비치
④ 시설기준의 적합 여부의 확인·검사

62 식품위생법상 조리사 면허를 받을 수 없는 사람은?
① 미성년자
② 마약 중독자
③ B형 간염환자
④ 조리사 면허 취소처분을 받고 그 취소된 날부터 1년이 지난 자

63 식품위생법상 용어의 정의에 대한 설명 중 틀린 것은?
① "집단급식소"라 함은 영리를 목적으로 하는 급식시설을 말한다.
② "식품"이라 함은 의약으로 취급하는 것을 제외한 모든 음식물을 말한다.
③ "표시"라 함은 식품, 식품첨가물, 기구 또는 용기·포장에 기재하는 문자, 숫자 또는 도형을 말한다.
④ "용기·포장"이라 함은 식품을 넣거나 싸는 것으로서 식품을 주고받을 때 함께 건네는 물품을 말한다.

해 설

59
식품위생법상 식품위생 대상은 식품, 식품첨가물, 기구, 용기, 포장 등 음식에 관한 정반적인 것을 말한다. **답** ④

60
집단급식소는 1회 50명 이상에게 식사를 제공하는 비영리 급식소를 말한다. **답** ③

61
식품위생감시원의 직무에는 과대광고 금지의 위반 여부에 관한 단속, 조리사 및 영양사의 법령 준수사항 이행 여부 확인·지도, 시설기준의 적합 여부의 확인·검사 등이 있다. **답** ③

62
조리사 면허 결격사유로는 정신질환자, B형 간염을 제외한 간염환자, 마약 또는 약물 중독자, 조리사면허 취소 후 1년이 지나지 아니한 자가 있다. **답** ②

63
식품위생법상 "집단급식소"라 함은 비영리를 목적으로 특정 다수인에게 계속하여 음식물을 공급하는 급식시설을 말한다. **답** ①

해설

64
제조방법에 관하여 연구하거나 발견한 사실로서 식품학·영양학 등의 분야에서 공인된 사항의 표시·광고는 허위로 보지 않는다.
답 ②

65
단란주점영업 및 유흥주점영업은 영업허가를 받아야 할 업종이다.
답 ②

66
식품첨가물 제조업소는 조리사를 두지 않아도 된다.
답 ③

67
총질소(TN)는 우리나라의 수질오염 측정방법이다.
답 ④

68
통조림은 녹 방지를 위해 얇게 주석으로 코팅하는데 산성이 강한 내용물로 인해 주석이 용출될 수 있다.
답 ①

---

64 식품위생법상 허위표시, 과대광고, 비방광고 및 과대포장의 범위에 해당하지 않은 것은?
① 허가·신고 또는 보고한 사항이나 수입신고한 사항과 다른 내용의 표시·광고
② 제조방법에 관하여 연구하거나 발견한 사실로 식품학·영양학 등의 분야에서 공인된 사항의 표시
③ 제품의 원재료 또는 성분과 다른 내용의 표시·광고
④ 제조연원일 또는 유통기한을 표시함에 있어서 사실과 다른 내용의 표시·광고

65 식품위생법상 영업의 신고대상 업종이 아닌 것은?
① 일반음식점영업　② 단란주점영업
③ 휴게음식점영업　④ 식품제조·가공업

66 식품위생법상 조리사를 두어야 할 영업이 아닌 것은?
① 지방자치단체가 운영하는 집단급식소
② 복어조리 판매업소
③ 식품첨가물 제조업소
④ 병원이 운영하는 집단급식소

67 식품의 부패 정도를 측정하는 지표로 가장 거리가 먼 것은?
① 휘발성 염기질소(VBN)　② 트리메틸아민(TMA)
③ 수소이온농도(pH)　④ 총질소(TN)

68 내용물이 산성인 통조림이 개봉된 후 용해되어 나올 수 있는 유해금속은?
① 주 석　② 비 소
③ 카드뮴　④ 아연

69 공중보건에 대한 설명으로 틀린 것은?
① 목적은 질병예방, 수명연장, 정신적·신체적 효율의 증진이다.
② 공중보건의 최소단위는 지역사회이다.
③ 환경위생 향상, 감염병 관리 등이 포함된다.
④ 주요 사업대상은 개인의 질병치료이다.

70 미생물에 대한 살균력이 가장 큰 것은?
① 적외선 ② 가시광선 ③ 자외선 ④ 라디오파

71 상수를 정수하는 일반적인 순서는?
① 침전 → 여과 → 소독
② 예비처리 → 본처리 → 오니처리
③ 예비처리 → 여과처리 → 소독
④ 예비처리 → 침전 → 여과 → 소독

72 수질의 오염 정도를 파악하기 위한 BOD(생물학적 산소요구량)의 측정 시 일반적인 온도와 측정기간은?
① 10℃에서 10일간 ② 20℃에서 10일간
③ 10℃에서 5일간 ④ 20℃에서 5일간

73 생활쓰레기의 분류 중 부엌에서 나오는 동·식물성 유기물은?
① 주 개 ② 가연성 진개
③ 불연성 진개 ④ 재활용성 진개

74 고열장애로 인한 직업병이 아닌 것은?
① 열경련 ② 일사병
③ 열쇠약 ④ 참호족

해 설

69 주요 산업대상은 개인이 아닌 지역사회의 인간집단이다. **답** ④

70 자외선은 2,500~2,800Å의 파장에서 살균력이 높아 살균, 소독에 사용한다. **답** ③

71 상수 처리과정은 취수 → 정수 → 침전 → 여과 → 소독 → 급수 순이며, 예비처리 → 본처리 → 오니처리는 하수처리과정이다. **답** ①

72 BOD(생물학적 산소요구량) 측정 시 20℃에서 5일간 측정한다. **답** ④

73 생활쓰레기의 분류 중 부엌에서 나오는 동·식물성 유기물은 가정에서 나오는 주개이다. **답** ①

74 참호족은 습하고 저온환경에서 생기는 직업병이다. **답** ④

해설

75
- 수은 중독 : 미나마타병.
- 카드뮴 중독 : 이타이이타이병.
- 비소 중독 : 신경계통 마비, 경련

답 ①

76
혐기성 처리법은 하수처리과정 중 본처리의 혐기성 분해처리하는 것으로 혐기성균이 무산소 상태에서 증식하여 유기물을 분해 하는 과정으로 메탄, 유기산 이산화탄소를 생성한다.

답 ③

77
기온역전이 일어날 때 대기오염 물질이 수직 확산되지 못하여 대기 오염이 심화된다.

답 ④

78
용존산소는 수중의 온도가 높을수록 감소한다.

답 ④

79
콜레라 발생원 및 서식처를 제거하여 환경을 청결히 함으로써 예방할 수 있다.

답 ①

80
대기의 1차 오염물질은 분진, 매연, 황산화물, 질소산화물 등이 있고 2차 오염물질에는 오존, 알데히드, 스모그, PAN 등이 있다.

답 ②

---

75 중금속에 의한 중독과 증상을 바르게 연결한 것은?
① 납 중독 : 빈혈 등의 조혈장애
② 수은 중독 : 골연화증
③ 카드뮴 중독 : 흑피증, 각화증
④ 비소 중독 : 사지마비, 보행장애

76 하수처리방법 중에서 처리의 부산물로 메탄가스 발생이 많은 것은?
① 활성오니법
② 살수여상법
③ 혐기성 처리법
④ 산화지법

77 다음 중 대기오염을 일으키는 요인으로 가장 영향력이 큰 것은?
① 고기압일 때
② 저기압일 때
③ 바람이 불 때
④ 기온역전일 때

78 용존산소에 대한 설명으로 틀린 것은?
① 용존산소의 부족은 오염도가 높음을 의미한다.
② 용존산소가 부족하면 혐기성분해가 일어난다.
③ 용존산소는 수질오염을 측정하는 항목으로 이용된다.
④ 용존산소는 수중의 온도가 높을 때 증가하게 된다.

79 환경위생을 철저히 함으로써 예방 가능한 감염병은?
① 콜레라
② 풍 진
③ 백일해
④ 홍 역

80 대기오염 중 2차 오염물질로만 짝지어진 것은?
① 먼지, 탄화수소
② 오존, 알데히드
③ 연무, 일산화탄소
④ 일산화탄소, 이산화탄소

02 안전관리

1. 개인안전관리

1. 개인안전사고 예방 및 사후 조치

(1) 안전사고 예방을 위한 개인안전관리 대책

① 위험도 경감의 원칙
  ㉠ 사고발생 예방과 피해심각도의 억제에 있다.
  ㉡ 위험도 경감전략의 핵심요소는 위험요인 제거, 위험발생 경감, 사고피해 경감을 염두에 두고 있다.
  ㉢ 위험도 경감은 사람, 절차 및 장비의 3가지 시스템 구성요소를 고려하여 다양한 위험도 경감 접근법을 검토한다.

② 안전사고 예방과정
  ㉠ 위험요인 제거 : 위험요인의 근원을 없앤다.
  ㉡ 위험요인 차단 : 위험요인을 차단하기 위한 안전방벽을 설치한다.
  ㉢ 예방 : 위험사건을 초래할 수 있는 인적·기술적·조직적 오류를 예방한다.
  ㉣ 교정 : 위험사건을 초래할 수 있는 인적·기술적·조직적 오류를 교정한다.
  ㉤ 제한 : 위험사건 발생 이후 재발방지를 위하여 대응 및 개선 조치를 취한다.

 무재해운동의 3원칙
- 무(zero)의 원칙 : 재해 위험의 잠재요인을 근원적으로 해결하기 위한 원칙
- 선취의 원칙 : 위험요인 행동 전에 예지, 발견
- 참가의 원칙 : 전원(근로자, 회사 내 전종업원, 근로자 가족) 참가

(2) 재 해

근로자가 물체나 사람과의 접촉으로 혹은 몸담고 있는 환경의 갖가지 물체나 작업조건에 작업자의 동작으로 말미암아 자신이나 타인에게 상해를 입히는 것, 구성요소의 연쇄반응현상

① 구성요소의 연쇄반응
  ㉠ 사회적 환경과 유전적 요소

  ⓛ 개인적인 성격의 결함
  ⓒ 불안전한 행위와 불안전한 환경 및 조건
  ⓔ 산업재해의 발생
② 재해발생의 원인
  ㉠ 부적합한 지식
  ㉡ 부적합한 태도와 습관
  ㉢ 불완전한 행동
  ㉣ 불완전한 기술
  ㉤ 위험한 환경
③ 재해의 원인 요소
  ㉠ 인간(man)
    • **심리적 원인** : 망각, 걱정거리, 무의식 행동, 위험감각, 지름길 반응, 생략행위, 억측판단, 착오 등
    • **생리적 원인** : 피로, 수면부족, 신체기능, 알코올, 질병, 노화 등
    • **직장적 원인** : 직장의 인간관계, 리더십, 팀워크, 커뮤니케이션 부족 등
  ㉡ 기계(meachine)
    • 기계·설비의 설계상의 결함
    • 위험방호의 불량
    • 안전의식의 부족
    • 표준화의 부족
    • 점검·정비의 부족
  ㉢ 매체(media)
    • 작업정보의 부적절
    • 작업자세·작업동작의 결함
    • 작업방법의 부적절
    • 작업공간의 불량
    • 작업환경 조건의 불량
  ㉣ 관리(management)
    • 규정·메뉴얼의 불비, 불철저
    • 안전관리 계획의 불량
    • 교육·훈련 부족
    • 부하에 대한 지도·감독 부족
    • 적성배치의 불충분
    • 건강관리의 불량 등

> **Tip** 재해예방의 4원칙
> - 손실우연의 원칙
> - 예방기능의 원칙
> - 원인계기의 원칙
> - 대책선정의 원칙

④ 재해발생의 문제점

재해발생 비율을 줄이기 위한 노력으로 안전관리가 집중적으로 필요한 중소 규모의 사업장에 재해관리를 전담할 수 있는 안전관리자를 선임할 수 있는 법적 근거가 없고 근로자와 기업주 모두 안전제일을 생각하고 임해야 한다.

(3) 안전교육의 목적
① 상해, 사망 또는 재산 피해를 불러일으키는 불의의 사고를 예방하는 것
② 일상생활에서 개인 및 집단의 안전에 필요한 지식, 기능, 태도 등을 이해시킴
③ 안전한 생활을 영위할 수 있는 습관을 형성시키는 것
④ 개인과 집단의 안전성을 최고로 발달시키는 교육
⑤ 인간생명의 존엄성을 인식시키는 것

(4) 응급처치의 목적
① 다친 사람이나 급성질환자에게 사고현장에서 즉시 취하는 조치
② 119신고부터 부상이나 질병을 의학적 처치 없이도 회복될 수 있도록 도와주는 행위까지 포함한다.
③ 건강이 위독한 환자에게 전문적인 의료가 실시되게 앞서 긴급히 실시되는 처치
④ 생명을 유지시키고 더 이상의 상태악화를 방지 또는 지연시키는 것

(5) 응급처치 시 준수할 사항
① 응급처치 현장에서의 자신의 안전을 확인한다.
② 환자에게 자신의 신분을 밝힌다.
③ 최초로 응급환자를 발견하고 응급처치를 시행하기 전 환자의 생사유무를 판정하지 않는다.
④ 응급환자에 대한 처치는 어디까지나 응급처치로 그치고 전문 의료요원의 처치에 맡긴다.

2. 작업안전관리

(1) 사고발생 시 대처요령
① 작업을 중단하고 즉시 관리자에게 보고
② 환자가 움직일 수 있는 상황이면 다른 조리종사원과의 접촉을 피한 후 조리장소로부터 격리
③ 출혈이 있는 경우 상처부위를 눌러 지혈시키고, 출혈이 계속되면 출혈부위를 심장보다 높게하여 병원으로 이송
④ 경미한 상처는 소독액으로 소독하고 포비돈 용액이나 항생제를 함유한 연고 등을 조치
⑤ 상처는 박테리아균의 원인이 되므로 일회용 방수성 반창고로 상처부위를 감싼다.
⑥ 부득이 작업에 임할 경우 청결한 음식물이나 식기를 담당하는 대신 다른 작업에 배치한다.

(2) 조리작업 시의 유해·위험요인

유해·위험요인	원 인	예 방
베임, 절단	• 칼, 절단기, 슬라이서, 자르는 기계 및 분쇄기 사용 시 • 다듬기 작업, 깨진 그릇이나 유리조각 등의 취급 시	조리기구의 올바른 사용과 작업대의 정리정돈
화상, 데임	• 화염, 뜨거운 기름, 스팀, 오븐, 전자제품, 솥 등의 기구와 접촉 시 • 뜨거운 물에 데치기, 끓이기, 소독하기 등의 작업 시	고온물체를 취급하기 전에 고온임을 인식하여 이에 맞는 작업방법을 선택하고 보호구 사용
미끄러짐, 넘어짐	• 미끄럽고 어수선한 바닥 및 부적절한 조명 사용 시 • 정리정돈 미흡으로 인해 걸려 넘어지는 위험 등	• 작업 전, 중, 후의 청소로 바닥을 깨끗하게 유지 • 정리정돈 철저히 하여 통로와 작업장소 주변에 장애물이 없도록 조치
전기감전, 누전	• 조리실 전자제품의 청소 및 정비 시 • 부적절한 전자제품이나 조리기구 사용 시	• 적절한 접지 및 누전차단기의 사용 • 절연상태의 수시점검 등 올바른 전기 사용
유해화학물질 취급 등으로 인한 피부질환(피부 가려움, 부풀어 오름, 붉어짐)	• 고온접촉 또는 신체 찰과상 • 부적절한 합성세제, 세척용제, 식품첨가물에 접촉 시 • 일부 야채재료 및 과일과 채소의 살충제에 접촉 시	화학물질의 성분과 위험성, 올바른 취급방법을 정확히 알고 사용
화재발생 위험	• 전기용 조리기구 사용 시의 전기화재 • 가스버너 사용 시 또는 끓는 식용유 취급시 화재	조기진압과 대피 등의 요령 미리 숙지
근골격계 질환 (요통, 손목·팔저림)	• 반복되는 불편한 움직임 또는 진동에 노출 시(누적외상성 장해) • 장시간 한 자리에서 작업 시 • 불편한 자세와 과도한 적재, 무거운 물건 취급 시	안전한 자세로 조리, 작업전 간단한 체조로 신체의 긴장 완화

2. 장비·도구 안전작업

1. 조리장비·도구 안전관리지침

• **조리장비·도구 원리원칙**

① 모든 조리장비와 도구는 사용방법과 기능을 충분히 숙지하고 전문가의 지시에 따라 정확히 사용
② 장비의 사용용도 이외의 사용 금지
③ 장비나 도구에 무리가 가지 않도록 유의

④ 장비나 도구에 무리가 있을 경우 즉시 사용을 중단하고 적절한 조치
⑤ 전기를 사용하는 장비나 도구의 경우 전기사용량과 사용법을 확인한 후 사용
⑥ 사용도중 모터에 물이나 이물질 등이 들어가지 않도록 항상 주의하고 청결유지

2. 조리장비·도구의 선택 및 사용

(1) 필요성
① 장비가 정해진 작업을 위한 것인가, 질을 개선시킬 수 있는 것인가 혹은 작업비용을 감소시킬 수 있는가 등을 파악하여 평가하여야 한다.
② 장비의 필수적 또는 기본적 기능과 활용성, 사용 가능성 등을 고려하여 조리작업에 적절한 장비를 계획화여 배치할 수 있도록 하고 미래에 예상되는 성장 혹은 변화에 따라 필요장비를 고려하여 사전에 관리할 수 있어야 한다.

(2) 성 능
① 주방장비는 요구되는 기능과 특수한 기능을 달성시킬 수 있어야 한다.
② 장비의 비교는 주어지는 만족의 정도, 그리고 주어진 성능을 얼마나 오랫동안 유지하느냐에 중점을 두어야 하며, 조작의 용이성, 분해, 조립, 청소의 용이성, 간편성, 사용기간에 부합되는 비용인가를 고려하여 성능을 평가한다.

(3) 요구에 따른 만족도
① 투자에 따른 장비의 성능이 효율적이지 못하다면 차후 장비 구입 시 여러 가지 어려움이 따른다. 그러므로 필요조건에 대한 상세한 분석이 필수적이다.
② 특정 작업에 요구되는 장비의 기능이 미비하거나 지나친 것은 사전계획의 오류에서 발생한다. 이러한 경험은 차후 장비 선택 시 시행착오로 인한 개선의 정보를 제공할 수 있으나 이것도 특정한 요구조건의 견지에서 평가되어야 한다.

(4) 안전성과 위생
① 조리장비를 계획하거나 선택할 때는 안전성과 위생에 대한 위험성, 그리고 오염으로부터 보호할 수 있는 정도를 고려해야 한다.
② 조리사들이 장비를 다루고 사용하는 과정에서 발생할 수 있는 안전사고는 치명적인 요인이 될 수 있기 때문에 공인된 기구가 인정하는, 안전성과 효과성을 확보한 장비를 선택해서 사용한다.

3. 안전 장비류의 취급관리

(1) 일상점검
주방관리자가 매일 조리기구 및 장비를 사용하기 전에 육안을 통해 주방 내에서 취급하는 기계·기구·전기·가스 등의 이상여부와 보호구의 관리실태 등을 점검하고 그 결과를 기록·유지하도록 하는 것

(2) 정기점검
안전관리책임자가 조리작업에 사용되는 기계·기구·전기·가스 등의 설비기능 이상 여부와 보호구의 성능 유지 여부 등에 대하여 매년 1회 이상 정기적으로 점검을 실시하고 그 결과를 기록·유지

(3) 긴급점검
관리주체가 필요하다고 판단될 때 실시하는 정밀점검 수준의 안전점검
① 손상점검 : 재해나 사고에 의해 비롯된 구조적 손상 등에 대하여 긴급히 시행하는 점검
② 특별점검 : 결함이 의심되는 경우나 사용제한 중인 시설물의 사용 여부 등을 판단하기 위해 실시하는 점검

4. 조리장비·도구 사용 및 관리

- 조리도구의 분류
  ① 준비도구 : 재료손질과 조리준비에 필요한 용품으로 앞치마, 머릿수건, 양수바구니, 야채바구니, 가위 등이 있다.
  ② 조리기구 : 준비된 재료를 조리하는 과정에 필요한 용품으로 솥, 냄비, 팬 등이 해당된다.
  ③ 보조도구 : 준비된 재료를 조리하는 과정에 필요한 용품으로 주걱, 국자, 뒤집개, 집개 등이 있다.
  ④ 식사도구 : 식탁에 올려서 먹기 위해 사용되는 용품으로 그릇 및 용기, 쟁반류, 상류, 수저 등이 해당된다.
  ⑤ 정리도구 : 조리 및 식사 후의 뒤처리에 사용되는 수세미, 행주, 식기건조대, 세제 등이 해당된다.

5. 조리장비·도구의 점검방법

(1) 음식절단기(각종 식재료를 필요한 형태로 얇게 썰 수 있는 장비)
① 전원 차단 후 기계를 분해하여 중성세제와 미온수로 세척하였는지 확인
② 건조시킨 후 원상태로 조립하고 안전장치 작동에서 이상이 없는지 확인

(2) 튀김기
① 사용한 기름을 식은 후 다른 용기에 기름을 받아내고 오븐크리너로 골고루 세척했는지 확인
② 기름때가 심한 경우 온수로 깨끗이 씻어 내고 마른걸레로 물기를 완전히 제거하였는지 확인
③ 받아둔 기름을 다시 유조에 붓고 전원을 넣어 사용

(3) 육절기
① 전원을 끄고 칼날과 회전봉을 분해아여 중성제제와 이온수로 세척하였는지 확인
② 물기 제거 후 원상태로 조립 후 전원을 넣고 사용

(4) 제빙기
① 전원을 차단하고 기계를 정지시킨 후 뜨거운 물로 제빙기의 내부를 구석구석 녹였는지 확인
② 중성세제로 깨끗하게 세척하였는지 확인
③ 마른걸레로 깨끗하게 닦은 후 20분 정도 지난 후 작동

(5) 식기세척기
① 탱크의 물을 빼고 세척제를 사용하여 브러시로 깨끗하게 세척했는지 확인
② 모든 내부 표면, 배수로, 여과기, 필터를 주기적으로 세척하고 있는지 확인

(6) 그리들
① 그리들 상판온도가 80℃가 되었을 때 오븐크리너를 분사하고 밤솔 브러시로 깨끗하게 닦았는지 깨끗이 헹구어 냈는지 확인
② 뜨거운 물로 오븐크리너를 완전하게 씻어내고 다시 비눗물을 사용해서 세척하고 뜨거운 물로 깨끗이 헹구어 냈는지 확인
③ 세척이 끝난 면철판 위에 기름칠을 하였는지 확인

6. 조리장비·도구 위험요소 및 예방

구 분	위험요소	예 방
조리용 칼	• 용도에 맞지 않는 칼 사용 • 주의력 결핍 • 숙련도 미숙 • 동일한 자세로 오랜 시간 칼 사용(근골격계 질환)	• 작업용도에 적합한 칼 사용 • 조리용 칼 운반시 칼집이나 칼꽂이에 넣어서 운반 • 칼 사용 시 불필요한 행동 자제 및 충분한 휴식 • 칼의 방향은 몸 반대쪽으로 • 작업 전 충분한 스트레칭
가스레인지	• 노후화 • 중간밸브 손상 • 가스관의 부적합 설치 • 부주의 • 가스밸브 개방상태로 장시간 방치	• 가스관 정기적으로 점검 • 가스관을 작업에 지장을 주지 않는 위치에 설치 • 가스레인지 주변 작업 공간 충분히 확보 • 가스레인지 사용 후 즉시 밸브 잠금
야채절단기	• 불안정한 설치 • 청결관리 불량 • 칼날의 체결상태 불량 • 사용방법 미숙지	• 야채절단기 수평으로 안정되게 설치 • 작업 전 투입구에 대한 점검 실시 • 작업 전 칼날의 체결상태 점검 • 재료투입 시 누름봉을 이용한 안전한 사용 • 이물질 및 청소 시 반드시 전원 차단 • 사용방법의 올바른 숙지
튀김기	• 기름 과도하게 많이 사용 • 고온에서 장시간 사용 • 후드의 청결관리 미숙 • 기름에 물 혼입 • 부주의	• 기름량 적당하게 사용 • 기름탱크에 물기접촉 방지막 부착 • 기름 교환 시 기름온도 체크 • 튀김기 세척 시 물기 완전 제거 • 조리작업의 적절한 온도 유지 • 정기적인 후드 청소
육류절단기	• 사용방법 미숙지 • 칼날의 불량 • 부주의 • 청소 시 절연파괴 등으로 인한 누전 발생 • 점검 시 전원 비차단으로 인한 감전사고	• 날 접촉 예방장치 부착 • 재료투입 시 누름봉을 이용한 안전한 사용 • 작업 전 칼날의 고정상태 확인 • 이물질 및 청소 시 반드시 전원 차단

3. 작업환경 안전관리

1. 작업장 환경관리

(1) 조리장의 조건

- 조리장 신축·개조 시 고려사항

  ① 위 생

  식품의 오염을 방지하고 채광, 환기, 통풍 등의 자연환경이 좋으며 배수와 청소가 용이하게 하여 예산이 없다고 하여 위생시설을 소홀히 하면 안 된다.

  ② 능 률

  적당한 공간으로 조리작업의 동선흐름이 효과적이고 기기와 기물의 배치가 적당해야 한다.

  ③ 경 제

  내구성이 좋고 구입이 쉬우며 경제적이어야 한다.

(2) 조리장과 식당의 면적

① 식당의 면적
   ㉠ 취식자 1인당 1m²가 기준
   ㉡ 식당의 면적 = (1인당 필요면적 + 식기회수공간) × 취식자수

② 조리장의 면적
   ㉠ 식당의 넓이의 1/3이 기준
   ㉡ 일반 급식소의 경우에는 1인당 0.1m²가 기준
   ㉢ 사업소 급식의 경우에는 1인당 0.2m²가 기준

(3) 작업공간의 설계

① 검수 : 검수공간의 면적은 급식시설의 규모, 식재료 배달 횟수와 형태, 한 번에 배달하는 양 등에 따라 달라진다.

② 저장 : 저장공간은 검수공간과 조리 공간 사이에 위치하는 것이 바람직하며 저장공간의 면적은 급식체계, 메뉴의 종류, 제공식수, 재고량, 배달의 빈도 등에 따라 달라진다.

③ 전처리 : 전처리 공간은 주 조리에 앞서 1차적으로 처리하는 공간이므로 주 조리공간과 가까이 있는 것이 좋다.

④ 조리 : 조리공간은 음식을 안전하고 신속하게 효율적으로 생산할 수 있고 작업동선이 최소가 되도록 작업대 및 기기들을 배치하는 것이 좋다.

⑤ 배식 : 배식공간은 배선공간과 식당으로 나누는데 배선공간은 조리된 음식을 그릇이나 식판에 담는 곳이고 식당은 식사와 휴식을 취하는 공간이다.

⑥ 식기반납·세척 : 조리공간 및 배식공간과 분리함으로 음식이 오염되는 것을 방지한다.

2. 조리장의 시설·설비

(1) 조리장의 시설

① 작업대
  ㉠ 높이는 작업자가 팔꿈치 이상 팔을 올리지 않고 작업할 수 있는 85~90cm, 너비는 55~60cm가 적당하다.
  ㉡ 작업대와 뒷 선반의 간격은 최소 150cm 이상
  ㉢ **작업대의 종류** : ㄷ자형, ㄴ자형, 병렬형, 일렬형, 아일랜드형

② 창 문
  ㉠ 직사광선을 막도록 설계, 밀폐할 수 있는 고정식으로 한다.
  ㉡ 해충의 침입을 막을 수 있도록 방충망을 설치한다.
  ㉢ 창면적은 바닥면적의 20% 정도가 적당하다.

③ 환 기
  ㉠ 객석, 조리장, 화장실 등에 충분한 환기시설을 갖추어야 한다.
  ㉡ 창문에 의한 환기인 자연환기는 조리장 내외 온도차가 5℃ 이상일 때 가장 적당하다.
  ㉢ 인공환기는 회전창, 환풍기, 후드 등을 설치 조리장 내의 공기 교환하는 것을 말한다.
    * 후드 : 조리공간의 냄새, 증기, 열과 식기세척공간의 증기를 방출하는 역할을 하는장치로 경사각은 30° 정도가 알맞고 4방 개방형이 가장 효율적이다.

④ 조 명
  ㉠ 조리장의 조도가 낮으면 작업능률이 떨어지고 피로감이 증가하며 사고위험이 높다.
  ㉡ 간접조명으로 조도는 50lux 이상을 유지하여야 한다.
  ㉢ **기준조명** : 조리실 50lux, 객석 30lux

⑤ 급수시설
  ㉠ 수돗물이나 「먹는물 관리법」의 규정에 의한 먹는 물의 수질기준에 적합한 지하수 등을 공급할 수 있는 시설을 갖추어야 한다.
  ㉡ 지하수 등을 사용하는 경우 취수원은 화장실·폐기물처리시설·동물사육장 등 지하수가 오염될 우려가 있는 장소로부터 20m 이상 떨어진 곳에 위치하여야 한다.
  ㉢ 급수량은 1인당 학교급식 4~6L, 사업체급식 5~10L, 기숙사급식 7~15L, 병원급식 10~20L가 필요하다.

⑥ 바 닥
  ㉠ 기름, 음식의 오물 등이 스며들지 않고 물청소를 할 수 있는 내수재를 사용한다.
  ㉡ 미끄럽지 않고 산, 염 유기용액에 강해야 한다.
  ㉢ 배수를 위한 물매는 1/100 이상으로 하여야 한다.
  ㉣ 영구적으로 바닥 색상을 유지하여야 하며 유지비가 저렴해야 한다.

⑦ 벽
　㉠ 내벽은 바닥면으로부터 1.5m 이상까지 불침투성, 내산성, 내열성, 내수성 재료로 설비한다.
　㉡ 벽의 마감재는 자기타일, 모자이크타일, 금속판, 내수합판 등이 좋다.
⑧ 방충·방서
　㉠ 조리장에는 방충, 방서 시설이 필수
　㉡ 방충망은 30메시 이상이어야 함
　　• **메시(mesh)** : 1인치의 정사각형 속에 포함되는 그물눈의 수
　　• **트랩(trap)** : 배수구와 배수관이 벽과 바닥에 연결된 배치 상태에 따라 S자, U자, P자, 형태로 구부려 물을 채워넣은 장치
　　• 호텔, 레스토랑, 단체급식소 주방에서는 많은 양의 유지분이 배수되므로 수질환경을 유지하기 위하여 유지분, 기름 등을 분리하는 그리스 트랩이 적합

4. 작업장 안전관리

1. 작업장 내 안전사고 발생원인

① 고온, 다습한 환경조건 하에서 조리(환경적 요인)
② 주방시설의 노후화
③ 주방시설의 관리 미흡
④ 주방바닥의 미끄럼방지 설비 미흡
⑤ 주방종사원들의 재해방지 교육 부재로 인한 안전지식 결여
⑥ 주방시설과 기물의 올바르지 못한 사용
⑦ 가스 및 전기의 부주의 사용
⑧ 종사원들의 육체적·정신적 피로

> **Tip 주방 내 미끄럼 사고 원인**
> - 바닥이 젖은 상태
> - 시야가 차단된 경우
> - 매트가 주름진 경우
> - 기름이 있는 바닥
> - 낮은 조도로 인해 어두운 경우
> - 노출된 전선

2. 안전수칙

(1) 주방장비 및 기물의 안전수칙

① 바닥에 물이 고여 있거나 조리작업자의 손에 물기가 있을 때 전기장비 접촉 불가
② 각종 기기나 장비의 작동방법과 안전숙지 교육 철저

③ 가스밸브 사용 전후 꼭 확인
④ 전기기기나 장비를 세척할 플러그 유무 확인
⑤ 냉장·냉동실의 잠금장치의 상태 확인
⑥ 가스나 전기오븐의 온도를 확인

(2) 조리작업자의 안전수칙
① 안전한 자세로 조리
② 조리작업에 편안한 조리복과 안전화 착용
③ 뜨거운 용기를 이용할 때에는 마른 면이나 장갑 사용
④ 무거운 통이나 짐을 들 때 허리를 구부리는 것보다 쪼그리고 앉아서 들고 일어나기
⑤ 짐을 옮길 때 충돌위험 감지

5. 화재예방 및 조치방법

1. 연 소

(1) 연소의 정의 : 가연물이 공기 중의 산소 또는 산화제와 반응하여 열과 빛을 발생하면서 산화하는 현상

(2) 연소의 3요소
① 가연물질 : 기체·액체 및 고체상태
② 산소공급원 : 공기, 산화제, 자기반응성 물질
③ 점화원 : 전기불꽃, 충격 및 마찰, 단열압축, 나화 및 고온표면, 정전기 불꽃, 자연발화, 불소열

(3) 연소용어
① 인화점 : 연소범위에서 외부의 직접적인 점화원에 의해 인화될 수 있는 최저온도
② 발화점(착화점) : 외부의 직접적인 점화원 없이 가열된 열의 축적에 의해 발화에 이르는 최저온도
③ 연소점 : 연소상태가 계속될 수 있는 온도로 인화점보다 대략 10℃ 높은 온도

2. 열전달

(1) 전 도
① 하나의 물체가 다른 물체와 직접 접촉하여 열이 전달되는 과정으로 온도가 높은 물체의 분자운동이 충돌이라는 과정을 통해 분자운동이 느린 분자를 빠르게 운동시키는 열의 전달이다.
② 전도라는 열 전달방식에 의해 화염이 확산되는 경우는 드물다.

(2) 대 류
① 기체 혹은 액체와 같은 유체의 흐름에 의하여 열이 전달되는 방식이다.
② 난로에 의해 방안의 공기가 더워지는 것이 대류의 대표적인 예로 대류현상의 원인은 밀도차에 의한다.

(3) 복사

① 화재시 열의 이동에 가장 크게 작용하는 열 이동방식으로 모든 물체의 온도 때문에 열에너지를 파장의 형태를 계속적으로 방사하며, 이렇게 방사하는 에너지를 열복사라 한다.

② 화재에서 화염의 접촉없이 인접 건물로 연소가 확산되는 현상은 복사열에 의한 것이다.

3. 화재원인

① 전기제품 누전으로 인한 전기화재

② 조리기구(가스레인지) 주변 가연물에 의한 화재

③ 가스레인지 주변 벽이나 환기구 후드에 있는 기름 찌꺼기 화재

④ 조리 중 자리이탈 등 부주의에 의한 화재

⑤ 식용유 사용 중 과열로 인한 화재

⑥ 기타 화기취급 부주의

4. 화재의 종류

분류	내용	소화방법
A급 화재 일반화재	종이, 섬유, 나무 등과 같은 가연성 물질에 발생하는 화재로 연소 후 재로 남음(적용소화기는 백색바탕에 "A"로 표시)	다량의 물 또는 수용액 (냉각소화)
B급 화재 유류화재	페인트, 알코올, 휘발유, 가스 등의 가연성 액체나 기체에 발생하는 화재로 연소 후 재가 남지 않음(적용소화기는 황색바탕에 "B"표시)	포 등을 이용 (질식·냉각소화)
C급 화재 전기화재	모터, 두꺼비집, 전선, 전기기구 등에 발생하는 전기화재(적용소화기는 청색바탕에 "C"표시)	가스소화 약제이용 (질식소화)
D급 화재 금속화재	• 가연성 금속류가 가연물이 되는 화재 칼륨(K), 나트륨(Na), 마그네슘(Mg), 알루미늄(Al) 등이 대표적 분말상으로 존재할 때 가연성이 현저히 증가함 • 물과 반응하여 강한 수소를 발생키기는 화재로 수계소화약제(물, 포, 강화액 등) 사용하지 않음	마른모래 및 특수분말 이용(질식소화)
K급 화재 주방화재	• 조리용 기름으로 발생하는 화재 • 연소물의 표면을 차단하는 비누화작용 및 기름의 온도를 발화점 이하로 낮춰주는 냉각작업이 필요함	비누화작용 및 냉각작용

5. 화재예방

① 화재 위험성이 있는 화기나 설비 주변은 정기적으로 점검

② 지속적이고 정기적으로 화재예방에 대한 교육 실시

③ 지정된 위치에 소화기 유무 확인 및 소화기 사용법 교육실시

④ 화재발생 위험요소가 있을 수 있는 기계나 기기의 수리 및 점검

⑤ 전기의 사용지역에서는 접선이나 물의 접촉 금지

⑥ 뜨거운 오일이나 유지 화염원 근처 방치 금지

6. 화재 시 대처요령

① 화재 발생 시 경보를 울리거나 큰소리로 주위에 먼저 알린다.
② 신속히 원인을 제거한다.
③ 몸에 불이 붙었을 경우 제자리에서 바닥에 구른다.
④ 소화기나 소화전을 사용하여 불을 끈다.

소화기 설치 및 관리요령	소화기 사용법	소화전 사용방법
• 소화기는 눈에 잘 띠고 통행에 지장을 주지 않도록 설치한다. • 습기가 적고 건조하며 서늘한 곳에 설치한다. • 유사시에 대비 수시로 점검하여 파손, 부식 등을 확인한다. • 사용한 소화기는 다시 사용할 수 있도록 허가업체에서 약제를 보충한다.	• 당황하지 말고 화원으로 이동한다. • 소화기 안전핀을 뽑는다. • 호스를 들고 레버를 움켜쥔다. • 빗자루로 쓸 듯이 방사한다. • 불이 꺼지면 손잡이를 놓는다(약제 방출이 중단된다).	• 소화전함의 문을 연다. • 결합된 호스와 관창을 화재지점 가까이 끌고 가서 늘어뜨린다. • 소화전함에 설치된 밸브를 시계방향으로 틀면 물이 나온다(단, 기동스위치로 작동하는 경우에는 ON(적색) 스위치를 누른 후 밸브를 연다).

02 출제예상문제

해설

01
간접조명은 빛을 천장이나 벽에 반사시켜 부드럽게 한 후 그 반사광을 이용한 방식으로 눈을 보호하기 위한 좋은 조명이다. **답** ②

02
주방 바닥은 안전사고를 대비해 안전화를 착용하여 미끄러짐을 방지한다. **답** ④

03
Deep Fryer(튀김기)에서 사용한 튀김 기름은 사용한 후 매일 고운체를 이용하여 기름을 걸러 찌꺼기가 남아있지 않도록 사용한다. **답** ④

04
주방면적 산출시 고려해야 할 사항은 조리기기의 선택, 식수 인원, 조리 인원, 식단 등을 고려하여 설정한다. **답** ①

01 눈 보호를 위해 가장 좋은 인공조명방식은?
① 직접조명
② 간접조명
③ 반직접조명
④ 전반확산조명

02 주방의 바닥조건으로 맞는 것은?
① 산이나 알카리에 약하고 습기, 열에 강해야 한다.
② 바닥전체의 물매는 1/20이 적당하다.
③ 조리작업을 드라이 시스템화 할 경우의 물매는 1/100 정도가 적당하다.
④ 고무타일, 합성수지타일 등이 잘 미끄러지지 않으므로 적합하다.

03 시설위생을 위한 사항으로 적합하지 않은 것은?
① 주방냄비를 세척 후 열처리를 해둔다.
② 주방의 천장, 바닥, 벽면도 주기적으로 청소한다.
③ 나무 도마는 사용 후 깨끗이 하고 일광소독을 하도록 한다.
④ deep fryer의 경우 기름은 매주 뽑아내어 걸러 찌꺼기가 남아있는 일이 없도록 한다.

04 급식 시설에서 주방면적을 산출할 때 고려해야 할 사항으로 가장 거리가 먼 것은?
① 피급식자의 기호
② 조리기기의 선택
③ 조리 인원
④ 식 단

해 설

05 조리장의 입지조건으로 적당하지 않은 곳은?

① 급·배수가 용이하고 소음, 악취, 분진, 공해 등이 없는 곳
② 사고발생시 대피하기 쉬운 곳
③ 조리장이 지하층에 위치하여 조용한 곳
④ 재료의 반입, 오물의 반출이 편리한 곳

05
급·배수가 용이하며 소음, 악취, 분진, 공해 등이 없는 위생적인 곳이 좋으며 비상시 통로 및 출입문에 방해되지 않으며 대피하기 쉬워야 하며 식품의 반입, 오물의 반출이 용이해야 한다.
답 ③

06 단체급식 조리장을 신축할 때 우선적으로 고려할 사항 순으로 배열된 것은?

| ㉠ 위 생 | ㉡ 경 제 | ㉢ 능 률 |

① ㉢ → ㉡ → ㉠
② ㉡ → ㉠ → ㉢
③ ㉠ → ㉢ → ㉡
④ ㉡ → ㉢ → ㉠

06
단체급식 조리장 3원칙은 위생, 능률, 경제이며, 단체급식 조리장을 신축할 때는 위생성 → 능률성 → 경제성의 순서대로 고려해야 한다.
답 ③

07 조리장의 설비에 대한 설명 중 부적합한 것은?

① 조리장의 내벽은 바닥으로부터 5cm까지 수성자재로 한다.
② 충분한 내구력이 있는 구조여야 한다.
③ 조리장에는 식품 및 식기류의 세척을 위한 위생적인 세척 시설을 갖춘다.
④ 조리원 전용의 위생적 수세 시설을 갖춘다.

07
조리장은 바닥과 바닥으로부터 1m까지는 타일 등의 내수성 자재를 사용한 구조이어야 한다.
답 ①

08 환기효과를 높이기 위한 중성대(Neutral Zone)의 위치로 가장 적합한 것은?

① 방바닥 가까이
② 방바닥과 천장의 중간
③ 방바닥과 천장 사이의 1/3 정도의 높이
④ 천장 가까이

08
중성대가 천장과 가까울수록 환기량이 크며, 반대로 바닥과 가까워질수록 환기량이 적어진다.
답 ④

09 아래의 조건에서 1회에 750명을 수용하는 식당의 면적을 구하시오.

피급식자 1인당 필요면적은 1.0m², 식기회수 공간은 필요면적의 10%, 통로의 폭은 1.0~1.5m이다.

① 750m²
② 760m²
③ 825m²
④ 835m²

09
식당의 면적은 (1인당 필요면적 + 식기회수 공간) × 피급식자 수이고, 통로의 폭은 식당의 면적과 상관없으므로, (1.0 + 1.0 × 10%) × 750 = 825, 즉 식당의 면적은 825m²이다.
답 ③

해설

10
아일랜드형은 개수대나 가열대 또는 조리대가 독립되어 있는 형태로, 조리기기를 한곳으로 모아 놓았기 때문에 환풍기나 후드의 수를 최소한으로 줄일 수 있다.
답 ④

11
후드의 가장 중요한 기능은 증기, 냄새 등을 배출하여 실내를 환기시키는 것이다.
답 ③

12
학교급식은 4~6L, 병원급식은 10~20L, 사업체급식은 5~10L, 기숙사급식은 7~15L의 물을 제공한다.
답 ②

13
- 트랩 : 배수관의 악취의 역류를 막기 위한 장치
- 트랜치 : 흙을 막아주는 역할
- 후드 : 냄새 또는 증기를 배출시키기 위한 환기시설
- 컨베이어 : 일정한 거리를 자동적·연속적으로 재료나 물품을 운반하는 기계장치

답 ③

14
급·배수가 용이하며 소음, 악취, 분진, 공해 등이 없는 위생적인 곳이 좋으며 비상시 통로 및 출입문에 방해되지 않으며 대피하기 쉬워야 하며 식품의 반입, 오물의 반출이 용이해야 한다.
답 ③

---

10 조리대 배치 형태 중 환풍기와 후드의 수를 최소화 할 수 있는 것은?
① 일렬형
② 병렬형
③ ㄷ자형
④ 아일랜드형

11 주방에서 후드(Hood)의 가장 중요한 기능은?
① 실내의 습도를 유지시킨다.
② 실내의 온도를 유지시킨다.
③ 증기, 냄새 등을 배출시킨다.
④ 바람을 들어오게 한다.

12 급식시설의 유형 중 1인 1식을 제공하는 데 사용하는 물이 가장 많은 곳은?
① 학교급식
② 병원급식
③ 사업체급식
④ 기숙사급식

13 냄새나 증기를 배출시키기 위한 환기시설은?
① 트 랩
② 트랜치
③ 후 드
④ 컨베이어

14 조리장의 입지조건으로 적당하지 않은 곳은?
① 급배수가 용이하고 소음, 악취, 분진, 공해 등이 없는 곳
② 사고발생시 대피하기 쉬운 곳
③ 조리장이 지하층에 위치하여 조용한 곳
④ 재료의 반입, 오물의 반출이 편리한 곳

15 다음 중 안전의 제일 이념에 해당하는 것은?
① 품질 향상　　② 재산 보호
③ 인간 존중　　④ 생산성 향상

16 안전관리의 중요성과 가장 거리가 먼 것은?
① 인간존중이라는 인도적인 신념의 실현
② 경영 경제상의 제품의 품질 향상과 생산성 향상
③ 재해로부터 인적·물적 손실예방
④ 작업환경 개선을 통한 투자비용 증대

17 재해의 원인 요소 중 작업정보의 부적절, 작업방법의 부적절, 작업공간의 불량 등과 관계 있는 것은?
① 인간(man)　　② 기계(machine)
③ 매체(media)　　④ 관리(management)

18 재해발생의 직접원인에 해당하지 않는 것은?
① 안전수칙의 오해　　② 물 자체의 결함
③ 위험 장소의 접근　　④ 불안전한 조작

19 재해의 발생원인 중 직접원인에 해당되는 것은?
① 유전적 요소　　② 사회적 환경
③ 불안전한 행동　　④ 인간의 결함

해 설

15
안전관리란 재해로부터 인간의 생명과 재산을 보존하기 위한 계획적이고 체계적인 활동을 의미한다.　답 ③

16
안전관리란 재해로부터 인간의 생명과 재산을 보존하기 위한 계획적이고 체계적인 제반활동을 의미한다.　답 ④

17
매 체
• 작업정보의 부적절
• 작업자세, 작업동작의 결함
• 작업공간의 불량
• 작업환경 조건의 불량　답 ③

18
직접원인(1차 원인)
• 물적 원인 : 불안전한 상태(설비 및 환경 등의 불량)
• 인적 원인 : 불안전한 행동
　답 ①

19
재해의 직접원인
• 불안전한 행동 : 위험장소 접근, 안전장치의 기능 제거, 복장 및 보호구의 잘못 사용, 기계 및 기구의 잘못 사용, 운전 중인 기계장치의 손질, 불안전한 속도 조작, 위험물 취급 부주의, 불안전한 상태 방치, 불안전한 자세 동작, 감독 및 연락 불충분
• 불안전한 상태 : 물 자체 결함, 안전방호장치 결함, 보호구의 결함, 물의 배치 및 작업장소 결함, 작업환경의 결함, 생산공정의 결함, 경계표시 및 설비의 결함　답 ③

해 설

20
- 무(zero)의 원칙 : 재해 위험의 잠재요인을 근원적으로 해결하기 위한 원칙
- 선취의 원칙 : 위험요인 행동 전에 예지, 발견
- 참가의 원칙 : 전원(근로자, 회사 내 전종업원, 근로자 가족) 참가

답 ②

21
재해예방의 4원칙 : 손실우연의 원칙, 원인계기의 원칙, 예방가능의 원칙, 대책선정의 원칙 답 ④

22
차가운 물에 담그거나 흐르는 찬물에 화상 부위의 열을 내려준 후 아연화 연고를 바른다. 답 ①

23
호흡용 보호구
- 방독마스크 : 유기용제, 유독가스, 흄 발생작업
- 송기마스크, 산소마스크 : 저장조, 하수구 청소 및 산소결핍 작업장
- 방진마스크 : 분체작업, 연마작업, 광택작업, 배합작업 등 먼지가 많은 작업장 답 ④

24
장비나 도구에 이상이 있을 경우 즉시 사용을 중지하고 적절한 조치를 취해야 한다. 답 ②

---

20 무재해운동의 기본이념 3가지에 해당하지 않는 것은?

① 무의 원칙 ② 자주 활동의 원칙
③ 참가의 원칙 ④ 선취 해결의 원칙

21 다음 중 재해예방의 4원칙에 해당하지 않는 것은?

① 예방가능의 원칙 ② 손실우연의 원칙
③ 원인계기의 원칙 ④ 선취해결의 원칙

22 화상을 입었을 때 응급조치 중 가장 옳은 것은?

① 빨리 찬물에 담갔다가 아연화 연고를 바른다.
② 빨리 메틸알코올에 담근다.
③ 빨리 옥도정기를 바른다.
④ 빨리 아연화 연고를 바르고 붕대를 감는다.

23 먼지가 많이 발생하는 장소에서 착용해야 하는 마스크는?

① 방독마스크 ② 산소마스크
③ 송기마스크 ④ 방진마스크

24 조리장비 및 도구의 관리방법에 대한 설명으로 틀린 것은?

① 장비의 사용용도 이외 사용을 금해야 한다.
② 장비나 도구에 이상이 있을 경우 하던 작업을 모두 마치고 조사한다.
③ 전기를 사용하는 장비나 도구의 경우 수분의 접촉 여부에 신경을 써야 한다.
④ 조리장비와 도구는 사용방법과 기능을 충분히 숙지하고 사용한다.

25 조리장비 및 도구의 선택 및 사용과 관련한 기준으로 가장 거리가 먼 것은?
① 필요성
② 안전성과 위생
③ 업체와의 관계
④ 성능

26 조리장비 및 도구의 점검 방법으로 틀린 것은?
① 음식절단기는 전원 차단 후 중성세제와 미온수로 세척하였는지 확인한다.
② 튀김기의 기름때가 심한 경우 찬물로 씻어 내고 마른걸레로 물기를 완전히 제거하였는지 확인하도록 한다.
③ 제빙기는 전원을 차단하고 기계를 정지시킨 후 뜨거운 물로 제빙기의 내부를 구석구석 녹였는지 확인한다.
④ 식기세척기는 탱크의 물을 빼고 세척제를 사용하여 브러시로 깨끗하게 세척했는지 확인한다.

27 조리장 내에서 사용되는 기기의 주요 재질별 관리방법으로 부적합한 것은?
① 알루미늄제 냄비는 거친 솔을 사용하여 알칼리성 세제로 닦는다.
② 주철로 만든 국솥 등은 수세 후 습기를 건조시킨다.
③ 스테인리스 스틸제의 작업대는 스펀지를 사용하여 중성세제로 닦는다.
④ 철강제의 구이 기계류는 오물을 세제로 씻고 습기를 건조시킨다.

28 주방관리자가 매일 조리기구 및 장비를 사용하기 전에 육안을 통해 주방 내에서 취급하는 기계·기구·전기·가스 등의 이상 여부와 보호구의 관리실태 등을 확인하는 점검은?
① 일상점검 ② 정기점검 ③ 긴급점검 ④ 특별점검

29 결함이 의심되는 경우나 사용제한 중인 시설물의 사용 여부 등을 판단하기 위해 실시하는 점검은?
① 일상점검 ② 정기점검 ③ 긴급점검 ④ 특별점검

해설

25 조리장비·도구 선택 및 사용기준 : 필요성, 성능, 요구에 따른 만족도, 안전성과 위생
답 ③

26 튀김기의 기름때가 심한 경우 온수로 깨끗이 씻어 내고 마른걸레로 물기를 완전히 제거하였는지 확인하여야 한다.
답 ②

27 알루미늄 냄비는 열이 빨리 오르고 얇기 때문에 사용하기는 좋으나 금방 거무스름해지는 것이 단점이다. 이는 알루미늄의 표면에 생긴 산화 피막에 수중의 철 이온 등이 흡착하여 착색되기 때문에 식품 중의 산, 알칼리 등의 영향으로 생기는 것이다.
답 ①

28 일상점검은 주방관리자가 매일 조리기구 및 장비를 사용하기 전에 육안을 통해 주방 내에서 취급하는 기계·기구·전기·가스 등의 이상 여부와 보호구의 관리실태 등을 점검하고 그 결과를 기록·유지하도록 하는 것을 말한다.
답 ①

29 긴급점검의 구분
- 손상점검 : 재해나 사고에 의해 비롯된 구조적 손상 등에 대하여 긴급히 시행하는 점검
- 특별점검 : 결함이 의심되는 경우나 사용제한 중인 시설물의 사용 여부 등을 판단하기 위해 실시하는 점검

답 ④

해 설

30
열 경련은 특히 심한 운동과 연관되어 생길 수 있는데 주로 배나, 팔, 다리의 근육에 생기는 근육통이나 근육경련을 말한다.　**답** ②

31
조리작업은 통풍, 채광, 배수가 잘되고 악취, 먼지, 유독가스가 들어오지 않는 곳이어야 한다.　**답** ①

32
조리장의 경우 환기장치는 후두(food)를 설치하되 사방 개방형이 가장 효율이 높다.　**답** ④

33
바닥과 바닥으로부터 1m까지는 내벽은 타일, 콘크리트 등의 내수성 자재를 사용해야 한다.　**답** ④

34
조리장 안에는 취급하는 음식을 위생적으로 조리하기 위하여 필요한 조리시설, 세척시설, 폐기물 용기 및 손 씻는 시설을 각각 설치하여야 하고 폐기물 용기는 오물·악취 등이 누출되지 않도록 뚜껑이 있고 내수성 재질로 된 것을 사용하여야 한다.　**답** ③

---

30 작업장의 부적당한 조명과 가장 관계가 적은 것은?
① 가성근시　　② 열경련
③ 만성피로　　④ 재해발생의 원인

31 조리작업장의 위치선정 조건으로 가장 거리가 먼 것은?
① 보온을 위해 지하인 곳
② 통풍이 잘되고 밝고 청결한 곳
③ 음식의 운반과 배선이 편리한 곳
④ 재료의 반입과 오물의 반출이 쉬운 곳

32 조리실의 후드는 어떤 모양이 가장 배출호율이 좋은가?
① 1방형　　② 2방형　　③ 3방형　　④ 4방형

33 조리장의 관리에 대한 설명 중 부적당한 것은?
① 충분한 내구력이 있는 구조일 것
② 배수 및 청소가 쉬운 구조일 것
③ 창문, 출입구 등 방서, 방충을 위한 금속망, 설비구 일 것
④ 바닥과 바닥으로부터 10cm까지의 내벽은 내수성 자재의 구조일 것

34 조리장의 설비 및 관리에 대한 설명 중 틀린 것은?
① 조리장 내에는 배수시설이 잘 되어야 한다.
② 하수구에는 덮개를 설치한다.
③ 폐기물 용기는 목재 재질을 사용한다.
④ 폐기물 용기는 덮개가 있어야 한다.

해설

35 조리작업장의 환경관리에 대한 설명으로 틀린 것은?
① 조명은 형광등 파손에 의한 유리조각의 비산을 막기 위하여 보호 커버가 설치되어 있어야 한다.
② 작업장 배관 부분은 하나의 배관으로 구성되어 유지되어야 한다.
③ 작업실 조도는 정해진 기준 이상으로 유지되도록 하여야 한다.
④ 내벽부분은 파손, 구멍, 물이 새지 않고 배관, 환기구 등의 연결 부위가 밀폐되어 있어야 한다.

35
작업장 배관부분은 배관의 용도별로 구분이 되며, 배관 및 패킹의 재질이 적절하고, 파손으로 인한 제품오염 발생 가능성이 없어야 한다. **답** ②

36 조리작업 시 작업장 위생관리 수칙으로 틀린 것은?
① 작업장이 15℃ 이하의 온도로 유지되고 있는지 수시로 확인한다.
② 양념작업장은 작업의 편의를 위하여 식육작업장과 동일한 구역에 설정되어야 한다.
③ 완제품은 신속히 저장창고 등으로 이동하여 작업장에 체류하는 시간을 최소화한다.
④ 제품의 운반은 바닥, 벽, 기타 기계 등에 접촉되지 않도록 하고 적정온도로 보관 또는 운반한다.

36
양념작업장은 작업 시 식육작업장과 구획조치 후 작업을 해야 한다. **답** ②

37 보호구의 구비조건으로 틀린 것은?
① 외양과 외간이 아름다울 것
② 착용이 간편할 것
③ 유해·위험요소에 대한 방호성능이 충분할 것
④ 재료의 품질이 양호할 것

37
보호구 구비조건
• 착용이 간편할 것
• 작업에 방해가 되지 않도록 할 것
• 유해 및 위험요소에 대한 방호성능이 충분할 것
• 재료의 품질이 양호할 것
• 외양과 외관이 양호할 것 **답** ①

38 조리작업 시 착용해야 할 개인 안전보호구로 가장 거리가 먼 것은?
① 안전화   ② 위생장갑   ③ 위생모자   ④ 방진마스크

38
방진마스크는 분체작업, 연마작업, 광택작업, 배합작업 등 분진 발생작업 시 착용하는 보호구이다. **답** ④

39 다음 중 '연소의 3요소'가 아닌 것은?
① 가연물질   ② 산소공급원
③ 화학적인 연쇄반응   ④ 점화원

39
연소의 3요소 및 4요소
• 연소의 3요소 : 가연물질, 산소공급원, 점화원
• 연소의 4요소 : 가연물질, 산소공급원, 점화원, 화학적 연쇄반응 **답** ③

해 설

40
인화점이 낮다는 것은 낮은 온도에서 쉽게 불이 붙을 수 있다는 것이다.
답 ①

41
발화점(착화점, 발화온도)은 가연물질이 외부의 도움 없이 가열된 축적에 의하여 발화되는 최저의 온도, 즉 가연성 물질을 공기 또는 산소 중에서 가열함으로써 발화되는 최저온도를 말한다.
답 ②

42
인화점이란 가연성 증기에 점화원을 주었을 때 연소가 시작되는 최저온도를 말하는 것으로 인화점이 낮을수록 위험하다.
답 ②

43
유류화재시 표면에 물을 부으면 유류가 물 위에 떠서 불이 더욱 확산될 수 있다.
답 ②

44
열 전달 방법
- 전도(conduction) : 화재 시 하나의 물체가 다른 물체와 직접 접촉하여 전달되는 것
- 대류(convection) : 기체 혹은 액체와 같은 유체의 흐름에 의하여 열이 전달되는 것
- 복사(radiation) : 화재 시 열 이동에 가장 크게 작용하는 열 이동방식으로 화염의 접촉없이 연소가 확산되는 현상을 복사열에 의한 것이라 함
답 ④

---

40 안전적 측면에서 인화점이 낮은 연료는?
① 화재발생위험이 있다.
② 연소상태의 불량 원인이 된다.
③ 압력저하 요인이 발생한다.
④ 화재발생 부분에서 안전하다.

41 가연물질이 외부의 직접적인 점화원 없이 가열된 열의 축적에 의하여 발화에 이르는 최저의 온도를 무엇이라 하는가?
① 인화점 ② 발화점 ③ 연소점 ④ 산화점

42 인화점에 대한 설명으로 옳은 것은?
① 인화점이 높을수록 위험하다.
② 인화점이 낮을수록 위험하다.
③ 인화점과 위험성은 관계없다.
④ 인화점이 0℃ 이상인 경우만 위험하다.

43 소화작업에 대한 설명 중 틀린 것은?
① 가연물질의 공급을 차단시킨다.
② 유류화재시 표면에 물을 붓는다.
③ 산소의 공급을 차단한다.
④ 점화원을 발화점 이하의 온도로 낮춘다.

44 다음 중 열전달의 대표적인 3가지 방법에 해당하지 않는 것은?
① 복 사 ② 전 도
③ 대 류 ④ 방 사

45 열전달 방식과 관련하여 대류(convection) 현상의 원인은 무엇인가?
① 온도차　② 밀도차　③ 압력차　④ 습도차

46 다음 중 화재현장에서 인접 건물을 연소시키는 주요 원인이 되는 것은?
① 전 도　② 대 류　③ 복 사　④ 연 쇄

47 소화작업의 기본요소가 아닌 것은?
① 가연물질을 제거한다.
② 산소를 차단한다.
③ 점화원을 냉각시키면 된다.
④ 연료를 기화시키면 된다.

48 작업장에서 휘발유 화재가 일어났을 경우 가장 적합한 소화방법은?
① 물 호스의 사용
② 불의 확대를 막는 덮개의 사용
③ 소다 소화기의 사용
④ 이산화탄소 소화기의 사용

49 이산화탄소 소화기의 일반적 특징이 아닌 것은?
① 연소물의 온도를 인화점 이하로 냉각시킨다.
② 저장에 따른 변질이 없다.
③ 전기절연성이 크다.
④ 소화 시 부식성이 없다.

해 설

45 대류는 기체 혹은 액체와 같은 유체의 흐름에 의하여 열이 전달되는 방식으로 밀도차에 의한다.　**답** ②

46 화재에서 화염의 접촉없이 인접 건물로 연소가 확산되는 현상은 복사열에 의한 것이다.　**답** ③

47 소화의 원리
- 연소의 3요소인 가연물, 산소, 점화원 분리
- 연쇄반응 인자의 전달을 차단(부촉매 사용)　**답** ④

48 유류화재는 B급 화재로 포말소화기, 이산화탄소(탄산가스) 소화기, 분말소화기, 증발성 액체소화기를 적용한다.　**답** ④

49 이산화탄소 소화기의 특징
- 소화속도가 빠르다.
- 저장에 의한 변질이 없어 장기간 저장이 용이하다.
- 밀폐공간에서는 질식 및 중독의 위험성 때문에 사용이 제한된다.
- 전기 절연성이 우수하며 부식성이 없다.　**답** ①

해 설

50
화재의 등급
- A급 화재 : 일반화재
- B급 화재 : 유류화재
- C급 화재 : 전기화재
- D급 화재 : 금속화재(Al, Mg)
- K급 화재 : 주방화재   답 ③

51
50번과 동일   답 ②

52
A급화재는 면화류, 고무, 석탄, 목재, 종이, 천 등 보통 가연물의 화재로, 화재 발생 건수가 가장 많으며 연소 후 재를 남긴다.   답 ①

53
주방화재(K급 화재)는 조리용 기름으로 발생하는 화재로 기름의 발화점을 낮춰주는 비누화 및 냉각작용이 동시에 필요하다.   답 ④

54
질식소화란 산소공급원을 차단하여 소화하는 방법(공기 중 산소 농도를 15% 이하로 억제)으로 불연성 기체·포말·고체로 연소물을 덮는 방법이 주로 사용된다.   답 ②

55
제거소화 방법으로는 가스밸브 폐쇄, 가연물 직접 제거 및 파괴, 촛불을 입으로 불어 가연성 증기를 순간적으로 날려 보내는 방법, 산불화재 시 화재 진행 방향의 나무제거 등이 있다.   답 ④

---

50 전기시설과 관련된 화재로 분류되는 것은?
① A급 화재   ② B급 화재   ③ C급 화재   ④ D급 화재

51 B급 화재에 대한 설명으로 옳은 것은?
① 목재, 섬유류 등의 화재로서 일반적으로 냉각소화를 한다.
② 유류 등의 화재로서 일반적으로 질식 효과(공기차단)로 소화한다.
③ 전기기의 화재로서 일반적으로 전기 절연성을 갖는 소화제로 소화한다.
④ 금속나트륨 등의 화재로서 일반적으로 건조사를 이용한 질식효과로 소화한다.

52 화재의 분류 중 맞지 않는 것은?
① A급 화재는 재가 남지 않는 일반화재를 말한다.
② B급 화재는 석유류화재를 말한다.
③ C급 화재는 전기를 취급하는 장소에서 일어나는 전기화재이다.
④ D급 화재는 금속류화재를 말한다.

53 K급 화재의 소화방법으로 가장 적절한 것은?
① 냉각소화   ② 질식소화
③ 억제소화   ④ 비누화 및 냉각작용

54 화재 시 산소공급원을 차단하여 소화하는 방법은?
① 제거소화   ② 질식소화   ③ 냉각소화   ④ 억제소화

55 다음 중 제거소화 방법으로 볼 수 없는 것은?
① 가스밸브의 폐쇄
② 가연물 직접 제거 및 파괴
③ 촛불을 입으로 불어 가연성 증가를 순산적으로 날려 보내는 방법
④ 불연성 기체로 연소물을 덮는 방법

03 재료관리

  1. 식품재료의 성분

1. 수 분

(1) 수분의 중요성
① 수분은 물질의 운반 작용(영양소 및 노폐물 운반과 배설작용)
② 용질을 용해하여 체액의 pH와 삼투압을 유지(용매 작용)
③ 모든 대사 과정에 물이 필요(화학반응 조절 작용)
④ 체온조절 작용으로 체내에 발생하는 열을 흡수 또는 방출하여 체온을 유지
⑤ 외부의 충격으로 보호(조직의 안정 보호 작용)
⑥ 체내에 있는 모든 체액을 구성하여 윤활제로 작용(타액, 골격 윤활유)
⑦ 인체를 구성하는 수분의 10%상실은 신체기능 이상을 유발하고, 20%상실은 생명에 위험
⑧ 성인의 경우 1일 생리적 필요량은 2~2.5L(성인:1cc/kcal, 신생아:1.5cc/kcal)

(2) 물의 종류
① **자유수(유리수)** : 분자와의 결합이 느슨하여 쉽게 이동이 가능한 물
② **결합수** : 토양이나 생체 속 등에서 강하게 결합되어 쉽게 제거할 수 없는 물

자유수(유리수)	결합수
식품 중에 유리(자유) 상태로 존재	식품 중 고분자 물질과 강하게 결합하여 존재
수용성 용질을 녹이는 용매 작용	수용성 물질을 녹이는 용매로 작용하지 못함
미생물의 발아와 번식이 가능	미생물의 발아와 번식이 불가능
0℃ 이하에서 동결되어 얼음이 됨	−20℃에서도 잘 얼지 않음
4℃에서 비중이 제일 크고 표면장력이 큼	유리수보다 밀도가 큼
끓는 점, 녹는점이 매우 높음	수증기압이 유리수보다 낮으므로 100℃ 이상으로 가열해도 제거되지 않음
건조하면 쉽게 제거 가능	식품조직을 압착해도 제거하기 어려움

> **Tip**
> - 용액 = 용매(녹이는 물질) + 용질(녹아 들어가는 물질) → 소금물 = 물 + 소금
> - pH의 범위 : 0~14 → 산성 pH < 중성 pH 7 < 알칼리성 pH
> - 표면장력 : 액체는 내부의 당기는 힘에 의하여 표면을 작게 하려는 경향이 있으며, 외력이 없을 경우에는 구형이 됨

(3) 수분활성도(Aw)

① 수분활성도(Aw)
  ㉠ 임의의 온도에서 식품이 나타내는 수증기압(P)에 대한 같은 온도에 있어서 순수한물의 수증기압(Po)의 비율
  ㉡ 순수한 물의 Aw = 1, 일반 식품의 Aw < 1 (일반 식품은 수분 이외 영양소의 성분이 함유되어 있기 때문)
  ㉢ 식품 중의 많은 화학반응은 수분활성에 큰 영향
  ㉣ 식품의 수분활성은 대기 중의 상대습도까지 고려하여 수분함량을 표시
  ㉤ 수분활성도(Aw) = 식품의 수증기압(P) ÷ 순수한 물의 수증기압(Po)

② 미생물의 수분활성도
  ㉠ 식품 중의 수분활성은 식품 중 효소작용의 속도에 영향
  ㉡ 소금 절임은 수분활성을 낮게 하고 삼투압을 높여 미생물의 생육을 억제하는 방법
  ㉢ 미생물은 수분활성도가 낮으면 생육이 억제되어 저장성이 좋아짐
  ㉣ 수분활성도가 큰 미생물일수록 번식용이(세균 > 효모 > 곰팡이)

> **Tip**
> - 세균의 Aw = 0.90 ~ 0.99
> - 효모의 Aw = 0.88
> - 곰팡이의 Aw = 0.80

③ 식품별 수분활성도 : 식품의 수분활성은 식품에 함유된 용질 농도와 종류에 따라 달라짐
  ㉠ 채소류·과일류의 Aw = 0.98 ~ 0.99
  ㉡ 육류·생선류의 Aw = 0.98
  ㉢ 곡류·콩류의 Aw = 0.60~0.64
  ㉣ 건조식품의 Aw = 0.20 이하

2. 탄수화물(당질)

1. 탄수화물의 구분

① 탄소(C), 수소(H), 산소(O)가 1 : 2 : 1의 비율로 구성
② 소화되는 탄수화물(당질), 소화되지 않는 탄수화물(섬유소)로 구분

2. 탄수화물의 기능

① **에너지원** : 4kcal/g에너지가 발생하며, 총열량의 65%가 권장량으로 적당, 소화율은 98%
② **단백질 절약작용** : 탄수화물을 충분히 섭취하지 않으면 단백질을 분해하여 에너지원으로 사용
③ **지방의 완전연소** : 탄수화물은 지방의 완전연소에 필요
④ **장의 활성화** : 식이섬유는 장운동을 촉진시켜 변비를 예방
⑤ 간장보호 및 간의 해독작용
⑥ 혈당성분을 0.1%의 농도로 유지
⑦ 필수영양소로서 10% 이상 섭취(뇌의 에너지원)
⑧ 부족 시 : 발육불량·체중감소
　 과잉 시 : 지방과다, 비만, 소화불량

3. 탄수화물의 분류

(1) 단당류 : 가수분해가 더 이상 되지 않는 가장 작은 탄수화물의 구성단위, 물에 녹고 일반적으로 단맛이 남

포도당(Glucose)	• 탄수화물의 최종 분해산물로 자연계에 널리 분포 • 포유동물의 혈액 속에 약 0.1% 함유 • 동물체에는 글리코겐(Glycogen) 형태로 저장 • 식물성 식품에 광범위하게 분포(포도 및 과실)
과당(Fructose)	• 과실과 꽃 등에 유리상태로 존재 • 벌꿀에 특히 많이 함유 • 단맛은 포도당의 2배 정도로 가장 단맛이 강함
갈락토오스(Galactose)	• 젖당의 구성성분으로 모유와 우유 등 포유동물의 유즙에 존재 • 해조류나 두류에 다당류 형태로 존재
만노오스(Mannose)	곤약, 감자, 백합뿌리 등에 존재

① **단당류의 유도체**
　㉠ 당알코올이란 단당류가 알코올기로 바뀐 화합물(소비톨, 만니톨, 이노시톨)
　㉡ 아미노당이란 6탄당에 아미노기로 치환(글루코사민, 갈락토사민)
② **배당체** : 당과 당이 아닌 화합물이 축합 반응에 의해 물이 생성되면서 결합한 것, 식물계에 존재하고 약리작용 및 독성·색·맛 등 기호에 관여(안토시안, 루틴, 나린진, 시니그린, 솔라닌, 아미그달린)

(2) 이당류 : 단당류 2분자가 결합된 당, 수용성이고 단맛이 나는 단당류 2개가 결합된 당

자당(설탕, 서당 ; Sucrose)	• 포도당과 과당이 결합된 당 • 160℃ 전후에서 녹기 시작해 200℃에서 캐러멜화 됨 • 단맛이 강한 표준 감미료(기준 100) • 사탕수수나 사탕무에 함유 • 전화당 : 포도당과 과당을 1 : 1 비율로 섞여 있는 상태(벌꿀)
맥아당(엿당 ; Maltose)	• 포도당 두 분자가 결합된 당 • 엿기름에 많고 소화·흡수가 빠름

젖당(유당 ; Lactose)	• 포도당과 갈락토오스가 결합된 당 • 동물의 유즙에 함유 • 당류 중 단맛이 가장 약함 • 유산균, 젖산균의 살균작용과 정장작용에 도움을 줌 • 칼슘과 인의 흡수를 도움

① 탄수화물의 감미도 : 과당(170) > 전화당(85~130) > 자당(100) > 포도당(74) > 맥아당(60) > 갈락토오스(33) > 유당(16)

② 단맛의 정도는 상대적 감미도로 나타내는데, 상대적 감미도란 10% 설탕용액의 단맛을 100으로 기준 삼아 비교한 값

(3) **소당류**(올리고당류·과당류) : 단당류 3~10개 결합된 당, 신체에 소화효소가 존재하지 않아 소화되지 않으며 충치예방에 효과적임

라피노오스(Raffinose)	• Galactose, Glucose와 Fructose로 이루어진 삼당류 • 비환원성이며 콩, 사탕무 등에 존재
스타키오스(Starchyose)	• Galactose 2분자, Glucose와 Fructose로 이루어진 사당류 • 인체 내에서 소화되기 어려우며, 장내 세균에 의해 가스 생성요인이 됨 • 목화씨와 콩에 많이 들어 있음

(4) **다당류** : 가수분해 되어 수많은 단당류를 형성하는 분자량이 매우 큰 물질의 탄수화물

전분(Starch)	• 식물의 저장 탄수화물로 다수의 포도당이 결합된 다당류 • 냉수에는 잘 녹지 않고, 열탕에 의해 팽윤·용해되어 풀처럼 됨 • 단맛은 거의 없고, 식물의 뿌리, 줄기, 잎 등에 존재
글리코겐(Glycogen)	• 동물체의 저장 탄수화물로 간, 근육, 조개류에 많이 함유 • 굴의 효모에도 존재
섬유소(Cellulose)	• 식물 세포막의 구성성분(과일과 채소에 주로 함유되어 있음) • 체내에는 소화효소가 없지만 장의 연동작용을 자극하여 배설작용을 촉진
펙틴(Pectin)	• 세포벽 또는 세포 사이의 중층에 존재하는 다당류 • 과실류와 감귤류의 껍질에 많이 함유 • 잼이나 젤리를 만드는 데 이용
키틴(Chitin)	새우, 게 껍질에 함유

3. 지질

1. 지질의 특징 및 기능

(1) **지질의 특징**

① 탄소(C), 수소(H), 산소(O)의 3원소로 구성된 유기 화합물

② 유지 및 이들 유도체의 총칭으로 1분자의 글리세롤과 3분자의 지방산이 에스테르 상태로 결합

③ 물에 녹지 않고 유기용매에 용해
④ 탄소와 수소의 함량에 비해 산소의 양이 극히 제한
⑤ 동물 조직과 내장, 식물 종자 중의 저장 물질로서 널리 분포

(2) 지방의 기능

① 에너지 공급원 : 9kcal/g에너지가 발생, 총 열량의 20%가 권장량으로 적당, 소화율은 95%
② 필수지방산 공급 : 생명유지에 꼭 필요한 필수지방산은 체내에서 합성되지 않기 때문에 반드시 외부로부터 섭취
③ 지용성 비타민의 용매 : 지용성 비타민 A·D·E·K의 흡수와 운반을 도와줌
④ 신체보호 : 외부의 물리적 충격으로부터 중요한 장기를 보호
⑤ 체온조절 : 피하지방은 외부 온도의 변화로부터 체온을 유지
⑥ 세포막의 구성 : 인지질과 콜레스테롤은 체세포, 신경조직 등에서 세포막의 구성성분
⑦ 포만감의 제공 : 탄수화물, 단백질보다 위장에 오래 머물러 있어 포만감
⑧ 맛·향미 제공 : 식품에 특별한 맛과 향미를 제공

2. 지방의 물리적·화학적 성질

(1) 용해성 : 물이나 알코올에는 용해되지 않고, 벤젠, 클로로포름 등의 유기용매에 녹음

(2) 비 중

① 유지는 15℃에서 0.92~0.94로 물보다 가벼움
② 저급지방산일수록 또는 불포화도가 높을수록 비중이 큼

(3) 융 점

① 유지를 구성하는 지방산의 종류에 따라 −30℃~50℃ 정도의 비교적 넓은 범위를 갖음
② 포화지방산이나 탄소수가 긴 지방산을 함유한 유지의 융점이 높음

(4) 검 화

① 수산화칼륨, 수산화나트륨 등의 알칼리에 의해 가수분해 되어 지방산염, 즉 비누를 생성하며 이를 검화 또는 비누화라 함
② 검화가 높을수록 저급지방산이 많은 유지

(5) 산가 : 유지 1g 중에 함유되어 있는 유리지방산을 중화하는데 소요되는 수산화칼륨의 mg수, 유지의 산패도를 측정하는 방법

(6) 가수소화(경화) : 액체상태의 기름에 수소를 첨가하고 니켈이나 백금을 촉매제로 하여 만든 고체형의 기름, 마가린과 쇼트닝, 가소수화 과정으로 인하여 식물성 유지의 불포화지방산이 트랜스지방산으로 변화

(7) 유 화

① 물과 기름이 분리되지 않도록 기름의 경계면에 유화제가 들어가 기름을 잘게 나누어 미립자로 만들어 다른 물질과 기름이 잘 섞이게 하는 작용

② 유화제는 친수기와 수소기를 동시에 갖고 있어서 물과 기름을 섞어 유화액을 만듦

- 수중유적형 (O/W) : 우유·마요네즈·아이스크림 등
  - 물 중에 기름이 분산되어 있는 형태
  - 마요네즈는 달걀노른자에 있는 레시틴의 유화작용을 이용하여 만든 제품
- 유중수적형 (W/O) : 버터·마가린
  - 기름 중에 물이 분산되어 있는 형태

(8) 가소성
외부조건에 의하여 유지의 상태가 변했다가 외부조건을 원상태로 복구하여도 유지의 변형상태 그대로 유지되는 성질

(9) 과산화물가
① 유지의 산패정도와 유도기간을 알 수 있는 방법
② 유지의 산패에 의해 생성된 과산화물에 요오드화칼륨을 반응시켰을 때 유리된 요오드를 티오황산화나트륨 용액으로 적정하여 유지 1kg에 대한 mg 당량수로 표시

(10) 연화작용
밀가루 반죽에 유지를 첨가하면 반죽 내에서 지방을 형성하여 전분과 글루텐의 결합을 방해하는 작용

3. 지방의 분류

(1) 구성성분과 구조에 따른 분류
① 단순지질(중성지방) : 지방산과 글리세롤의 에스테르 결합
  ㉠ 중성지방, 글리세롤, 지방산, 왁스 등
  ㉡ 실온에서 액체인 것은 기름, 고체인 것은 지질

(2) 복합지질 : 단순지질에 질소, 인, 당 등이 결합
- 인지질(난황의 레시틴), 당지질, 단백지질 등

(3) 유도지질 : 단순지질과 복합지질의 가수분해에 의해서 생성되는 지용성 물질
- 스테롤(콜레스테롤 : 비타민D_3, 에르고스테롤 : 비타민D_2), 담즙산, 지방산, 고급 알코올류, 비타민류 등

(4) 요오드가에 따른 분류
① 건성유 : 요오드가 130 이상, 공기 중에서 쉽게 경화
  예 들깨유, 아마인유, 호두유, 잣유 등
② 반건성유 : 요오드가 100~130
  예 대두유, 면실유, 유채유, 해바라기씨유, 참기름 등
③ 불건성유 : 요오드가 100 이하, 공기 중에서 잘 굳지 않음
  예 낙화생유(땅콩기름)·동백기름·올리브유 등

4. 지방산(지방의 성질은 지방산의 종류와 함량에 따라 크게 다름)

(1) 포화지방산
  ① 특 징
    ㉠ 천연에 가장 많이 분포, 융점이 높아 상온에서 고체상태로 존재
    ㉡ 이중결합이 없음, 동물성 지방에 많이 함유
  ② 종류 : 팔미트산, 스테아르산 등

(2) 불포화지방산
  ① 특 징
    ㉠ 콜레스테롤을 제거, 융점이 낮아 상온에서 액체상태로 존재
    ㉡ 이중결합 존재(이중결합이 많을수록 불포화도가 높음), 식물성 지방에 많이 함유
  ② 종류 : 올레산, 리놀레산, 리놀렌산, 아라키돈산 등

(3) 필수지방산
  ① 특 징
    ㉠ 불포화지방산 중 신체의 성장, 유지, 정상적인 기능을 위해 반드시 필요한 지방산
    ㉡ 체내에서 합성되지 않아 반드시 식품으로 공급받아야 함
  ② 종류 : 리놀레산, 리놀렌산, 아라키돈산 등

4. 단백질

1. 단백질의 특징

(1) **단백질의 구성** : 탄소(C), 수소(H), 산소(O) 외에 질소(N), 황, 인, 철, 구리 등

(2) **단백질의 질소함량** : 평균 16% 포함
  ① 질소량 = 단백질 × (16 ÷ 100)
  ② 단백질량 = 질소량 × (100 ÷ 16) = 질소량 × 6.25(질소계수)

(3) 아미노산들이 펩티드 결합으로 연결되어 있는 고분자 유기화합물

(4) 열, 산, 알칼리 등에 응고되는 성질

(5) 뷰렛에 의한 정색반응으로 보라색을 나타냄

(6) **구상 단백질**(연한 부분) : 글로불린(globulin), 알부민, 글루텔린 등

(7) **구성 단백질**(섬유상 단백질) : 케라틴(모발), 엘라스틴, 콜라겐 등
  ① 단백질은 많은 아미노산이 결합된 물질이므로 폴리펩티드
    ㉠ 디펩티드 : 아미노산 2개가 연결
    ㉡ 트리펩티드 : 아미노산 3개가 연결
    ㉢ 폴리펩티드 : 여러개의 아미노산이 연결

ㄹ 글루텐(밀가루의 단백질), 미오신(생선의 단백질)

ㅁ **염용효과** : 단백질들이 묽은 중성 염류용액에 잘 녹는 현상

2. 단백질의 기능

(1) **체조직 구성성분** : 모든 신체 조직의 성장과 유지에 매우 중요
(2) **효소·호르몬·항체 합성** : 효소는 체내 화학반응을 빠르게 해줌
　① 호르몬은 체내 생리기능을 조절
　② 항체는 외부에서 균이 들어왔을 때 대항해 싸울 수 있도록 도와줌
(3) **체액 평형 유지** : 분자가 커서 혈관 내에서 혈관 밖으로 나가지 않고 혈관 내의 삼투압을 높게 유지시켜 수분을 혈관에 오래 머무르게 함으로써 몸의 수분균형을 조절
(4) **산·알칼리 균형 유지** : 산과 알칼리의 균형을 조절하여 체액의 pH를 항상 일정한 상태로 유지
(5) **에너지원** : 4kcal/g의 에너지가 발생하며, 총 열량의 15%가 권장량으로 적당하며, 소화율은 92%
(6) **나이아신**(비타민 B_3) **합성** : 필수아미노산인 트립토판으로부터 나이아신이 합성

3. 단백질의 성질

(1) **분자량** : 분자량이 큰 고분자 화합물이므로 물에 녹으면 반투막을 통과하지 않는 교질 상태가 됨
(2) **등전점**
　① 단백질은 어느 특정 pH에서 이온의 이동이 일어나지 않는 고유의 등전점을 가짐
　② 등전점의 pH에서 단백질은 가장 불안정하며 용해도, 삼투압, 점도 등이 가장 낮고 흡착성과 기포력이 큼
(3) **응고성** : 단백질은 열, 산, 알칼리 등에 응고
(4) **수화현상** : 단백질은 친수성기를 갖고 있어서 수소 결합에 의해 물을 흡착하여 수화하는 성질
(5) **정색반응** : 닌하이드린 반응은 아미노산 정량에 이용되는 정색반응으로 펩티드 결합에 작용하여 적자색을 띰

4. 단백질의 분류

(1) **성분에 의한 분류**
　① 단순단백질 : 아미노산만으로 이루어진 것
　　알부민(albumins), 글로불린(globulin), 글루테닌(glutenin), 프로라민(prolamin), 히스톤(histone), 프로타민(protamain), 알부미노이드(albuminoid)
　② 복합단백질 : 단순단백질에 비단백성 물질인 당질·핵산·지질·인산·색소·금속 등이 결합된 것
　　핵단백질, 인단백질, 당단백질, 지단백질, 색소단백질
　③ 유도단백질 : 단순단백질에 속하지만 복합단백질이 산, 알칼리, 효소 등의 화학적 작용 및 산소의 작용으로 물리적으로 변성된 단백질
　　㉠ 1차 유도단백질(응고단백질, 변성단백질) : 효소, 열 등의 작용을 받아 응고된 단백질(젤라틴)
　　　*젤라틴 : 동물의 가죽, 뼈에 다량 존재하는 콜라겐이 가수분해된 것(아이스크림, 마시멜로우, 족편 등)
　　㉡ 2차 유도단백질(분해단백질) : 단백질을 가수분해해서 얻은 중간산물(펩톤, 펩티드 프로테오스 등)

(2) 영양학적 분류
① 완전단백질
  ㉠ 양질의 단백질로 생명유지, 성장발육에 필요한 단백질
  ㉡ 정상적인 성장을 돕는 필수아미노산이 골고루 함유
  ㉢ 우유의 카세인·계란흰자의 알부민·근육의 미오신, 미오겐·콩의 글리시닌 등
② 부분적 불완전단백질
  ㉠ 일부 아미노산의 함량이 충분하지 못하고, 생명유지에 필요한 단백질만 함유한 단백질
  ㉡ 곡물에 부족한 리신을 보강한 식단을 작성(빵+우유, 밥+육류)
③ 불완전단백질
  ㉠ 필수아미노산이 충분하지 못하여, 생명유지, 성장발육의 기능을 하지 못하는 단백질
  ㉡ 옥수수의 제인·육류의 젤라틴

> **Tip** 필수아미노산 : 반드시 음식으로부터 공급해야 하는 아미노산
> - 성인에게 필요한 필수아미노산 8가지 : 트레오닌·발린·트립토판·이소루신·루신·페닐알라닌·메티오닌·라이신
> - 성장기 어린이나 회복기 환자에 필요한 필수아미노산 10가지 : 필수아미노산 8가지 + 아르기닌·히스티딘

(3) 단백질의 변성요인
① 물리적 요인 : 가열, 동결, 건조, 계면장력 등
  달걀에 열을 가하면 노른자와 흰자가 굳어짐
② 화학적 요인 : 산, 알칼리, 염류, 금속이온, 효소 등
  생선에 식초를 뿌리면 생선살이 단단해짐
③ 효소에 의한 요인 : 효소작용에 의한 요인
  레닌이 우유 단백질인 카세인을 응고시킴

> **Tip** 단백질의 변성
> - 열, 산, 물리적 자극, 중금속 등에 의하여 단백질의 3차원 입체구조가 깨지고 풀어지는 과정
> - 조리에 의한 단백질의 변성으로 소화흡수율이 증가
> - 카세인 → 파라카세인, 피브리노겐 → 피브린, 콜라겐 → 젤라틴

(4) 단백질의 영양평가
① 생물가
  ㉠ 섭취된 단백질의 질소 중 체내에 흡수된 질소와 체내에 보유된 질소의 비
  ㉡ 생물가=(체내 보유된 질소량÷흡수된 질소량)×100
② 단백가
  ㉠ 달걀의 단백질을 표준 단백질의 기준으로 비교하여 평가
  ㉡ 달걀(100) > 닭고기(87) > 쇠고기(83) > 백미(72) > 밀가루(47)

5. 무기질

1. 무기질의 특징

① 회분(식품을 태우면 재가 되어 남는 것)이라고도 하며 인체의 약 4%를 차지
② 인체를 구성하는 원소 중 탄소·수소·산소·질소 등 유기성분이 되는 것을 제거한 원소를 무기질

2. 무기질의 기능

① **체조직 구성** : 뼈와 치아의 중요한 성분으로 골격조직 형성
② **호르몬·효소의 구성** : 인체 내 중요한 기능을 하는 호르몬·효소의 구성물질로 작용
③ **수분 평형** : 수분은 삼투현상에 의해 세포막을 통과하게 되는데 이동방향과 양은 무기질의 농도에 의해 결정, 무기질의 불균형 시 부종·탈수증세를 동반
④ **산·알칼리 평형** : 체내 대사반응이 정상적으로 이루어질 수 있도록 체액의 산도·알칼리도를 조절하여 적정 pH를 유지
⑤ 정상적인 심장 박동·근육의 수축성 조절·신경자극 전달
⑥ 인체 내 무기질 함량이 많은 것부터 순서대로 나열하면 : 칼슘 > 인 > 칼륨 > 황 순서

산성식품	• 인(P), 황(S), 염소(Cl), 질소(N) 등을 함유 • 곡류, 어패류, 난류, 육류 등
알칼리성식품	• 나트륨(Na), 마그네슘(Mg), 칼륨(K), 칼슘(Ca), 철분(Fe) 등을 함유 • 해조류, 채소류, 과일류, 우유, 대두, 굴 등 ※우유는 동물성 식품이지만, 칼슘(Ca)이 다량 함유되어 있어 알칼리성 식품으로 분류

3. 무기질의 종류

구 분	특징 및 기능	결핍증	함유 식품
칼슘(Ca)	• 인체에 무기질 중 가장 많이 존재 • 99%는 골격과 치아를 형성, 1%는 체액에 존재 • 혈액 응고, 근육에 탄력을 줌 • 심장, 근육의 수축과 이완을 조절 • 외부 자극을 뇌에 전달	• 구루병 • 골연화증 • 내출혈	우유, 녹색 채소, 뼈째 먹는 생선, 콩, 고구마 등
인(P)	• 칼슘, 마그네슘과 결합하여 골격을 형성 • 근육, 뇌, 신경 세포 안에 각종 화합물로 존재 • 세포의 핵과 핵산, 핵단백질의 구성성분 • 체액의 중성 유지와 에너지 발생 촉진	• 성장부진 • 곱추병 • 골연화증 • 골격과 치아 부진	우유, 치즈, 육류, 콩류, 알류 등
철(Fe)	• 체내에 미량 존재 • 헤모글로빈의 주성분으로 산소를 운반 • 근육세포 내의 산화·환원 작용을 돕는 시크톰의 구성성분 • 흡수율이 매우 낮음 • 간장, 근육, 골수에 존재	• 빈 혈 • 피 로 • 유아발육 부진 • 손·발톱의 편평	동물의 간, 난황, 살코기, 콩류, 녹색 채소 등

나트륨(Na)	• 염소와 결합하여 염화나트륨(NaCl)의 형태로 체액에 존재 • 신경 흥분의 전달 • 삼투압과 pH 평형 유지	• 식욕 부진 • 과잉 : 부종, 고혈압, 심장병	소금, 육류, 우유, 당근, 시금치 등
요오드(I)	• 갑상선 호르몬인 티록신의 구성성분 • 에너지 대사 조절 • 지능 발달과 유즙 분비에 관여	• 과잉 : 바세도우씨병 • 결핍 : 갑상선종, 대사율 저하, 성장 부진, 지능 발달 미숙	다시마, 미역, 김, 생선, 조개류 등
구리(Cu)	• 헤모글로빈 형성의 촉매 작용 • 체내 철의 이용 도움	• 적혈구 감소 • 빈 혈	소의 내장, 새우, 게, 견과류
칼륨(K)	• 삼투압 유지 및 pH의 조절 • 신경전달과 근육의 수축 • Glycogen 형성과 단백질 합성에 관여	• 근육의 이완 • 구토, 설사 • 발육 부진 • 체액의 이동	곡류, 채소, 과일
아연(Zn)	• 사춘기의 성장 및 성적 성장을 도움 • 인슐린, 적혈구의 구성성분	• 발육장애 • 탈모증상	육류, 해산물, 치즈, 땅콩
불소(F)	뼈와 치아를 단단하게 하여 충치 예방	과잉 : 반상치아, 심근장애	해산물 (특히 해조류)
코발트(Co)	• 위액의 산도 조절, 소화에 도움 • 염화나트륨으로 존재	• 식욕부진 • 소화불량	소금, 육류, 달걀
마그네슘(Mg)	• 골격과 치아 형성 • 당질대사 효소의 구성성분 • 신경과 근육의 흥분 억제	• 혈관의 확장, 결론 • 과잉 : 골연화, Ca의 배설촉진	곡류, 감자, 육류

 6. 비타민

1. 비타민의 특징 및 기능

① 체내에 극히 미량 함유되어 있으며, 생리 기능을 조절
② 완전한 물질 대사가 일어나도록 하여 성장 유지에 절대적으로 필요
③ 체내에서 대사 작용 조절물질(조효소) 역할
④ 대부분 체내에서 합성되지 않으므로 외부에서 음식물로 공급, 예외적으로 비타민 D는 자외선에 의해 피부·버섯에 합성되고, 니아신은 트립토판으로부터 합성되고, 비타민 K는 장내 세균에 의해 합성
⑤ 여러 가지 결핍증을 예방하고, 일부 비타민은 항산화제로 여러 영양소의 산화방지
⑥ 에너지·신체구성 물질로 사용되지는 않음

2. 지용성 비타민과 수용성 비타민의 비교

지용성 비타민	수용성 비타민
기름과 유기용매에 용해된다.	물에 용해된다.
체내 저장가능하다(과잉 시 독성이 나타남).	체내에 저장되지 않고 방출된다.
체외로 거의 방출되지 않는다.	여분은 오줌으로 체외 방출된다.

결핍증세가 서서히 나타난다.	결핍증세가 비교적 빠르게 나타난다.
필요량을 매일 공급할 필요성이 없다.	필요량을 매일 공급하여야 한다.
비타민의 전구체가 존재한다.	일반적으로 비타민의 전구체가 존재하지 않는다.
구성원소는 탄소, 수소, 산소이다.	구성원소는 탄소, 수소, 산소 외에 질소, 황 등을 함유하는 것도 있다.

3. 비타민의 종류와 특징

① **지용성 비타민(비타민 A·D·E·K)** : 알코올과 유지에 녹고, 지방과 함께 흡수되며, 축적 시 과잉장애가 일어날 수 있다.

종류	주요기능	결핍증	함유 식품
비타민 A (Retinol) 항안성	• 피부 점막의 건강 유지 • 성장 촉진 • 어두운 곳에서 시력 조절 • 질병에 대한 저항력	• 야맹증 • 모낭각화증 • 안구 건조증	간, 버터, 난황녹황색 채소
비타민 D (Caciferol) 항구루성	• 칼슘과 인의 흡수 촉진 • 뼈의 정상적인 발육 촉진 • 영아는 합성이 잘 안 되므로 식품으로 섭취	• 구루병 • 골연화증 • 골다공증	대구, 효모, 간, 말린 버섯
비타민 E (Tocopherol) 항산화성	• 항산화제(비타민 A·C, 불포화지방산의 산화 방지) • 체내 지방의 산화 방지(노화방지) • 동물의 생식기능 도움 • 동맥경화, 성인병 예방	• 불임증 • 근육마비	곡식의 배아, 식물성 기름
비타민 K 응혈성	• 혈액 응고 촉진(프로트롬빈 형성에 관여) • 장내 세균에 의해 합성 • 열 산소에 안정	• 혈액 응고 지연 • 신생아 출혈	녹황색 채소, 동물의 간, 양배추

② **수용성 비타민(비타민 B$_1$·B$_2$·B$_3$·B$_6$·B$_9$·B$_{12}$·C·P)** : 물에 녹고 축적이 적으므로 매일 일정량을 섭취해야 결핍 증세가 나타나지 않음

종류	주요기능	결핍증	함유 식품
비타민 B$_1$(Thiamine) 항각기성	• 탄수화물의 대사에 관여(탈탄산 작용) • 신경 안정과 식욕 향상	• 각기병 • 식욕부진 • 피로 • 권태감	곡류의 배아, 돼지고기, 콩류
비타민 B$_2$(Riboflavin) 성장촉진성	• 성장 촉진, 피부 보호 • 포도당의 연소를 도움 • 수소 운반 작용	• 구순구각염 • 안 질 • 설 염	우유, 간, 육류, 달걀, 샐러리
나이아신(Niacin) 항펠라그라성	• 탈수소 효소의 성분으로 산화 때 수소 운반 • 펠라그라, 피부염 예방	• 펠라그라 • 체중 감소 • 빈 혈	효모, 육어류, 동물의 간
비타민 B$_6$ (Pyridoxine) 항피부성	• 아미노산 대사의 조효소로 비필수 • 아미노산의 합성에 관여	• 피부병 • 저혈소성 빈혈	미강, 효모, 동물의 간, 난황

비타민 B₁₂ (Cyanocobalamine) 항악성빈혈성	• 체내에서 조효소로 전환되어 적혈구 합성에 관여 • 젖산균의 발육 촉진 효과	악성빈혈	동물의 간, 육류 조개류, 치즈
비타민 C (Ascorbic Acid) 항괴혈성	• 환원 작용 • 세포 간의 결합조직 강화(콜라겐 형성에 관여) • 철과 칼슘 흡수를 돕고 모세관 벽을 튼튼히 함 • 세균에 저항력을 줌 • 세포의 호흡에 작용에 관여 • 치아, 뼈의 발육을 도움 • 탄수화물, 지방, 단백질 대사에 관여	• 괴혈병 • 피하출혈 • 체중 감소 • 저항력 감소	채소, 과일, 감자

7. 식품의 색(향미, 냄새)

1. 식물성 식품의 색소

(1) **지용성**(클로로필·카로티노이드계 색소), **수용성**(플라보노이드계 색소), **클로로필**(엽록소) : 주로 녹황색 채소에 존재

① **열·산에 의한 변화** : 배추김치나 오이김치를 오래 저장하면 녹갈색으로 변하는 것은 발효에 의해 생성된 유기산(초산, 젖산)이 클로로필과 접촉하여 페오피틴으로 변색

② **알칼리에 의한 변화** : 녹색채소를 데칠 때 알칼리 물질(탄산수소나트륨)을 첨가하면 초록색은 보존되나, 알칼리에 불안정한 비타민 C 등은 파괴되고 조직을 지나치게 연하게 만듦

③ **효소에 의한 변화** : 녹색의 클로로필이 식물조직에 존재하는 효소(클로로필라아제)에 의해 더욱 선명한 초록색의 클로로필라이드로 변색

④ **금속에 의한 변화** : 완두콩 통조림 가공 시 소량의 황산구리를 첨가하면 선명한 녹색을 유지

(2) **카로티노이드계 색소**

① 동·식물성 조직에 널리 분포되어 있는 황색, 주황색, 적색의 지용성 색소

② 비타민 A의 전구물질

③ 카로티노이드계 색소의 종류 : 라이코펜(수박, 토마토), β-카로틴(당근, 녹황색 채소), 푸코크산틴(미역, 다시마) 등

④ **열·산·알칼리에 의한 변화** : 비교적 열에 안정하여 조리과정 중 성분의 손실이 거의 없으며 약산·약알칼리에 의해 거의 변하지 않음

⑤ **산소·햇빛·산화효소에 의한 변화** : 공기 중의 산소·햇빛·산화효소 등에 의해 산화되어 변색

(3) **플라보노이드계 색소**(안토잔틴, 안토시아닌)

① 플라보노이드는 식물에 넓게 분포하는 황색계통의 색소

② 플라보노이드계 색소의 종류

㉠ **안토잔틴** : 백색, 담황색을 띠는 수용성 색소로 식물의 뿌리, 줄기, 잎 등에 분포

ⓐ 산에 의한 반응 : 산성에서는 더욱 선명한 흰색(초밥의 경우 밥에 식초를 조금 첨가하면 색이 더욱 희어짐)
ⓑ 알칼리에 의한 변화 : 황색, 짙은 갈색(밀가루에 소다를 첨가하여 빵을 만들면 황색)
ⓒ 금속에 의한 변화 : 철과 반응하면 암갈색(감자를 철제 칼로 자르면 절단면이 암갈색)
ⓓ 가열에 의한 변화 : 노란색이 더욱 진해짐(감자, 양파, 양배추를 가열조리하면 노란색)
ⓛ 안토시아닌 : 식물의 꽃·과실·잎·줄기·뿌리에 존재하는 적색·자색·청색의 수용성 색소
ⓐ pH에 의한 색의 변화 : 산성에서는 적색, 중성에서는 자색(보라색), 알칼리성에서는 청색을 나타내며 생강은 담황색이지만 안토시아닌 색소를 포함하고 있어서 식초에 절이면 붉은색
ⓑ 철 등의 금속에 의한 변화 : 가지를 삶을 때 백반을 첨가하면 아름다운 보라색

2. 동물성 식품의 색소

(1) 미오글로빈
① 동물의 근육조직에 함유되어 있는 육색소(전체 색소 함량의 95% 이상)
② 연령·활동 빈도가 높은 근육일수록 미오글로빈 함량이 증가하여 고기의 색깔이 진해짐
③ 미오글로빈은 붉은색이며, 공기 중의 산소와 결합하면 선홍색의 옥시미오글로빈이 되고, 계속 공기 중에 방치하면 갈색의 메티미오글로빈으로 되고, 가열 시에 더욱 변화하여 메트미오글로빈의 글로빈이 분리되어 헤마틴으로 변화
④ 수육 가공 시에는 선홍색의 육색을 보존하기 위해 미오글로빈에 발색제인 질산칼륨을 첨가시켜 니트로소미오글로빈 형태로 변화

(2) 헤모글로빈
① 동물의 혈액에 함유되어 있는 혈색소
② 체내에 산소를 공급하는 산소 운반 작용
③ 헤모글로빈은 선명한 적색을 띠지만 산화되면 갈색의 옥시헤모글로빈을 거쳐 암갈색의 메트헤모글로빈으로 변색

(3) 헤모시아닌 : 연체동물에 포함되어 있는 색소로 익혔을 때 적자색으로 변화

(4) 동물성 카로티노이드계 색소
① 도미의 붉은 표피·연어의 붉은 살·새우, 게 등의 갑각류 껍데기 등에는 아스타잔틴이 함유
② 대부분의 달걀노른자에는 루테인이 함유
③ 우유에는 카로틴이 함유되어 있어서 버터나 치즈 등의 유제품의 색에 영향을 미침
④ 문어·오징어의 먹물은 멜라닌을 함유
 * 아스타잔틴(카로티노이드계) : 원래 붉은색이지만 단백질과 결합하면 청록색으로 변색. 가열하면 단백질이 변성되어 분리되므로 원래의 붉은색이 됨. 산화되면 적색의 아스타신(새우, 가재, 게)

 **8. 식품의 갈변**

1. 갈변작용의 정의

① 식품에 원래 함유되어 있는 색소에 의한 것이 아니라 조리·가공·저장 중에 식품의 성분들 사이의 반응, 효소반응, 공기 중의 산소에 의한 산화 등에 의하여 식품의 색이 갈색으로 변색

② 식품이 갈변되면 맛, 냄새 등이 풍미가 나빠지고 식품 성분의 변화를 일으켜 바람직하지 못한 경우가 대부분이지만 홍차, 맥주, 간장, 제빵 제조와 같이 품질을 향상

2. 효소적 갈변의 종류

(1) **효소에 의한 갈변 반응** : 상처받은 조직이 공기와 접촉하여 페놀성 물질의 산화, 축합에 의한 멜라닌 형성 반응

(2) **효소적 갈변의 종류**

① 폴리페놀옥시다아제에 의한 갈변 : 카테콜이나 그 유도체들을 산화시키고, 그 생성물이 중합·축합되어 멜라닌 색소 또는 유사한 갈색 또는 흑색 색소를 형성, 사과, 홍차

② 티로시나아제에 의한 갈변 : 감자에 들어 있는 티로신이 티로시나아제에 의해 산화되어 갈색으로 변색, 감자, 고구마

3. 효소적 갈변 억제방법

(1) **효소의 활성 제거**

① 가열처리 : 효소는 단백질로 구성되어 있으므로 가열처리하여 단백질을 변성하여 효소를 불활성 시킴

② pH 조절 : 산을 이용하여 pH 3.0 이하로 낮추면 효소들의 반응속도가 급격하게 감소

③ 온도처리 : 온도를 -10℃ 이하로 낮춰 효소의 활성을 억제

(2) **산소의 제거**

① 밀폐된 용기에 식품을 넣어 공기를 차단하거나 공기 대신에 이산화탄소, 질소를 채워 산화를 억제

② 고농도의 설탕물, 저농도의 소금물에 담금

(3) **기질의 환원** : 효소에 의한 갈변은 산화반응이므로 아황산가스, 아황산염 용액에 처리하여 기질을 환원시킴으로써 산화를 차단

4. 비효소적 갈변

(1) **마이야르 반응**

① 아미노기($-NH_2$)와 카르보닐기($=CO$)가 공존할 때 일어나는 반응으로 갈색의 중합체인 멜라노이딘을 만드는 반응

② 외부의 에너지 공급 없이 자연 발생적으로 일어나는 반응

③ 아미노카르보닐 반응, 멜라노이딘 반응(식빵, 간장, 된장의 갈색화)

(2) 캐러멜화 반응

① 당류를 180~200℃의 고온으로 가열시켰을 때 산화 및 분해산물에 의한 중합, 축합으로 갈색 물질을 형성하는 반응(과자, 비스킷, 캐러멜의 갈색화)

② 외부의 에너지 공급에 의하여 일어나는 반응

(3) 아스코르빈산의 산화반응

① 식품 중의 아스코르빈산이 비가역적으로 산화되어 항산화제로의 기능을 상실하고, 그 자체가 갈색화 반응을 수반

② 아스코르빈산은 황산화제 및 항갈변제로서 과채류의 가공식품에 널리 사용(감귤류, 과일주스 등)

9. 식품의 맛과 냄새

1. 식품의 맛

(1) 기본적인 맛[헤닝(Henning)의 4가지 맛]

① 단 맛
  ㉠ 단맛을 갖고 있는 물질은 대개 유기화합물이며 영양과 밀접한 관계
  ㉡ 단맛의 종류 : 당류, 당 알코올류, 아미노산류, 방향족화합물, 황화합물
  ㉢ 당류 : 사카린 > 과당 > 전화당 > 설탕 > 포도당 > 엿당 > 갈락토오스 > 젖당
  ㉣ 상대적 감미도 : 10%설탕용액의 단맛을 100으로 기준하여 단맛의 정도를 비교한 값

② 짠 맛
  ㉠ 무기 및 유기 알칼리염이 주성분으로 음이온에서 짠맛을 양이온에서 쓴맛을 느낌
  ㉡ 소금 농도가 1%일 때 가장 기분 좋은 짠맛이 난다.
  ㉢ 짠맛에 신맛을 더하면 짠맛이 강화되고, 단맛을 더하면 짠맛이 약해짐

③ 신 맛
  ㉠ 신맛은 산이 해리되어 만들어진 수소이온의 맛
    • 같은 pH의 경우 유기산은 무기산보다 신맛이 더 강하게 느껴짐
    • 식품변질을 방지하는 보존효과
    • 신맛은 온도가 상승할수록 강해지며, 단맛과 짠맛을 더하면 신맛이 약해지면서 맛이 중화됨
  ㉡ 신맛의 종류
    • 무기산 : 신맛 외에 쓴맛과 떫은맛 등이 혼합(염산, 황산, 질산 등)
    • 유기산 : 상쾌한 맛과 특유의 감칠맛으로 식욕을 증진
      초산(식초, 김치), 구연산(살구, 감귤, 딸기), 주석산(포도), 젖산(요구르트, 김치), 호박산(청주, 조개, 김치), 사과산(사과, 과일류), 글루콘산(곶감, 양조식품)

④ 쓴 맛
  ㉠ 4원미 중 가장 민감하게 느껴지는 맛

  ⓒ 다른 맛 성분과 조화를 이루면 기호성을 높여주어 식품에 미량으로 존재하면 식품의 맛을 강화

  ⓔ **쓴맛의 종류** : 카페인(녹차, 홍차, 커피), 데오브로민(코코아, 초콜릿), 퀴닌(키나), 나린진(감귤류), 쿠쿠르비타신(오이의 꼭지), 쿠에르세틴(양파의 껍질), 휴물론(호프)

(2) 보조적인 맛

① **맛난 맛**

 ⓐ 4원미와 향기 등이 잘 조화되어 구수하게 느껴지는 맛

 ⓑ **맛난 맛의 종류** : 글루탐산(다시마, 김, 된장, 간장), 구아닐산(버섯류), 이노신산(멸치, 가랑어포), 베타인(새우, 문어, 오징어), 타우린(오징어, 문어, 조개류), 카노신(육류, 어류), 크레아티닌(육류, 어류), 시스테인, 리신(육류, 어류)

② **매운맛**

 ⓐ 매운맛은 순수한 미각이라기보다는 미각신경을 자극할 때 형성되는 통각

 ⓑ 일반적으로 향기를 함유하고, 식욕을 촉진시키고, 살균·살충작용

 ⓒ **매운맛의 종류** : 캡사이신(고추)·피페린,차비신(후추), 시니그린(겨자)·알리신(마늘, 양파)·다이알릴설파이드, 프로필알릴설파이드(부추), 쇼가올, 진저롤(생강)·시님알데 하이드(계피)·커쿠민(강황)

③ **떫은 맛**

 ⓐ 미각의 마비에 의한 수렴성의 불쾌한 맛으로 독특한 풍미를 나타내며, 차 제조에 중요한 맛 성분

 ⓑ 타닌(감, 밤 껍질)은 단백질 응고로 인한 변비를 초래

④ **아린 맛(쓴맛 + 떫은 맛)**

 ⓐ 쓴맛과 떫은맛이 섞인 것과 같은 불쾌감

 ⓑ 죽순, 고사리, 가지, 우엉, 토란 등에 함유되어 있으며 먹기 전에 물에 담궈 제거

(3) 미각의 분포도

① 단맛은 혀의 끝부분, 짠맛은 혀의 전체, 신맛은 혀의 양쪽 둘레, 쓴맛은 혀의 안쪽 부분에서 예민하게 반응

② **미각의 반응 시간** : 짠맛 > 단맛 > 신맛 > 쓴맛

③ **맛과 온도의 관계**

 ⓐ 온도가 높을수록 단맛은 증가하고, 짠맛과 쓴맛은 감소하고, 신맛은 온도변화에 영향을 받지 않음

 ⓑ **맛을 느끼는 최적온도** : 단맛(20~50℃), 짠맛(30~40℃), 신맛(25~50℃), 쓴맛(40~50℃)

 ⓒ 단맛은 같은 당도라도 체온보다 높거나 낮을 때 덜 달게 느끼고, 체온과 가까운 온도에서 가장 달게 느껴짐

 ⓓ 짠맛은 뜨거울 때 보다 식었을 때 더 짜게 느껴짐

 ⓔ 쓴맛은 체온보다 높은 온도에서는 덜 쓰게 느끼고, 체온보다 낮을 때는 맛의 변화를 거의 느끼지 못함

 ⓕ 신맛은 온도에 크게 영향을 받지 않는다. 다만, 과일처럼 단맛과 신맛을 함께 함유한 식품은 온도가 높으면 단맛을 더 느끼고, 온도가 낮으면 신맛을 더 강하게 느낌

(4) 맛의 상호작용

① 대비현상(강화현상) : 단맛 + 소금 = 단맛증가
  ㉠ 한 가지 맛성분에 다른 맛성분을 혼합하면 주된 맛성분을 더 강하게 느끼는 현상
  ㉡ 설탕 용액에 약간의 소금을 첨가하면 단맛이 증가
  ㉢ 단팥죽의 단맛을 강하게 하려면 약간의 소금을 첨가

② 상쇄현상
  ㉠ 맛의 대비현상과는 반대로 두 종류의 정미성분이 섞여 있을 경우에 각각의 맛을 느낄 수 없고 서로 조화된 맛을 느끼는 현상
  ㉡ 김치의 짠맛과 신맛이 어우러져 상큼한 맛을 느끼게 함
  ㉢ 간장의 짠맛과 발효된 감칠맛이 서로 조화를 이뤄 새로운 풍미
  ㉣ 청량음료의 단맛과 신맛이 서로 조화

③ 변조현상(쓴맛 + 물 = 단맛)
  ㉠ 한 가지 맛을 느낀 직후에 다른 맛을 보면 원래 식품의 맛이 다르게 느껴지는 현상
  ㉡ 쓴 약을 먹고 난 후 물을 마시면 물맛이 달게 느껴짐
  ㉢ 오징어를 먹은 후 밀감을 먹으면 밀감이 쓰게 느껴짐

④ 억제현상(소실현상) : 쓴맛 + 단맛 = 쓴맛감소
  ㉠ 2가지 맛 성분을 섞었을 때 각각의 고유한 맛이 약하게 느껴지는 현상
  ㉡ 커피에 설탕을 넣으면 단맛에 의해 커피의 쓴맛이 약하게 느껴지는 현상

⑤ 상승현상
  ㉠ 같은 종류의 맛을 가진 2가지 성분을 혼합하면 각각 가지고 있는 본래의 맛보다 강한 맛을 느끼는 현상
  ㉡ 설탕에 포도당을 첨가하면 단맛이 더 증가

⑥ 미맹현상
  ㉠ 미각의 이상현상으로 식품의 맛을 정상인과 다르게 느끼는 현상
  ㉡ 쓴맛 성분인 PTC라는 화합물은 일부 사람은 느끼지 못함

⑦ 순응현상(피로현상)
  ㉠ 같은 정미성분을 계속 맛볼 경우 미각이 둔해져 역가가 높아지는 현상
  ㉡ 설탕을 계속 먹을 경우 처음 먹을 때보다 단맛을 둔하게 느끼게 됨

2. 식품의 냄새

(1) 냄새의 정의

① 식품의 냄새는 미각, 시각과 함께 그 식품의 외형적인 품질을 결정
② 향(쾌감을 주는 냄새), 취(불쾌감을 주는 냄새)
③ 풍미 : 식품의 냄새와 맛이 혼합된 종합 감각을 말하며, 넓은 의미에서 질까지 포함

(2) 후각의 생리현상
① 냄새의 역치 : 냄새를 느낄 수 있는 최저 농도
② 냄새의 전환
　㉠ 향기 성분의 농도가 변하면 향의 성질도 동시에 변화하는 현상
　㉡ 바닐라 향은 장미 향 같지만 진하면 낡은 종이 냄새가 나는 경우
③ 냄새의 조화·부조화
　㉠ 여러 종류의 향기 성분을 섞을 때 냄새가 조화되어 있는 것과 냄새가 분리되어 있다고 느끼는 경우
　㉡ 향기가 조화되는 예로는 홍차에 레몬, 고기에 후추 등이 있고 부조화는 녹차나 홍차에서 화장품 냄새 같은 것이 나는 경우
④ 후각의 피로·소멸 : 같은 냄새를 오랫동안 맡으면 나중에는 후각 신경이 피로하여 본래의 냄새를 느끼지 못하게 되는 경우

(3) 식물성 식품의 냄새
① 알코올류 및 알데하이드류 : 주류, 감자, 복숭아, 오이, 계피
② 에스테르류 : 과일
③ 테르류 : 녹차, 찻잎, 레몬, 오렌지
④ 황화합물 : 마늘, 양파, 파, 무, 고추, 부추, 냉이

(4) 동물성 식품의 냄새
① 어패류의 냄새 : 신선한 어패류에는 냄새가 없는 트리메틸아민 산화물이 함유되어 있는데 신선도가 떨어지면 비린내가 나는 트리메틸아민으로 변하여 악취(피페리딘 : 신선도가 떨어진 담수어의 비린 냄새 성분)
② 육류의 냄새 : 신선한 육류에는 아세트알데히드가 주성분인데 신선도가 떨어지면 메틸 메르캅탄, H_2S, 인돌 등이 생성
③ 우유, 유제품의 냄새 : 많은 종류의 유기산, 휘발성 카르보닐 화합물이 검출되고, 락톤 류와 우유 및 유제품의 특유한 냄새 성분인 디아세틸(버터의 냄새성분), 아세토인 등이 검출

10. 식품의 물성

1. 식품의 콜로이드상태

(1) 콜로이드(colloid, 교질)
① 전분, 젤라틴 등을 물에 용해하면 설탕이나 소금 용액과 달리 불용성의 침전물이 형성되며, 흐린 부분은 크기가 1~100㎛ 입자들이 물에 분산되어 있어 현미경으로 볼 수가 없다.
② 일반적으로 이와 같은 입자들을 콜로이드라 부르고, 이런 상태를 교질상태라고 한다.
③ 일반적으로 콜로이드 입자의 크기는 $10^{-7} \sim 10^{-5}$cm 이다.
④ 콜로이드 용액에서는 용매, 용질, 용액이라는 용어 대신 분산매, 분산질, 분산계라는 개념으로 사용한다.

(2) 분산매와 분산질
① 분산매 : 용액에서의 물과 같이 분산시키는 용매
② 분산질 : 분산되어 있는 존재 즉, 콜로이드 상태에 있는 것
③ 분산매(용매) + 분산질(용질) → 분산계(용액)

(3) 분산질과 분산매를 구성하는 물질의 상태에 따른 콜로이드의 분류

분산매(연속상)	분산질(불연속상)	명 칭	예
액 체	기 체	거품(foam)	맥주, 생크림, 머랭
	액 체	에멀젼(emulsion, 유화)	우유, 마요네즈, 샐러드드레싱
	고 체	서스펜션(suspension, 현탁)	주스, 젤라틴 용액, 사골국
고 체	기 체	고체 거품(soild foam)	제빵류
	액 체	고체 에멀젼(soild emulsion)	젤리, 아이스크림, 버터
	고 체		초콜릿

(4) 콜로이드 유동성에 따른 분류
① 졸(sol)
 ㉠ 분산매가 액체이고 분산질이 고체 또는 액체인 콜로이드로서 유동성이 있는 액체 상태를 나타내는 것을 말한다.
 ㉡ 우유, 된장국, 수프, 한천 등이 이에 속한다.
② 젤
 ㉠ 졸(sol)이 가열조리 등에 의해 유동성을 잃어 반고체 상태로 굳어지는 상태를 말한다.
 ㉡ 두부, 치즈, 어묵, 된장, 밥, 삶은 달걀, 육제품, 마요네즈, 젤리, 잼 등이 이에 속한다.

(5) 콜로이드 용액의 안정성에 영향을 주는 요소
① 콜로이드 입자의 침강속도
② 분산매와의 친화성
③ 분산매의 밀도와 점성

(6) 콜로이드의 성질
① 반투성 : 식품의 조리와 가공상 중요
② 브라운 운동(Brown motion) : 브라운 운동에 의해 콜로이드 입자가 침전하지 않고 물 속에 분산
③ 응결(coagulation) : 수소성인 졸(sol)에 소량의 전해질이 첨가하면 콜로이드 입자가 침전하는 현상
④ 흡착(adsorption) : 콜로이드 입자의 표면적이 크기 때문에 다른 물질을 흡착
⑤ 유화(emulsification)
 ㉠ 수중유적형(oil in water : O/W) : 물 속에 기름이 분산되어 있는 형태(우유, 아이스크림, 마요네즈)
 ㉡ 유중수적형(water in oil : W/O) : 기름 속에 물이 분산되어 있는 형태(버터, 마가린)
⑥ 거품(foam) : 분산매인 액체에 공기와 같은 기체가 분산되어 있는 것으로 식품섭취 시 입안의 촉감과 관련

2. 식품의 물성론

(1) 점성과 점조성
① 점성과 점조성은 유체에 대한 흐름에 대한 저항을 나타내는 성질들이다. 점성이 높은 식품은 유동성이 낮은데 이는 내부 마찰저항이 크기 때문이다.
② 점성 : 균일한 형태와 크기를 갖는 저분자의 단일물질로 구성된 Newton 액체(물, 시럽)
③ 점조성 : 다른 형태와 크기를 갖는 복합물질로 구성된 비 Newton 액체(토마토 케첩, 마요네즈)

(2) 소성
① 외부의 힘에 의해 변형된 물체가 그 힘을 제거하여도 원형으로 되돌아가지 않는 성질을 말한다.
② 버터, 마가린, 생크림 등이 소성을 갖는 대표적인 식품들이다.

(3) 점탄성
① 점성과 탄성을 동시에 갖고 있는 것이다.
② 아마인유, 츄잉검, 부드러운 떡, 밀가루 반죽 등이 대표적이다.

(4) 항복값
① 생크림의 경우 작은 힘을 가한 상태에서는 탄성을 나타내지만 이어서 큰 힘이 가해지면 소성을 나타내어 부서진다.
② 탄성에서 소성으로 변화시키는 한계의 힘을 항복값이라 한다.

11. 식품의 유독성분

1. 독버섯 중독
(1) 원인독소 : 무스카린, 무스카리딘, 뉴린, 콜린, 팔린, 아마니타톡신
(2) 증상 : 경련, 허탈, 혼수상태, 설사, 구토, 복통, 중추신경장애, 근육경련

> **Tip** 독버섯 감별법
> ● 버섯의 색이 진하고 화려함, 세로로 쪼개지지 않음, 고약한 냄새가 남
> ● 줄기부분이 거칠음, 은수저를 검은색으로 변색시킴, 매운맛이나 쓴맛이 남

2. 감자중독

(1) 원인독소
① 솔라닌 : 감자의 녹색 부위와 발아 부위에 해당
② 셉신 : 썩은 감자에서 생성

(2) 증상 : 구토, 설사, 복통, 언어장애

(3) 기타 유독물질

식 물	독 소	식 물	독 소
목화씨	고시폴	미치광이풀	아트로핀
피마자	리신	대두	사포닌
은행·청매	아미그달린	독미나리	시큐톡신
독보리	테물린		

12. 효소

1. 식품과 효소

(1) 효소의 정의
  ① 체내에 일어나는 화학반응을 효율적으로 일어나게 하는 작용을 하며 생체가 생산하는 단백질
  ② 단백질을 변성시키는 열, 강산, 강염기, 유기용매 등에 의해 활성을 상실하면 촉매작용을 하지 않음

(2) 효소반응에 영향을 주는 인자 : 효소반응은 화학반응이므로 온도, pH, 기질, 또는 효소농도 및 효소저해제 등에 영향을 받음
  ① 온 도
    ㉠ 효소의 최적온도는 30~40℃, 일부 내열성 효소는 70℃에서 활성 유지
    ㉡ 효소의 최적온도는 반응시간, 효소농도, 용액의 pH, 공존하는 화학물질 등에 의해 영향을 받음
  ② 수소이온농도(pH) : 최적 pH의 완충액의 종류, 기질 및 효소의 농도, 작용온도 등에 따라 변함
  ③ 효소농도 : 효소농도가 낮은 동안은 반응 속도와 효소농도가 직선적으로 비례
  ④ 기질농도 : 최대효소의 반응 속도를 유지하기 위해서는 효소농도와 기질의 농도 조절이 중요
  ⑤ 저해제 : 기질과 구조가 유사한 화합물은 효소의 활성중심과 경합하여 효소작용을 억제

(3) 식품 관련 효소

종 류	적 용	효 소
가수분해효소	물의 도움을 받아 기질을 분해	아밀라아제, 말타아제, 아르기나아제
산화환원효소	물질의 산화환원을 촉진	옥시다아제, 탈수소효소
전이효소	기질의 원자단을 다른 기질에 옮김	크레아틴키나아제, 트랜스아미나아제
분해효소	기질을 분해	카틸라아제, 카르복실라아제
이성화효소	기질내의 원자배열을 변경	6탄당인산, 이소머라아제
합성효소	ATP를 써서 합성반응 진행	시트르산합성효소, 글루탐산합성 효소

2. 식품과 영양

(1) 영양소의 기능 및 영양소 섭취기준
  ① 영양의 정의 : 생물체가 필요한 물질을 섭취해서 건강을 유지하는 모든 현상

② **영양소의 정의** : 영양을 유지하기 위하여 외부로부터 섭취하는 물질

- 5대 영양소 : 탄수화물, 지질, 단백질, 무기질, 비타민
- 열량소 : 몸의 활동에 필요한 에너지를 공급하는 영양소(탄수화물, 지질, 단백질)
- 구성소 : 몸의 발육을 위하여 몸의 조직을 만드는 성분을 공급하는 영양소(단백질, 무기질)
- 조절소 : 체내의 각 기관이 순조롭게 활동하고 섭취된 것이 몸에 유효하게 사용되기 위해 동물체의 생활기능을 조절하는 영양소 (비타민, 무기질)

(2) 식품의 구성성분에 따른 분류
① **일반성분** : 수분, 단백질, 지질, 탄수화물, 무기질, 비타민
② **특수성분** : 맛 성분, 색소 성분, 냄새 성분, 효소, 독소 성분 등

(3) 식품의 구비조건
① **영양적 가치** : 식품을 섭취하는 목적은 영양을 공급하는데 있으므로, 식품은 영양소를 골고루 함유
② **기호적 가치** : 영양성과 위생성이 우수하여 식욕도 증진하고 사람에게 심리적으로 좋은 영향도 줌
③ **위생적 문제** : 식품을 섭취함으로써 인체에 위해가 되지 않도록 안전하게 공급
④ **경제적 문제** : 영양이 우수한 식품을 저렴하게 구입

(4) 한국인 영양섭취기준(KDRIs)
① **한국인 영양섭취기준의 정의** : 한국인 영양섭취기준(KDRIs, Dietary Reference Intakes for Koreans)은 한국인의 건강을 최적의 상태로 유지할 수 있는 영양소들의 섭취수준을 의미한다.
② **영양섭취기준의 구성과 특성**
㉠ **평균필요량(EAR)** : 대상집단을 구성하는 건강한 사람들의 절반에 해당하는 사람들의 일일 필요량을 충족시키는 값으로부터 산출하여 설정된 것이다.
㉡ **권장섭취량(RI)** : 대다수의 필요량을 충족시키는 수준으로 평균필요량에 표준편차의 2배를 더하여 정해진 것이다.
㉢ **충분섭취량(AI)** : 영양소 필요량에 대한 정확한 자료가 부족하거나 필요량의 중앙값과 표준편차를 구하기 어려워 권장섭취량을 산출할 수 없는 경우에 제시되며 식이섬유소, 나트륨, 염소 등에 대하여 충분섭취량이 설정되어 있다.
㉣ **상한섭취량(UL)** : 인체 건강에 유해 영향이 나타나지 않는 최대 영양소 섭취수준으로 과량 섭취 시 건강에 악영향의 위험이 있다는 자료가 있는 경우에 설정이 가능하며 비타민 A, 비타민 C, 나이아신 등 독성을 유발할 수 있는 영양소 18개에 대한 상한점이 설정되었다.
③ **영양섭취기준 중 에너지 적정비율**(보건복지부, 2015)

영양소	1~2세	3~18세	19세 이상	비 고
탄수화물	55~65%	55~65%	55~65%	
단백질	7~20%	7~20%	7~20%	
지질 총지방	20~35%	15~30%	15~30%	

n-6계 지방산	4~10%	4~10%	4~10%	
n-3계 지방산	1% 내외	1% 내외	1% 내외	
포화지방산	-	8% 미만	7% 미만	
트랜스지방산	-	1% 미만	1% 미만	
콜레스테롤	-	-	300mg/일 미만	목표섭취량

(5) 당 류

① 총 당류 섭취량을 총 에너지섭취량의 10~20%로 제한하고, 특히 식품의 조리 및 가공 시 첨가되는 첨가당은 총 에너지섭취량의 10% 이내로 섭취하도록 한다.

② 첨가당의 주요 급원으로는 설탕, 액상과당, 물엿, 당밀, 꿀, 시럽, 농축과일주스 등이 있다.

3. 식사구성안과 식품구성자전거

(1) **식품구성안** : 일반인에게 영양섭취기준에 만족할 만한 식사를 제공할 수 있도록 식품군별 대표식품과 섭취 횟수를 이용하여 식사의 기본 구성 개념을 설명한 것

(2) **식품구성자전거와 식품군별 1인 1회 분량** : 식품구성자전거는 6개의 식품군에 권장식사패턴의 섭취횟수와 분량에 맞추어 바퀴 면적을 배분한 형태로, 기존의 식품구성탑보다 다양한 식품 섭취를 통한 균형 잡힌 식사와 수분 섭취의 중요성 그리고 적절한 운동을 통한 비만 예방이라는 기본 개념을 나타낸다.

03 출제예상문제

해 설

01 고등어 100g당 단백질량이 20g, 지방량이 14g이라 할 때 고등어 150g의 단백질량과 지방량의 합은?

① 34g ② 51g ③ 54g ④ 68g

01
고등어가 50g일 때 단백질량과 지방량은 고등어 100g일 때의 절반이므로 단백질량은 10g, 지방량은 7g이다. 즉, 고등어가 150g일 때는 단백질량 (20 + 10)g + 지방량 (14 + 7)g = 51g이다.
답 ②

02 다음 동물성 지방의 종류와 급원식품이 잘못 연결된 것은?

① 라드 : 돼지고기의 지방조직
② 우지 : 쇠고기의 지방조직
③ 마가린 : 우유의 지방
④ DHA : 생선기름

02
마가린은 액체 상태의 식물성 유지에 수소를 첨가하여 포화지방산의 형태로 고체화시킨 가공유지이다. **답** ③

03 25g의 버터(지방 80%, 수분 20%)가 내는 열량은?

① 36kcal ② 100kcal
③ 180kcal ④ 225kcal

03
수분은 열량을 내지 않으므로 버터의 지방 80%에 대한 열량을 구하면 된다. 25 × 0.8(지방 80%) × 9(지방 1g당 9kcal) = 180 즉, 버터가 내는 열량은 180kcal이다. **답** ③

04 탄수화물이 아닌 것은?

① 젤라틴 ② 펙 틴 ③ 섬유소 ④ 글리코겐

04
젤라틴은 동물의 가죽, 힘줄, 연골 등에서 추출하는 유도 단백질이다.
답 ①

05 게, 가재, 새우 등의 껍질에 다량 함유된 키틴(Chitin)의 구성성분은?

① 다당류 ② 단백질 ③ 지방질 ④ 무기질

05
키틴은 절지동물의 딱딱한 표피나 껍질의 골격을 만들고 곰팡이 세포벽의 중요한 구성요소이다. 키틴은 아미노산으로 이루어진 다당류이다. **답** ①

해설

06 칼슘의 급원식품으로는 우유, 치즈 외에도 요구르트, 아이스크림 등이 있다.　**답** ④

07 탄수화물은 탄소(C), 수소(H), 산소(O)의 복합체이다.　**답** ②

08 비타민 B_{12}는 코발트(Co)를 함유한다.　**답** ③

09 ① 단당류는 포도당, 과당, 갈락토오스
② , ③ 유당(젖당), 맥아당은 이당류
④ 전분은 다당류　**답** ①

10 특수성분에는 색 성분, 향기 성분, 맛 성분, 효소, 독성 성분이 있다. 수분(물), 유기질(단백질, 지질, 탄수화물), 무기질(칼슘, 인, 나트륨, 칼륨, 철분)은 일반성분에 해당한다.　**답** ④

11 조회분의 성분은 대부분 무기질이다. 조회분 측정은 식품을 연소한 후 남은 물질이고, 조회분을 물에 녹여 측정된 pH가 7 이하이면 산성, 7 이상이면 알칼리성 식품이라 하므로, 식품의 산성 및 알칼리성을 결정하는 기준은 무기질이다.　**답** ④

---

06 영양소의 급원식품의 연결이 옳은 것은?
① 동물성 단백질 : 두부, 쇠고기
② 비타민 A : 당근, 미역
③ 필수지방산 : 대두유, 버터
④ 칼슘 : 우유, 치즈

07 탄수화물의 구성요소가 아닌 것은?
① 탄 소　② 질 소　③ 산 소　④ 수 소

08 비타민에 대한 설명 중 틀린 것은?
① 카로틴은 프로비타민 A이다.
② 비타민 E는 토코페롤이라고 한다.
③ 비타민 B_{12}는 망간(Mn)을 함유한다.
④ 비타민 C가 결핍되면 괴혈병을 발생한다.

09 다음 중 단당류에 해당하는 것은?
① 포도당　② 유 당　③ 맥아당　④ 전 분

10 식품의 성분을 일반성분과 특수성분으로 나눌 때 특수성분에 해당하는 것은?
① 탄수화물　② 향기 성분　③ 단백질　④ 무기질

11 식품의 산성 및 알칼리성을 결정하는 기준 성분은?
① 필수지방산 존재 여부　② 필수 아미노산 존재 여부
③ 구성 탄수화물　④ 구성 무기질

12 생육이 가능한 최저 수분활성도가 가장 높은 것은?

① 내건성 포자　　　② 세 균
③ 곰팡이　　　　　　④ 효 모

13 식품의 수분활성도를 올바르게 설명한 것은?

① 임의의 온도에서 식품이 나타내는 수증기압에 대한 같은 온도에 있어서 순수한 물의 수증기압의 비율
② 임의의 온도에서 식품이 나타내는 수증기압
③ 임의의 온도에서 식품의 수분 함량
④ 임의의 온도에서 식품과 물량의 순수한 물의 최대 수증기압

14 물에 녹는 비타민은?

① 레티놀(Retinol)　　　② 토코페롤(Tocopherol)
③ 티아민(Thinamin)　　④ 칼시페롤(Calciferol)

15 다음 중 5탄당은?

① 갈락토오스(Galactose)　　② 만노오스(Mannose)
③ 자일로스(Xylose)　　　　　④ 프룩토오스(Fructose)

16 칼슘과 단백질의 흡수를 돕고 정장효과가 있는 것은?

① 설 탕　　② 과 당　　③ 유 당　　④ 맥아당

17 젓갈의 부패를 방지하기 위한 방법이 아닌 것은?

① 고농도의 소금을 사용한다.
② 방습, 차광포장을 한다.
③ 합성보존료를 사용한다.
④ 수분활성도를 증가시킨다.

해 설

12 생육에 필요한 최저 수분활성도는 세균이 0.90~0.95, 효모 0.88, 곰팡이 0.65~0.80이다. 즉 세균 > 효모 > 곰팡이 순으로 세균이 가장 높다.
답 ②

13 수분활성도(Aw) = 식품이 나타내는 수증기압(P)/ 순수한 물의 최대 수증기압(P0)
답 ①

14 수용성 비타민(물에 녹는 비타민)으로는 비타민 B_1, B_2, B_3, B_6, B_9, B_{12}, 비타민 C, 비타민 P가 있다. 티아민은 비타민 B_1이다.
답 ③

15 자이로스, 아라비노스, 리보스 등은 오탄당에 속한다. 갈락토오스, 만노오스, 프룩토오스는 육탄당이다.
답 ③

16 유당(Lactose)은 젖당이라고도 하며 장내에서 유해 세균을 억제하는 정장작용을 하고, 칼슘과 단백질의 흡수를 돕는다.
답 ③

17 수분활성도를 증가시키면 젓갈의 미생물이 생육, 번식하여 부패가 시작된다. 미생물의 부패를 방지하려면 미생물의 번식 조건 이하로 수분활성도를 낮춰야 한다.
답 ④

해 설

18
옥살산(수산)은 칼슘과 결합하여 결석을 형성하여, 칼슘의 흡수를 방해한다.
답 ④

19
곤약은 토란과 식물인 곤약의 뿌리를 건조시켜 분쇄한 가루에 물을 넣고 겔화시켜 제조한 식품으로, 약 95%의 수분, 3%의 당질로 구성된 저칼로리 식품이다.
답 ④

20
카로티노이드는 유색체에 존재하거나 푸른채소의 엽록체에서 클로로필과 함께 존재한다.
답 ①

21
세레브로시드(Cerebroside)는 갈락토오스 또는 글루코오스의 결합으로, 뇌 신경조직 내의 당지질 물질이다.
답 ③

22
안토시아닌은 채소 및 과일의 적색, 자색, 청색을 나타내는 수용성 색소로, 산성에서는 적색, 중성에서는 자색, 알칼리성에서는 청색을 나타낸다.
답 ①

23
② 캡사이신은 고추, ③ 진저롤은 생강, ④ 차비신은 후추의 매운 맛 성분이다.
답 ①

---

18 칼슘의 흡수를 방해하는 인자는?
① 유 당   ② 단백질   ③ 비타민 C   ④ 옥살산

19 단맛을 갖는 대표적인 식품과 가장 거리가 먼 것은?
① 사탕무   ② 감 초   ③ 벌 꿀   ④ 곤 약

20 카로티노이드에 대한 설명으로 옳은 것은?
① 클로로필과 공존하는 경우가 많다.
② 산화효소에 의해 쉽게 산화되지 않는다.
③ 자외선에 대해서 안정하다.
④ 물에 쉽게 용해된다.

21 당지질인 Cerebroside를 주로 구성하고 있는 당은?
① Raffinose   ② Fructose   ③ GaLactose   ④ Mannose

22 안토시아닌(Anthocyanin)의 화학적 성질에 대한 설명에서 (　)에 알맞은 것을 순서대로 나열한 것은?

> Anthoyanin은 산성에서는 (　), 중성에서는 (　), 알칼리성에서는 (　)을 나타낸다.

① 적색 → 자색 → 청색   ② 청색 → 적색 → 자색
③ 노란색 → 파란색 → 검정색   ④ 검정색 → 파란색 → 노란색

23 매운맛 성분과 소재식품의 연결이 올바르게 된 것은?
① 알릴이소티오시아네이트(Ally Isothiocyanate) : 겨자
② 캡사이신(Capsaicin) : 마늘
③ 진저롤(Gingerol) : 고추
④ 차비신(Chavicine) : 생강

해 설

24 강한 환원력이 있어 식품가공에서 갈변이나 향이 변하는 산화반응을 억제하는 효과가 있으며, 안전하고 실용성이 높은 산화방지제로 사용되는 것은?
① 티아민(Thiamin)
② 나이아신(Niacin)
③ 리보플라빈(Riboflavin)
④ 아스코르빈산(Ascrobic Acid)

24
아스코르빈산(Ascrobic Acid)은 비타민 C로 산화방지제로서의 기능이 있다.
답 ④

25 어취의 성분인 트리메틸아민(TMA: Trimethylamine)에 대한 설명 중 틀린 것은?
① 불쾌한 어취는 트리메틸아민의 함량과 비례한다.
② 수용성이므로 물로 씻으면 맛이 없어진다.
③ 해수어보다 담수어에서 더 많이 생성된다.
④ 트리메틸아민 옥사이드(Trimethylamine Oxide)가 환원되어 생성된다.

25
트리메틸아민(Trimethylamine)은 담수어(민물고기)보다 해수어(바다고기)에서 더 많이 생성된다.
답 ③

26 아린맛은 어느 맛의 혼합인가?
① 신맛과 쓴맛
② 쓴맛과 단맛
③ 신맛과 떫은 맛
④ 쓴맛과 떫은 맛

26
아린맛은 쓴맛과 떫은 맛의 혼합이다.
답 ④

27 음식의 온도와 맛의 관계에 대한 설명으로 틀린 것은?
① 국은 식을수록 짜게 느껴진다.
② 커피는 식을수록 쓰게 느껴진다.
③ 차게 먹을수록 신맛이 강하게 느껴진다.
④ 녹은 아이스크림보다 얼어 있는 것의 단맛이 약하게 느껴진다.

27
신맛은 온도의 영향을 받지 않는다.
답 ③

28 쓴맛 물질과 식품 소재의 연결이 잘못된 것은?
① 테오브로민(Theobromine) : 코코아
② 나린진(Naringin) : 감귤류의 과피
③ 휴물론(Humulone) : 맥주
④ 쿠쿠르비타신(cucurbitacin) : 도토리

28
쿠쿠르비타신은 오이꼭지의 쓴맛 성분이며, 도토리의 쓴맛 성분은 탄닌이다.
답 ④

해 설

29
쓴맛은 상대적으로 온도가 낮을수록 강하게 느껴진다. **답 ②**

30
산초의 매운맛 성분은 산쇼올이며, 호박산은 조개류 등에서 감칠맛을 내는 신맛 성분이다. **답 ③**

31
변조현상은 처음 한 가지 맛 성분을 먹은 직후 다른 맛 성분을 먹게 되면 원래식품 맛을 다르게 느끼는 현상을 말한다. **답 ①**

32
맛의 대비현상은 주된 맛 성분에 소량의 다른 맛 성분을 넣으면 주된 맛 성분이 강해지는 현상으로, 설탕 용액에 약간의 소금을 첨가하면 단맛이 증가되는 것이 이에 해당한다. **답 ③**

33
클로로필은 산소, 열, 효소, 미생물에 의해 갈색이 된다. **답 ②**

34
마이야르 반응은 당류와 단백질의 작용에 의한 현상이다. **답 ②**

---

29 온도가 미각에 영향을 미치는 현상에 대한 설명으로 틀린 것은?
① 온도가 상승함에 따라 단맛에 대한 반응이 증가한다.
② 쓴맛은 온도가 높을수록 강하게 느껴진다.
③ 신맛은 온도 변화에 거의 영향을 받지 않는다.
④ 짠맛은 온도가 높을수록 최소감량이 늘어난다.

30 식미에 긴장감을 주고 식욕을 증진시키며 살균작용을 돕는 매운맛 성분의 연결이 틀린 것은?
① 마늘 : 알리신 ② 생강 : 진저롤
③ 산초 : 호박산 ④ 고추 : 캡사이신

31 쓴 약을 먹은 직후 물을 마시면 단맛이 나는 것처럼 느끼게 되는 현상은?
① 변조현상 ② 소실현상 ③ 대비현상 ④ 미맹현상

32 식혜를 당화시켜 끓일 때 설탕과 함께 소금을 조금 넣어 단맛이 강하게 느껴지는 현상은?
① 미맹현상 ② 소실현상 ③ 대비현상 ④ 변조현상

33 오이나 배추의 녹색이 김치를 담궜을 때 점차 갈색을 띠게 되는 것은 어떤 색소의 변화 때문인가?
① 카로티노이드(Carotenoid) ② 클로로필(Chlorophyll)
③ 안토시아닌(Anthocyanin) ④ 안톤잔틴(Anthoxanthin)

34 식품의 가공, 저장 시 일어나는 마이야르(Maillard) 갈변반응은 어떤 성분의 작용에 의한 것인가?
① 수분과 단백질 ② 당류와 단백질
③ 당류와 지방 ④ 지방과 단백질

35 식품의 변화에 관한 설명 중 옳은 것은?

① 일부 유지가 외부로부터 냄새를 흡수하지 않아도 이취현상을 갖는 것은 호정화이다.
② 천연의 단백질이 물리, 화학적 작용을 받아 고유의 구조가 변하는 것은 변향이다.
③ 당질을 180~200℃의 고온으로 가열했을 때 갈색이 되는 것은 효소적 갈변이다.
④ 마이야르 반응, 캐러멜화 반응은 비효소적 갈변이다.

35
비효소적 갈변에는 마이야르 반응(아미노카르보닐 반응), 캐러멜화 반응, 아스코르빈산 산화반응이 있다. **답** ④

36 식품의 효소적 갈변에 대한 설명으로 맞는 것은?

① 간장, 된장 등의 제조과정에서 발생한다.
② 블랜칭(Blanching)에 의해 반응이 억제된다.
③ 기질은 주로 아민(Amine)류와 카르보닐(Cabonyl) 화합물이다.
④ 아스코르빈산의 산화반응에 의한 갈변이다.

36
블랜칭은 짧은 시간에 물이나 기름으로 재료를 데쳐 익혀 내는 조리법을 말하며 효소를 불활성화시켜 효소적 갈변을 막는다. **답** ②

37 식품과 대표적인 맛 성분(유기산)을 연결한 것 중 틀린 것은?

① 포도 : 주석산
② 감귤 : 구연산
③ 사과 : 사과산
④ 요구르트 : 호박산

37
호박산(Siccinic Acid)은 양조식품, 어패류, 사과, 딸기 등에 함유되어 있으며 감칠맛도 낸다. **답** ④

38 식혜는 엿기름 중의 어떠한 성분에 의하여 전분이 당화를 일으키게 되는가?

① 지 방
② 단백질
③ 무기질
④ 효 소

38
식혜는 엿기름 중의 효소에 의하여 전분이 당화를 일으키는 것이다. **답** ④

39 식품의 색소에 관한 설명 중 옳은 것은?

① 클로로필은 마그네슘을 중성원자로 하고 산에 의해 클로로필린이라는 갈색물질로 된다.
② 카로티노이드 색소는 카로틴과 크산토필 등이 있다.
③ 플라보노이드 색소는 산성 → 중성 → 알칼리성으로 변함에 따라 적색 → 자색 → 청색으로 된다.
④ 동물성 색소 중 근육색소는 헤모글로빈이고, 혈색소는 미오글로빈이다.

39
① 클로로필은 산에 의해 녹갈색(페오피틴)이 된다.
③ 플라보노이드 색소는 산성에서 백색이 되고, 알칼리성에서 황색이 된다.
④ 동물성 색소 중 근육색소는 미오글로빈이고, 혈색소는 헤모글로빈이다. **답** ②

해설

40
구연산 소재식품은 감귤류, 딸기, 살구 등이다. 답 ③

41
pH 3.0 이하에서는 활성이 상실되므로, 사과, 배 등을 레몬즙이나 오렌지 즙 등의 과즙에 담가 두면 갈변을 지연시킬 수 있다. 답 ③

42
딸기의 안토시아닌 색소는 서서히 가열하면 색을 선명하게 보존할 수 있다. 답 ①

43
- 배의 단백질 분해효소는 프로테아제이다.
- 키위의 단백질 분해효소는 액티니딘이다.
- 무화과의 단백질 분해효소는 피신이다. 답 ④

44
하루 필요열량 2,700kcal 중 14%의 열량을 지방에서 얻으려 한다고 했으므로, 2,700kcal × 0.14 = 378kcal를 지방에서 얻어야 한다. 지방은 1g당 9kcal의 열량을 내므로, 378 ÷ 9 = 42 즉, 42g의 지방이 필요하다. 답 ②

---

40 신맛 성분과 주요 소재식품의 연결이 틀린 것은?

① 초산(Acetic Acid) : 식초
② 젖산(Lactic Acid) : 김치류
③ 구연산(Citric Acid) : 시금치
④ 주석산(Tartaric Acid) : 포도

41 다음 중 사과, 배 등 신선한 과일의 갈변현상을 방지하기 위한 가장 좋은 방법은?

① 철제 칼로 껍질을 벗긴다.
② 뜨거운 물에 넣었다 꺼낸다.
③ 레몬즙에 담가 둔다.
④ 신선한 공기와 접촉시킨다.

42 냉장했던 딸기의 색깔을 선명하게 보존할 수 있는 조리법은?

① 서서히 가열한다.
② 짧은 시간에 가열한다.
③ 높은 온도로 가열한다.
④ 전자레인지에서 가열한다.

43 고기를 연화시키기 위해 첨가하는 식품과 단백질 분해효소가 맞게 연결된 것은?

① 배 : 파파인(papain)
② 키위 : 피신(Ficin)
③ 무화과 : 액티니딘(Actindin)
④ 파인애플 : 브로멜린(Bromelin)

44 하루 필요열량이 2,700kcal일 때 이중 14%에 해당하는 열량을 지방에서 얻으려 할 때 필요한 지방의 양은?

① 36g   ② 42g   ③ 81g   ④ 94g

45 영양소와 그 소화효소가 바르게 연결된 것은?
① 단백질 : 리파아제
② 탄수화물 : 아밀라아제
③ 지방 : 펩신
④ 유당 : 트립신

해설

45
단백질의 소화효소는 펩신과 트립신이고, 지방은 리파아제, 유당은 락타아제이다. **답** ②

46 식품 등의 표시기준상 열량표시에서 몇 kcal 미만을 "0"으로 표시할 수 있는가?
① 2kcal   ② 5kcal   ③ 7kcal   ④ 10kcal

46
영양성분별 세부 표시방법에서 열량 단위는 킬로칼로리(kcal)이다. 표시할 때는 그 값에 가장 가까운 5kcal 단위로 표시해야 하며, 5kcal 미만은 "0"으로 표시할 수 있다. **답** ②

47 다음 중 효소가 아닌 것은?
① 말타아제(Maltase)
② 펩신(Pepsin)
③ 레닌(Rennie)
④ 유당(Lactose)

47
유당(Lactose)은 젖당이라 불리며, 이당류이다. **답** ④

48 식품에서 콜로이드 상태의 연속상과 불연속상이 모두 액체인 것은?
① 머랭
② 사골국
③ 젤라틴 용액
④ 샐러드드레싱

48

분산매(연속상)	분산질(불연속상)	예
액체	기체	맥주, 머랭, 생크림
	액체	우유, 마요네즈, 샐러드드레싱
	고체	주스, 젤라틴용액, 사골국
고체	기체	제빵류
	액체	젤리, 아이스크림, 버터
	고체	초콜릿

답 ④

49 찹쌀에 있어 아밀로오스와 아밀로펙틴에 대한 설명 중 맞는 것은?
① 아밀로오스 함량이 더 많다.
② 아밀로오스 함량과 아밀로펙틴의 함량이 거의 같다.
③ 아밀로펙틴으로 이루어져 있다.
④ 아밀로펙틴은 존재하지 않는다.

49
찹쌀은 아밀로펙틴 100%로 이루어져 있고, 멥쌀은 아밀로오스 20%, 아밀로펙틴 80%로 이루어져 있다. **답** ③

해 설

50
중성지방은 한 분자의 글리세롤에 3개의 지방산이 에스테르 결합으로 연결된 구조이다.
답 ③

51
① 결합수는 용질에 대해 용매로 작용하지 못한다.
③ 자유수는 비열, 표면장력, 점성이 크다.
④ 결합수는 자유수보다 밀도가 크다.
답 ②

52
클로로필의 색소고정을 위해 금속이온(구리나 철) 첨가 시 선명한 초록색이 나타난다. 완두콩 가공 시 황산구리를 첨가하는 것이 이에 해당한다.
답 ③

53
과일의 향기 성분에는 여러 종류의 에스테르, 알코올, 알데히드 등이 있는데, 에스테르류는 분자량이 커지면 향기도 강해지는 특성이 있다.
답 ②

54
설탕이 캐러멜로 되는 온도는 160~180℃이다.
답 ④

55
아미노카르보닐 반응은 마이야르 반응이라고도 하며 에너지의 공급 없이도 자연적으로 발생한다. 간장, 된장, 식빵, 누룽지, 케이크, 쿠키, 오렌지 주스 등이 갈변현상이 이에 해당한다.
답 ①

---

50 중성지방의 구성성분은?
① 탄소와 질소
② 아미노산
③ 지방산과 글리세롤
④ 포도당과 지방산

51 자유수와 결합수의 설명으로 맞는 것은?
① 결합수는 용매에서 작용한다.
② 자유수는 4℃에서 비중이 제일 크다.
③ 자유수는 표면장력과 점성이 작다.
④ 결합수는 자유수보다 밀도가 작다.

52 녹색채소의 색소고정에 관계하는 무기질은?
① 알루미늄(Al)
② 염소(Cl)
③ 구리(Cu)
④ 코발트(Co)

53 과일의 주된 향기 성분이며 분자량이 커지면 향기도 강해지는 냄새 성분은?
① 알코올
② 에스테르류
③ 유황화합물
④ 휘발성 질소화합물

54 설탕 용액이 캐러멜로 되는 일반적인 온도는?
① 50~60℃
② 70~80℃
③ 100~110℃
④ 160~180℃

55 간장이나 된장의 착색은 주로 어떤 반응이 관계하는가?
① 아미노카르보닐(Amino-Carbonyl) 반응
② 캐러멜(Caramel)화 반응
③ 아스코르빈산(Ascorbic Acid) 산화반응
④ 페놀(Phenol) 산화반응

56 버터, 마가린, 생크림 등이 갖는 성질로 외부의 힘에 의해 변형된 물체가 그 힘을 제거하여도 원형으로 되돌아가지 않는 성질은?

① 점 성 ② 소 성 ③ 점탄성 ④ 점조성

57 알칼로이드성 물질로 커피의 자극성을 나타내고 쓴맛에도 영향을 미치는 성분은?

① 주석산(Tarraric Acid) ② 카페인(Caffeine)
③ 탄닌(Tannin) ④ 개미산(Formic Acid)

58 강화미란 주로 어떤 성분을 보충한 쌀인가?

① 비타민 A ② 비타민 B_1
③ 비타민 D ④ 비타민 C

59 매운맛을 내는 성분의 연결이 옳은 것은?

① 겨자 : 캡사이신(capsaicin) ② 생강 : 호박산(succinic acid)
③ 마늘 : 알리신(allicin) ④ 고추 : 진저롤(finferol)

60 과일의 갈변을 방지하는 방법으로 바람직하지 않은 것은?

① 레몬즙, 오렌지즙에 담가둔다.
② 희석된 소금물에 담가둔다.
③ -10℃에서 동결시킨다.
④ 설탕물에 담가둔다.

61 4가지 기본적인 맛이 아닌 것은?

① 단 맛 ② 신 맛 ③ 떫은 맛 ④ 쓴 맛

해 설

56
소성은 외부의 힘에 의해 변형된 물체가 그 힘을 제거하여도 원형으로 되돌아가지 않는 성질을 말한다. **답** ②

57
카페인은 알칼로이드성 물질로 커피의 자극성을 나타내며, 쓴맛에도 영향을 준다. **답** ②

58
강화미는 도정미에 비타민 B_1 등을 용해한 엷은 초산용액에 정백미를 침지한 후, 증미, 건조하는 방법이 공업적으로 행하여지고 있다. 즉, 백미에 부족한 비타민 B_1을 보충한 쌀이다. **답** ②

59
• 겨자 : 시니그린
• 고추 : 캡사이신
• 생강 : 진저론
• 조개 : 호박산 **답** ③

60
과일을 갈변방지하기 위해선 10℃내외로 보관하는 것이 좋다. **답** ③

61
4가지 기본 맛 : 단맛·신맛·짠맛·쓴맛 **답** ③

해설

62
유지의 산패도는 산가와 과산화물가로 나타내는데 산가는 유지에 함유된 유리지방산 양의 수치를 말하고 과산화물가는 유지의 자동산화 수치를 나타내어 유지 산화의 지표로 사용된다.
답 ④

63
토코페롤은 비타민 E와 같은 말이며, 대표적인 천연 산화방지제이다.
답 ④

64
채소류나 과일류의 상처받은 조직이 공기 중에 노출되면 페놀 화합물이 갈색 색소인 멜라닌으로 전환하기 때문이다.
답 ①

65
타우린은 감칠맛을 내는 아미노산의 일종으로, 오징어, 문어, 조개류 등에 들어 있는 성분이다. 버섯에는 구아닐산, 죽순에는 글루타민산이 들어 있다.
답 ④

66
젤라틴은 동물의 가죽, 힘줄, 연골 등에서 추출하는 유도 단백질로 젤리, 마시멜로, 족편 등이 있다.
답 ④

67
브라운 운동(Brownian motion)은 액체나 기체 속의 미소입자들이 불규칙하게 운동하고 있는 현상으로 콜로이드 입자가 침전하지 않고 물속에 분산되어 있는 이유이다.
답 ①

---

62 유지의 산패도를 나타내는 값으로 짝지어진 것은?

① 비누화가, 요오드가　　② 요오드가, 아세틸가
③ 과산화물가, 비누화가　④ 산가, 과산화물가

63 지방의 산패를 촉진시키는 요인이 아닌 것은?

① 효소　② 자외선　③ 금속　④ 토코페롤

64 식품의 조리·가공시 발생하는 갈변현상 중 효소가 관계하는 것은?

① 페놀성 물질의 산화.축합에 의한 멜라닌(Melanin)형성 반응
② 마이야르(Maillard) 반응
③ 캐러멜화(Caramelization) 반응
④ 아스코르빈산(Ascorbic acid) 산화 반응

65 감칠맛 성분과 소재식품의 연결이 잘못된 것은?

① 베타인(Betaine) : 오징어, 새우
② 크레아티닌(Creatinine) : 어류, 육류
③ 카노신(Canosine) : 육류, 어류
④ 타우린(Taurine) : 버섯, 죽순

66 젤 형성을 이용한 식품과 젤 형성 주체의 연결이 바르게 된 것은?

① 양갱 : 펙틴　　　② 도토리묵 : 한천
③ 과일잼 : 전분　　④ 족편 : 젤라틴

67 콜로이드 입자가 침전하지 않고 물 속에 분산되어 있는 것은 무엇과 관련이 있는가?

① 브라운 운동　② 응 결
③ 반투성　　　④ 흡 착

68 토마토 크림수프를 만들 때 일어나는 우유의 응고현상을 바르게 설명한 것은?

① 산에 의한 응고
② 당에 의한 응고
③ 효소에 의한 응고
④ 염에 의한 응고

69 조절 영양소가 비교적 많이 함유된 식품으로 구성된 것은?

① 시금치, 미역, 귤
② 쇠고기, 달걀, 두부
③ 두부, 감자, 쇠고기
④ 쌀, 감자, 밀가루

70 우유 100mL에 칼슘이 170mg정도 들어있다면 우유 350mL에는 칼슘이 약 몇 mg정도 들어있는가?

① 360mg
② 540mg
③ 595mg
④ 650mg

71 식품의 갈변현상을 억제하기 위한 방법과 거리가 먼 것은?

① 효소의 활성화
② 염류 또는 당 첨가
③ 아황산 첨가
④ 열처리

72 유화(emulsion)와 관련이 적은 식품은?

① 버터
② 마요네즈
③ 두부
④ 우유

73 식혜를 만들 때 당화온도를 50~60℃ 정도로 하는 이유는?

① 엿기름을 호화시키기 위하여
② 프티알린의 작용을 활발하게 하기 위하여
③ 아밀라아제의 작용을 활발하게 하기 위하여
④ 밥알을 노화시키기 위하여

해 설

68
과일과 채소를 우유와 함께 조리할 때 과일과 채소의 유기산이 우유의 응고를 촉진시키는데, 토마토 크림수프를 조리할 때 토마토의 산에 의해 우유가 응고되는 것이 이에 해당한다. **답** ①

69
조절 영양소는 비타민, 무기질, 물에 함유되어 있으며, 이의 급원식품으로는 채소, 과일, 해조류가 있다. **답** ①

70
$100 : 170 = 350 : x$
$100x = 170 \times 350$
$x = \dfrac{59,500}{100}$
$x = 595$
즉, 우유 350ml에는 595g의 칼슘이 들어있다. **답** ③

71
식품의 갈변현상을 억제하기 위해서는 효소를 비활성화해야 하며 염류 또는 당을 첨가하거나 열처리를 하여야 한다. **답** ①

72
유화란 서로 혼합되지 않는 두 종류의 액체를 혼합·분산시켜 분리되지 않도록 하는 것으로 천연유화제로는 레시틴, 효소분해 레시틴 등이 있다. **답** ③

73
식혜를 만들 때 쓰는 엿기름 속 전분 분해효소인 β-아밀라이제를 활성화시켜주는 최적의 온도이기 때문이다. **답** ③

해설

74
콜로이드 용액의 안정성은 효소의 농도와는 무관하다.　답 ④

75
수분활성도(Aw) = (용매의 농도 / 분자량) / (용매의 농도 / 분자량) + (용질의 농도 / 분자량)
= (0.2/18) / (0.2/18) + (0.2/180)
= 0.9090 ≒ 0.91
즉, 20%의 수분과 20%의 포도당을 함유하는 식품의 이온적인 수분활성도는 0.91이다.　답 ③

76
전분에 물을 가하지 않고 160℃ 이상으로 가열한 것을 호정화라고 부르며, 호정화가 된 식품으로는 미숫가루, 뻥튀기, 누룽지 등이 있다.　답 ④

77
결합수: 식품 중의 탄수화물이나 단백질 분자의 일부분을 형성하는 물

결합수	• 물질을 녹일 수 없다. • 미생물의 생육이 불가능하다. • 유기물로부터 분리 불가능하다. • 0℃ 이하에서 동결되지 않는다. • 유리수보다 밀도가 크다.

답 ④

78
대체식품량 = (원래식품의 양 × 원래식품의 함량) / 대체식품함량
(50 × 15) / 18 = 750 / 18 = 41.67g
즉, 필요한 돼지고기의 양은 41.67g이다.　답 ③

---

74 콜로이드 용액의 안정성에 영향을 주는 요소로 가장 거리가 먼 것은?
① 콜로이드 입자의 침강속도
② 분산매와의 친화성
③ 분산매의 밀도와 점성
④ 효소의 농도

75 20%의 수분(분자량:18)과 20%의 포도당(분자량:180)을 함유하는 식품의 이온적인 수분활성도는 약 얼마인가?
① 0.82　② 0.88
③ 0.91　④ 1

76 전분에 물을 가하지 않고 160℃ 이상으로 가열하면 가용성 전분을 거쳐 덱스트린으로 분해되는 반응은 무엇이며, 그 예로 바르게 짝지어진 것은?
① 호화 : 식빵　② 호화 : 미숫가루
③ 호정화 : 찐빵　④ 호정화 : 뻥튀기

77 다음 중 결합수의 특징이 아닌 것은?
① 용질에 대해 용매로 작용하지 않는다.
② 자유수보다 밀도가 크다.
③ 식품에서 미생물의 번식과 발아에 이용되지 못한다.
④ 대기 중에서 100℃로 가열하면 쉽게 수증기가 된다.

78 두부 50g을 돼지고기로 대치할 때 필요한 돼지고기의 양은? (단, 100g당 두부 단백질 함량 15g, 돼지고기 단백질 함량 18g이다)
① 39.45g　② 40.52g
③ 41.67g　④ 42.81g

79 식품의 수분활성도(Aw)에 대한 설명으로 틀린 것은?

① 식품이 나타내는 수증기압과 순수한 물의 수증기압의 비를 말한다.
② 일반적인 식품의 Aw 값은 1보다 크다.
③ Aw의 값이 작을수록 미생물의 이용이 쉽지 않다.
④ 어패류의 Aw의 0.99~0.98 정도이다.

80 다음 중 간장의 지미성분은?

① 포도당(glucose) ② 전분(starch)
③ 글루탐산(glutamic acid) ④ 아스코르빈산(ascorbic acid)

해 설

79
수분활성도(Aw)란 순수한물이나 수증기압에 대한 식품의 수분 함량을 말하며 물의 수분활성도는 1이며 일반식품의 수분활성도는 반드시 1보다 작다(일반식품의 Aw < 1).
답 ②

80
- 포도당 : 당질의 종류 중 단당류에 속하는 당
- 전분 : 탄수화물의 종류 중 다당류에 속하는 당
- 글루탐산 : 간장의 지미성분
- 아스코르빈산 : 비타민 C의 종류

답 ③

04 구매관리

1. 시장조사 및 구매관리

1. 시장조사
마케팅 의사결정을 위해 실행 가능한 정보를 제공하는 목적으로 다양한 자료를 체계적으로 획득하고 분석하는 객관적이고 공식적인 과정

(1) 시장조사 의의
① 구매활동에 필요한 자료를 수집하고 이를 분석·검토하여 보다 좋은 구매방법을 발견하고 그 결과로 구매방침, 결정, 비용절감, 이익증대를 도모하기 위한 조사
② 구매시장의 예측은 가격변동, 수급현황, 신자재 개발, 공급업자와 업계 동향을 파악을 위해 중요

(2) 시장조사의 목적
① 구매예정가격의 결정
② 합리적인 구매계획의 수립
③ 신제품의 설계
④ 제품개량

(3) 시장조사의 내용
① **품목** : 제조회사 및 대체품을 고려한다.
② **품질** : 물품의 가치를 고려한다.
③ **수량** : 예비구매량, 대량구매에 따른 원가절감, 보존성을 고려한다.
④ **가격** : 물품의 가치와 거래조건 변경 등에 의한 가격인하 여부를 고려한다.
⑤ **시기** : 구매가격, 사용시기와 시장시세를 고려한다.
⑥ **구매거래처** : 최소 두 곳 이상의 업체로부터 견적을 받은 후 검토, 한 군데와 거래하는 경우 정기적인 시장가격조사를 통해 가격을 확인한다.
⑦ **거래조건** : 인수 및 지불 조건 등을 고려한다.

(4) 시장조사의 종류
① 일반 기본 시장조사 : 구매정책을 결정하기 위해 시행, 전반적인 경제계와 관련업계의 동향, 기초자재의 시가, 관련업체의 수급 변동상황, 구입처의 대금결제조건 등을 조사
② 품목별 시장조사 : 현재 구매하고 있는 물품의 수급 및 가격변동에 대한 조사로 구매물품의 가격산정을 위한 기초자료와 구매수량 결정을 위한 자료로 활용
③ 구매거래처의 업태조사 : 계속 거래인 경우 안정적인 거래를 유지하기 위해서 주거래 업체의 개괄적 상황, 기업의 특색, 금융상황, 판매상황, 노무상황, 생산상황, 품질관리, 제조원가 등의 업무조사
④ 유통경로의 조사 : 구매가격에 직접적인 영향을 미치는 유통경로를 조사

(5) 시장조사의 원칙
① 비용 경제성의 원칙 : 시장조사에 사용된 비용이 조사로부터 얻을 수 있는 이익을 초과해서는 안 되므로 소요비용이 최소가 되도록 하여 조사비용과 효용성 간에 조화가 이루어지도록 한다.
② 조사 적시성의 원칙 : 시장조사의 목적은 조사 자체에 있는 것이 아니므로 구매업무를 수행하는 소정의 기간 내에 끝내야 한다.
③ 조사의 탄력성의 원칙 : 시장수급상황이나 가격변동과 같은 시장상황 변동에 탄력적으로 대응할 수 있는 조사가 되어야 한다.
④ 조사 계획성의 원칙 : 시장조사는 그 내용이 정확해야 하므로 사전에 계획을 철저히 세워야 한다.
⑤ 조사 정확성의 원칙 : 조사하는 내용이 정확해야 한다.

(6) 시장조사 수행방법
① 문헌조사 : 신문, 방송, 물가동향 정보지, 학계 및 업계에서 발간하는 자료를 수집하여 분석
② 전문가조사 : 전반적인 시장상황을 물품제조업체, 소매업자, 납품업자, 은행, 증권사, 기업, 각종 연구소, 민간 조사기관, 도서관, 전문단체, 공공기관 등의 전문가와 면담을 통하여 정보를 수집하고 물품의 생산, 사용방법 등의 내용을 조사
③ 사례조사 : 현재 사용하고 있는 사업장의 구매담당자의 정보를 교환하여 물품의 사용 실례를 조사(관련 시장분석, 시장점유율 파악, 판매액 분석, 유통경로 등을 조사)

(7) 시장조사의 수행 내용
① 구매 품목 및 리스트를 작성하여 시장조사 품목을 정한다.
② 물품의 품질, 규격, 가격을 고려하여 시장조사를 수행한다.
③ 수량은 보관 및 저장창고 용량을 고려한 필요량으로 정한다.
④ 구입 예정가격, 도소매 물가지수를 참고로 하여 구매가격을 정한다.
⑤ 구입시기는 납품 간격, 사용시기, 시장시세를 고려하여 구매시점을 결정한다.
⑥ 거래처는 우수한 공급업체를 선정(복수거래)하도록 한다.
⑦ 거래조건으로는 납품방법, 대금 지불방법 등을 고려한 제반 조건을 포함한다.

2. 식품구매관리

(1) 구매관리의 정의
① 구매자가 물품을 구입하기 위해 계약을 체결하고 그 계약조건에 따라 물품을 인수하고 대금을 지불하는 전반적인 과정을 의미한다.
② 구입하고자 하는 물품에 대하여 적정거래처로부터 원하는 수량만큼 적정시기에 최소의 가격으로 최적의 품질의 것을 구입할 목적으로 구매활동을 계획·통제하는 관리활동을 나타낸다.

(2) 구매활동의 기본조건
① 구입할 물품의 적정한 조건과 최적의 품질을 선정
② 구매계획에 따른 구매량의 결정
③ 정보자료 및 시장조사를 통한 공급자의 선정
④ 유리한 구매조건으로 협상 및 계약 체결
⑤ 적정량의 물품을 적정 시기에 공급
⑥ 구매활동에 따른 검수·저장·입출고(재고)·원가관리

(3) 구매관리의 목적
① 적정한 품질 및 적정한 수량의 물품을 적정한 시기에 적정한 가격으로 적정한 공급원으로부터 적정한 장소에 납품
② 특정물품, 최적품질, 적정수량, 최적가격, 필요시기를 기본으로 목적달성을 위한 효율적인 경영관리를 달성

(4) 구매관리의 목표
① 필요한 물품과 용역을 지속적으로 공급
② 품질, 가격, 제반 서비스 등 최적의 상태 유지
③ 재고와 저장관리 시 손실 최소화
④ 신용이 있는 공급어체와 원만한 관계를 유지하면서 대체 공급업체 확보
⑤ 구매 관련 정보 및 시장조사를 통한 경쟁력 확보
⑥ 표준화, 전문화, 단순화의 체계 확보

> **Tip 구매관리 포함사항**
> ● 구매(purchasing)   ● 검수(receiving)   ● 저장(storing)   ● 재고관리(inventory control)

(5) 구매관리의 기대 효과
① 식품의 구입원가가 절감된다.
② 양질의 물품 생산과 품질관리가 용이하다.
③ 물품공급의 전문성이 향상되고 체계성을 구축할 수 있다.

④ 효율적인 경영관리를 할 수 있다.
⑤ 투자의 최소화 및 경비를 절감할 수 있다.
⑥ 고객만족에 의한 매출증가를 기대할 수 있다.

(6) 구매관리에 유의할 점
① 구입상품 특성에 대하여 철저히 분석하고 검토한다.
② 적절한 구매방법을 통한 질 좋은 상품을 구입한다.
③ 구매경쟁력을 통해 세밀한 시장조사를 실시한다.
④ 구매에 관련된 서비스 내용을 검토한다.
⑤ 저렴한 가격으로 필요량을 적기에 구입하고 공급업체와의 유기적 관계를 유지한다.
⑥ 복수공급업체의 경쟁적인 조건을 통한 구매체계를 확립한다.

(7) 식품구매방법
① 식품의 종류를 고려하여 대량 또는 공동으로 값싸게 구입
② 폐기율과 비가식부율 등을 고려하여 위생적으로 안전한 제철식품 구입
③ 곡류, 건어물, 공산품 등 쉽게 부패하지 않는 식품은 1개월분으로 한꺼번에 구입
④ 육류는 중량과 부위에 유의하여 구입하며, 냉장시설의 구비 시 1주일분을 구입
⑤ 생선·과채류 등은 신선도가 중요하므로 필요할 때마다 수시로 구입
⑥ 과일은 산지, 상자당 개수, 품종 등에 유의하며 필요할 때 마다 수시로 구입
⑦ 단체급식에서 식품을 구매하고자 할 때에는 식품단가를 최소한 1개월에 2회 정도 점검

(8) 식품구매 절차
필요성 인식 → 물품의 종류 및 수량 결정 → 물품 구매명세서 작성 → 공급업체 선정 및 계약 → 발주 → 납품 및 검수 → 대금지급 → 입고 → 구매기록 보관

(9) 식품구입
① 식품구입 계획 시 고려할 사항
  ㉠ 식품의 가격
  ㉡ 출회표
② 발주와 검수
  ㉠ 발주할 재료는 식단표에 의하여 1주~10일 단위로 발주한다.
  ㉡ 재료납품 시 품질, 양, 형태 등이 주문한 것과 일치하는지 엄중히 검수하여야 한다.

(10) 공급업체 선정방법
① 경쟁입찰계약
  ㉠ 공급업자에게 견적서를 제출받고 품질이나 가격을 검토한 후 낙찰자를 정하여 계약을 체결하는 방법
  ㉡ 공식적 구매방법
  ㉢ 일반경쟁입찰, 지명경쟁입찰로 나뉨

② 쌀, 건어물 등 저장성이 높은 식품구매 시 적합
③ 공평하고 경제적

② 수의계약
㉠ 공급업자들을 경쟁 시키지 않고 계약을 이행할 수 있는 특정업체와 계약을 체결하는 방법
㉡ 비공식적 구매방법
㉢ 복수견적, 단일견적으로 나뉨
㉣ 채소류, 두부, 생선 등 저장성이 낮고 가격변동이 많은 식품구매 시 적합
㉤ 절차 간편, 경비와 인원 감소 가능

3. 식품재고관리

(1) 재고관리의 개요

① 재고는 불확실한 수요와 공급을 만족시키기 위한 물품의 적절한 보관기능을 나타내며, 재고관리란 재고를 최적으로 유지하고 관리하는 총체적인 과정으로 물품의 수요가 발생했을 때 신속하고 경제적으로 적응할 수 있도록 재고를 최적의 상태로 관리하는 절차를 말한다.
② 재고수준은 공급의 변화, 저장시설, 적정 재고수준을 결정하고 수행하는 모든 제반과정이 포함되며 재고품질 변화에 따른 손실비용 등을 포함한다.
③ 재고관리에는 발주량, 발주시기, 적정 재고수준을 결정하고 수행하는 모든 제반과정이 포함되며 재고품질 변화에 따른 손실비용 등을 포함한다.
④ 재고관리에 관련된 부서에는 생산, 구매, 원가관리 부서가 있으며 원가관리부서에는 정확한 재고조사 및 재고자산의 가치 평가기능의 경영부서이다.

(2) 재고자산평가방법

① 선입선출법(First-In, First-Out) : 먼저 구입한 재료부터 소비하는 것으로 간주
② 후입선출법(Last-In, First-Out) : 나중에 구입한 재료부터 먼저 사용
③ 개별법 : 재료를 구입단가별로 가격표를 붙여서 보관하다가 출고할 때 그 가격표에 붙어 있는 구입단가를 재료의 소비가격으로 하는 방법
④ 단순평균법 : 일정 기간 동안의 구입단가를 구입횟수로 나눈 구입단가의 평균을 재료소비단가로 하는 방법
⑤ 이동평균법 : 구입단가가 다른재료를 구입할 때 마다 재고량과의 가중평균가를 산출하여 이를 소비재료의 가격으로 하는 방법
⑥ 총평균법 : 특정기간 동안 구입된 물품의 총액을 전체 구입수량으로 나누어 평균 단가를 계산한 후 이 단가를 이용하여 남아있는 재고량의 가치를 산출하는 방법
⑦ 실제구매가법 : 마감재고 조사에서 남아있는 물품들을 구입했던 단가로 계산하는 방법
⑧ 최종 구매가법 : 가장 최근의 단가를 이용하여 산출하는 방법

(3) 재고회전율

① 자금이 재고자산으로 묶여 있는 정도를 평가하는 척도

② 일정기간 동안 재고가 몇 번 "0"에 도달하였다가 보충되었는가를 측정
③ 재고회전율이 표준치보다 낮으면 재고 과잉상태이며, 표준치보다 높으면 재고 부족상태로 생산이 지연
④ 식재료 재고회전율 = 당기 식재료비총액 ÷ 평균 재고가액 = 당기 식재료비총액 ÷ [(기초재고가액 + 기말 재고가액) ÷ 2]

(4) 재고의 중요성
① 물품부족으로 인한 생산계획의 차질을 방지한다.
② 적정재고 수준을 유지함으로써 재고관리의 유지비용을 감소시킬 수 있다.
③ 최소의 가격으로 최상 품질품목을 구매한다.
④ 정확한 재고수량을 파악함으로써 적정주문량 결정을 통해 구매비용을 절감한다.
⑤ 도난과 부주의 및 부패에 의한 손실을 최소화 할 수 있다.
⑥ 경제적인 재고관리로 원가절감 및 관리의 효율화를 제고한다.

(5) 재고관리의 기능
① 실제물량과 예측물량 간의 차이를 제공한다.
② 재고 보충시기를 결정한다.
③ 재고투자를 최소화한다.
④ 재무보고서에 따른 재고량을 파악한다.
⑤ 물품에 대한 품질유지 및 안정성을 확보한다.
⑥ 물품용도 및 사용빈도를 알 수 있다.

(6) 재고관리 유형
① 영구재고 시스템(perpetual inventory system)
  ㉠ 물품을 구매하여 입고되는 물품의 출고 및 입고서에 물품의 수량을 계속해서 기록함으로써 남아있는 물품의 목록과 수량을 알고 적정 재골향을 유지하도록 하는 방법이다.
  ㉡ 일반적으로 대규모 조직업체에서 건조물품 및 냉동 저장고에 보유되는 물품의 관리나 고가의 품목에 많이 활용된다.
  ㉢ 입출고·재고기록을 나타내는 품목별 카드를 작성하는데, 여기에는 물품의 고유번호, 품목명, 상호명, 날짜, 중량 및 수량 등을 기재하며 선반에 부착하여 물품의 선별을 용이하게 해준다.
② 영구재고 시스템의 장·단점
  ㉠ 장점 : 전산화 시스템을 활용하여 영구재고관리에 대한 정확성과 효율성을 기대할 수 있다.
  ㉡ 단점 : 경비가 많이 들고 수작업 시 정확성의 문제가 발생할 가능성이 있다.
③ 실사재고 시스템(physical inventory system)
  ㉠ 재고실사법이라고도 하며, 주기적으로 창고에 보유하고 있는 물품의 수량과 목록을 실사하여 확인하고 기록하는 방법으로 영구재고 시스템의 단점인 부정확성을 점검하기 위해 실시된다.
  ㉡ 실사를 위한 재고관리에는 물품확인과 기록업무를 위해서 일반적으로 두 사람이 필요하며, 특히 실제 재고량과 영구재고 시스템에서의 재고기록대장 간의 상호비교 및 확인작업을 통해서 물품의

도난, 입·출고 현황을 파악할 수 있다.
ⓒ 실사재고 기록지에는 물품보유량, 품목의 단위, 이름, 형태, 단가 등이 기록되며 보유하고 있는 각 재고들의 자산적 화폐가치를 결정하기 위해 단위당 단가와 보유량을 이용하여 재고액을 평가하게 된다.
ⓔ 실사재고 시스템의 장점 및 단점
ⓐ 장점 : 재고의 총가치를 정확히 파악할 수 있고 사용 식품비의 산출에 필요한 정보를 제공받을 수 있다.
ⓑ 단점 : 시간이 많이 소요되며 신속하지 못하고 가끔 부정확할 수 있다.

(7) 재고보유를 위한 결정요인
① 저장시설의 규모와 최대 용량
② 발주빈도 및 평균사용량
③ 재고가치 및 공급자의 최소 주문요구량

> **Tip 식재료 저장원칙**
> - 품목별 분류저장(가나다순, 알파벳순, 사용빈도의 순 등)
> - 선입선출에 의한 출고(First-in, First-out, FIFO)
> - 저장 물품 안전성 확보
> - 저장기준 및 기간 준수

2. 검수관리

1. 식재료의 품질 확인 및 선별

(1) 발주량 산출방법
① 폐기율(%) = (폐기량 ÷ 전체중량) × 100
② 가식부율(%) = 정미율 = (가식량 ÷ 전체중량) × 100 = 100 - 폐기율
③ 총발주량 = 정미량 / 100 - 폐기율 × 100 × 인원수
④ 필요비용 = 필요량 × 100 / 가식부율 × 1kg당 단가
⑤ 대체식품량 = (원래식품량 × 원래식품함량) ÷ 대체식품함량

(2) 식품의 검수
① 검수공간은 식품을 감별할 수 있도록 충분한 조도가 확보되어야 한다.
② 계측기나 운반차 등을 구비하여 이용한다.
③ 저장공간의 크기는 배식의 규모, 식품반입 횟수, 저장식품의 양 등을 고려해야 한다.
④ 식재료명, 품질, 온도, 이물질 혼입, 포장상태, 유통기한, 수량 및 원산지 표시등을 확인·기록한다.

⑤ 검수가 끝난 식재료는 곧바로 전처리 과정을 거치도록 하며 온도관리가 필요한 재료는 냉장·냉동 보관한다.
⑥ 재료에 규격, 품질 등에 이상이 있으면 반품하고 검수 기준에 맞는 색재료로 재 납품할 것을 지시한다.

❖ 검수방법의 종류 및 특징

구 분	전수검수법	발췌검수법
개 요	납품된 물품을 전부 검사하는 방법	납품된 물품 중 몇 개만 무작위로 선택하여 검사하는 방법
해당 품목	• 소량, 육류와 같은 비싼 식재료 • 희귀성 물품	• 수량이 많은 경우 • 검수 시간과 비용을 절약해야 할 경우 • 파괴검사인 경우
특징(장·단점)	• 우수한 품질의 물품이 입고 • 시간과 비용이 많이 소요	• 파괴성 물품 검수에 효과적 • 낮은 품질의 물품이 섞여 있을 가능성

(3) 검수절차 및 유의사항

① **검수시작** : 청결한 복장, 위생장갑 착용 후 검수 시작한다.
② **식재료 납품차량의 청결 상태 및 온도유지 여부 확인**
　㉠ 운상차량은 냉장의 경우 10℃ 이하, 냉동의 경우 -18℃ 이하를 유지할 수 있어야 함
　㉡ 납품 차량의 온도기록지 확인
③ 납품된 식재료의 수량, 규격, 품질, 위생상태가 발주한 내용과 일치하는지 확인
　㉠ 식품위생법 및 식품공전에 규정된 식품 표시사항 및 유통기한 확인
　㉡ 원산지증명서 및 등급판정서 확인
　㉢ 바닥이 아닌 검수대 위(바닥에서부터 60cm 이상 높이)에서 올려놓고 확인
　㉣ 검수공간의 조도는 540룩스 이상 유지

(4) 제품온도 확인

① **냉장식품** : 0~10℃(신선 편의식품은 5℃ 이하)
② **냉동식품** : 동결상태 유지(-18℃ 이하), 녹은 흔적이 없을 것
③ **생선 및 육류** : 5℃ 이하
④ **전처리 채소** : 0~10℃(일반채소는 상온, 신선도 확인)

(5) 검수 완료된 식재료는 곧바로 전처리 또는 식재료 보관 지침에 따라 보관한다.

① 외부포장(박스) 제거 후 조리실 반입
② 반송품 별도 보관 후 반품 또는 즉시 반품

(6) 검수일지 작성

① 검수에 관한 내용은 검수일지에 기록으로 남겨 납품업체 및 물품에 대한 정보를 관리
② 납품차량의 온도, 표시사항, 원산지, 유통기한 또는 유효기간, 포장상태, 이물질 여부, 반품사항 등 기록

> **Tip** 검수 시 품질평가 기준
> - 안전성 : 위생적으로 안전하며 무해한 상태여야 한다.
> - 청결성 : 오물이 묻어 있지 않고 위생적이어야 한다.
> - 완전성 : 형태가 완전하고 깨지거나 눌리거나 흠이 없어야 한다.
> - 균일성 : 식품의 크기가 대체적으로 고른 것이어야 한다.
> - 보존성 : 식품 고유의 색, 맛, 풍미, 질감 등의 특성이 보존되어야 한다.

(7) 식재료 검사방법

① 관능검사
  ㉠ 육안검사 : 식품의 현상, 색채, 크기, 광택 등을 통하여 재료를 식별
  ㉡ 취각검사 : 취각 및 미각을 통하여 감정(음료, 향료, 된장, 간장, 과자류 등에 많이 적용)
  ㉢ 촉각감정법 : 피부와 촉각을 이용하여 감정(밀가루, 곡류 등의 식품에 많이 이용)
  ㉣ 음향감정법 : 두드리거나 흔들어 보면서 소리고 감정(수박, 통조림, 계란 등)

② 이화학적 검사
  ㉠ 검경적인 방법 : 현미경 등을 이용하여 조직이나 세포의 모양 등을 관찰 후 위생도를 결정
  ㉡ 화학적 방법 : 화학적으로 성분을 분석하여 검사
  ㉢ 물리적 방법 : 식품의 부피, 중량, 점도, 응고점, 융점, 경도와 같은 물리적 성질을 측정하여 신선도를 감정
  ㉣ 생화학적 방법 : 식품의 효소반응, 효소활성 등의 생화학적인 특성을 실험하여 신선도를 감정

2. 식재료별 감별

쌀	• 잘 건조, 알맹이가 투명하고 고르며 타원형 • 광택이 있고 냄새가 안남
소맥분(밀가루)	• 백색, 잘건조, 냄새가 안남 • 가루가 미세하고 뭉쳐지지 않으며 감촉이 부드러운 것
어 류	• 물에 가라앉는 것 • 윤이 나고 광택이 있으며 비늘이 고르게 밀착되어 있는 것 • 살에 탄력성이 있는 것 • 눈이 투명하고 돌출되어 있고 아가미 색이 선홍색인 것
육 류	• 고유의 선명한 색을 가지며 탄력성이 있는 것 • 고기의 결이 고운 것 • 소고기는 적색, 돼지고기는 연분홍색
서 류	병충해, 발아, 외상, 부패 등이 없는 것
과채류	• 색이 선명하고 윤기가 흐르며 상처가 없는 것 • 형태를 잘 갖춘 것 • 성숙하고 신선하며 청결한 것
달 걀	• 껍질이 까칠까칠한 것, 광택이 없는 것, 흔들었을 때 소리가 나지 않는 것 • 6% 소금물에 담갔을 때 가라앉는 것 • 빛을 비추었을 때 난황이 중심에 위치하고 윤곽이 뚜렷하며 기실의 크기가 작은 것

우유	• 이물질이 없고, 냄새가 없으며 색이 이상하지 않은 것 • 물속에 한 방울 떨어뜨렸을 때 구름같이 퍼져가며 내려가는 것 • 신선한 우유 : pH6.6
통조림	• 외관이 녹슬었거나 찌그러지지 않은 것 • 개봉했을 때 식품의 형태, 색, 맛, 냄새 등에 이상이 없을 것

> **Tip 품목별 검사기준**
> - 육류 : 중량, 등급, 육질, 다듬기, 지방 및 심줄의 점유율, 신선도
> - 가금류 : 크기, 중량, 등급, 절단방법
> - 알(란)류 : 크기 및 중량, 신선도
> - 과일류 : 형태, 익은정도, 등급, 향기, 색깔, 당도, 신선도
> - 야채류 : 신선도, 색깔, 크기, 단수

3. 조리기구 및 설비 특성과 품질확인

(1) 조리기기의 선정

① 기기는 가능한 한 디자인이 단순하고 사용하기에 편리한 것
② 위생성, 능률성, 내구성, 실용성이 있는 것
③ 성능, 동력, 크기, 용량이 기존 설치 공간에 적합한 것
④ 가능하면 용도가 다양한 것
⑤ 가격과 유지 관리비가 경제적이고 쉬운 것
⑥ 사후관리가 쉬운 것

(2) 조리작업별 주요작업과 기기

작업구분		작업내용	주요기기
반입·검수		반입, 검수, 일시보관, 분류 및 정리	검수대, 계량기, 운반차, 온도계, 손소독기
저 장		식품별·온도별 저장, 식기·소모품 저장	일반저장고(마른 식품, 조미료 등), 쌀 저장고, 냉장·냉동고, 온도계
전처리 및 조리 준비		세정대, 다듬기, 절단, 침지	싱크, 탈피기, 혼합기, 절단기
조 리	취 반	계량, 세미, 취반	저울, 세미기, 취반기
	가열조리	해동, 가열, 튀김, 찜, 지짐, 굽기, 볶음	증기솥, 튀김기, 브로일러, 번철, 회전식 프라이팬, 오븐, 레인지
배 식		음식나누기, 보온, 저온보관, 음식담기, 배식	보온고, 냉장고, 이동운반차, 제빙기, 온·냉식수기
세척·소독		식기 회수, 세척, 샤워싱크, 소독, 잔반 처리	세척용 선반, 식기세척기, 식기소독기, 칼·도마 소독고, 잔반 처리기
보 관		보 관	선반, 식기소독 보관고

(3) 검수를 위한 설비 및 장비 활용 방법

① **검수관리** : 식품의 품질, 무게, 원산지가 주문 내용과 일치하는지를 확인하고, 유통기한, 포장상태 및 운반차의 위생상태 등을 확인하는 것

② 검수 구비요건
　㉠ 식품의 품질을 판단할 수 있는 지식, 능력, 기술을 지닌 검수 담당자 배치
　㉡ 검수구역은 배달 구역 입구, 물품저장소(냉장고, 냉동고, 건조창고) 등과 인접한 장소에 위치
　㉢ 검수시간은 공급업체와 협의하여 검수 업무를 혼란 없이 정확하게 수행할 수 있는 시간으로 정함
　㉣ 검수할 때는 구매명세서, 구매청구서 참조

③ 검수기구 및 검수시설의 요건

검수기구	• 중량 측정 : 플랫폼형 저울, 전자저울 • 온도 측정 : 전자식 온도계, 적외선 비접촉식 온도계 • 물품 검사가 쉽게 진행 : 책상, 작업대, 기록 보관 캐비닛 • 입고된 식재료와 물품 운반 : 손수레, 운반용 카트
검수시설	• 적절한 조도의 조명 시설(540룩스 이상) • 물건과 사람이 이동하기에 충분한 공간 • 안전성이 확보될 수 있는 장소(해충의 근접방지) • 청소와 배수가 쉬운 장소

3. 원가

1. 원가의 의의 및 종류

(1) 원가계산의 개요

① 원가의 정의 : 특정한 제품의 제조, 판매, 서비스 제공을 위하여 소비된 경제적 가치
② 비용의 정의 : 일정기간 내에 기업의 경영활동으로 발생한 경제적 가치의 소비액
③ 원가계산의 목적

가격결정	제품의 판매가격을 결정할 목적으로 원가계산
원가관리	원가계산은 원가관리의 기초자료 제공
예산편성	예산을 편성하는 데 기초자료 제공
재무제표작성	재무제표를 작성하는 기초자료 제공

④ 원가계산의 기간 : 원가계산의 실시기간은 1개월이 원칙(경우에 따라 3개월 또는 1년에 한번 실시도 가능)

(2) 원가의 분류

① 원가가 발생하는 형태에 따른 분류(원가의 3요소)
　㉠ 재료비
　　• 제품의 제조를 위하여 소비되는 물품의 원가(주요재료비, 보조재료비 등이 포함된다.)
　　• 단체급식 시설에서의 재료비는 급식 재료비를 의미
　㉡ 노무비
　　• 제품의 제조를 위하여 소비되는 노동의 가치

- 임금은 직접노무비, 급료나 수당은 간접노무비에 포함
ⓒ 경 비
- 제품의 제조를 위하여 소비되는 재료비와 노무비를 제외한 나머지 가치
- 외주가공비(직접경비), 감가상각비, 보험료, 수선비 전력비, 가스비, 수고광열비, 교통비 등이 포함

② 원가요소범위에 따른 분류
ㄱ 직접원가 = 직접제조비 + 직접노무비 + 직접경비
ㄴ 제조원가 = 직접원가 + 제조간접비
ㄷ 총원가 = 제조원가 + 판매관리비
ㄹ 판매원가 = 총원가 + 이익

✚ 원가 구성도

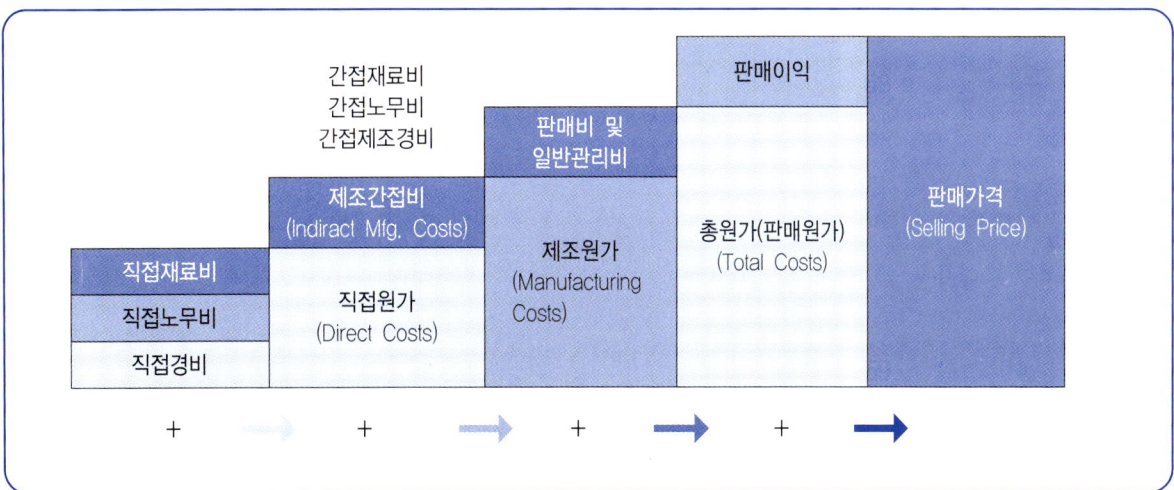

(3) 원가요소를 제품에 배분하는 절차에 따른 분류
① 직접비
ㄱ 특정 제품에 직접 부담시킬 수 있는 비용
ㄴ 직접재료비, 직접노무비, 직접경비 등
② 간접비
ㄱ 여러 제품에 공통적으로 또는 간접적으로 소비되는 비용
ㄴ 제조간접비, 일반관리비, 판매비 등
③ 원가계산의 시점과 방법의 차이에 따른 분류
ㄱ **실제원가** : 제품을 제조한 후에 실제로 소비된 원가로 사후 계산에 의하여 산출된 원가이므로 확정원가, 현실원가, 보통원가라고도 함
ㄴ **예정원가** : 제품의 제조 이전에 제조에 소비될 것으로 예상되는 원가로 사전원가, 견적원가, 추정원가라 함

　　ⓒ 표준원가 : 기업이 이상적으로 제조 활동을 할 경우에 예상되는 원가, 실제원가를 통제하는 기능을 가지며 효과적인 원가관리의 목적을 말함

2. 생산량과 비용의 관계에 따른 분류
(1) **고정비** : 생산량 증가와 관계없이 고정적으로 발생하는 비용(임대료, 인건비 등)
(2) **변동비** : 생산량에 따라 함께 증가하는 비용(식재료비 등)

3. 단체급식시설의 원가요소
(1) **급식재료비** : 조리식품, 반조리식품, 급식 원재료 또는 조미료 등 급식에 소요된 재료에 대한 모든 비용
(2) **노무비** : 급식업무에 종사하는 사람들의 노동력에 대하여 지불되는 모든 비용
(3) **시설사용료** : 급식시설의 사용에 대하여 지불하는 비용, 수도광열비, 전화사용료
(4) **소모품비** : 급식업무에 소요되는 각종 소모품의 사용에 지불되는 비용
(5) **기타 경비** : 위생비, 피복비, 세척비, 기타 잡비 등으로 지불되는 비용
(6) **관리비** : 집단급식시설의 규모가 큰 경우 별도로 계산되는 간접경비 등에 지불되는 비용

4. 원가분석 및 계산
(1) **원가계산의 원칙**
　① **진실성의 원칙** : 제품 제조에 소요된 원가를 사실대로 표현하여 실제로 발생한 원가의 진실성 파악
　② **발생기준의 원칙** : 이익에 상관없이 발생사실이 있으면 그것을 원가로 인정해야 한다는 원칙으로 모든 비용과 수익의 계산은 그 발생시점을 기준으로 해야 한다.
　③ **계산 경제성의 원칙** : 원가계산시 경제성을 고려
　④ **확실성의 원칙** : 실행가능한 여러 방법이 있을 경우에 가장 확실한 방법을 선택
　⑤ **정상성의 원칙** : 정상적으로 발생한 원가만을 계산
　⑥ **비교성의 원칙** : 다른 일정기간이나 다른 부분과 비교할 수 있도록 실행
　⑦ **상호관리의 원칙** : 원가계산과 일반회계, 각 요소별·부문별·제품별 계산간에 상호관리가 가능하도록 되어야 함
　⑧ **객관성의 원칙** : 유익한 원가관리를 위하여 계산을 객관적으로 수행해야 한다는 원칙
　⑨ **일관성의 원칙** : 방법의 빈번한 변경은 비교할 수 없는 자료가 되므로 일관성 있게 작성되어야 한다는 원칙

(2) **원가계산의 단계**
　① **요소별 원가계산** : 제품의 원가는 먼저 재료비, 노무비, 경비의 3가지 원가요소를 몇 가지의 분류 방법에 따라 세분하여 각 원가 요소별로 계산
　② **부문별 원가계산** : 전 단계에서 파악된 원가요소를 원가 부문별로 분류, 집계하는 계산 절차, 여기서 원가부문이란 좁은 의미로는 원가가 발생한 장소, 넓은 의미로는 원가가 발생한 직능에 따라 원가를 집계하고자 할 때 설정되는 계산상의 구분을 의미

③ **제품별 원가계산** : 요소별 원가계산에서 파악된 직접비는 제품별로 직접 집계하고 부문별 원가계산에서 파악된 것은 일정기준에 따라 제품별로 배분하여 최종적으로 각 제품의 제조원가를 계산하는 절차

(3) 원가관리

① **원가관리의 정의** : 원가의 통제를 위하여 가능한 한 원가를 합리적으로 절감하려는 경영기법, 표준원가 계산법을 이용

② **표준원가의 계산**
  ㉠ 표준원가는 원가요소별로 직접재료비 표준, 직접노무비 표준, 제조간접비 표준으로 구분 설정하여 실제원가와 비교하여 표준과 실제 차이 분석
  ㉡ **표준원가 차이분석**
    ⓐ 표준원가와 실제원가와의 차액을 표준원가 차이라고 함
    ⓑ 표준원가 차이 분석은 직접재료비, 직접노무비, 제조간접비 차이를 구분하여 실시
  ㉢ **손익계산**
    ⓐ **손익분석** : 원가, 조업도, 이익의 상호관계를 조사·분석하여 이론부터 경영계획을 수립하는데 유용한 정보를 얻기 위하여 실시하는 기법
    ⓑ **손익분기점**
      • 수익과 총비용이 일치하는 점으로 이익도 손실도 발생하지 않는 지점
      • 매출이 손익분기점이상으로 늘어나면 이익이 발생하고 이하로 줄어들면 손실이 발생

(4) 감가상각

① **감가상각의 정의** : 기업의 자산은 고정자산(토지, 건물, 기계 등)은 대부분 사용과 시간의 경과에 따라 가치가 감가되는데 감가상각은 고정자산의 감가를 일정한 내용연수에 일정한 비율로 할당하여 비용화하는 것으로 감가상각비라고 함

② **감가상각의 계산요소**
  ㉠ **기초가격** : 취득원가(구입가격)
  ㉡ **내용연수** : 취득한 고정자산이 유효하게 사용될 수 있는 추산기간
  ㉢ **잔존가격** : 고정자산이 내용연수에 도달했을 때 매각하여 얻을 수 있는 추정가격으로 보통 구입가격의 10%를 잔존가격으로 계산

③ **감가상각의 계산방법**
  ㉠ **정액법** : 고정자산의 감가 총액을 내용연수로 균등하게 할당하는 방법
    매년의 감가상각액 = (기초가격 − 잔존가격) ÷ 내용연수
  ㉡ **정률법** : 기초가격에서 감가상각비 누계를 차감한 미상각액에 대하여 매년 일정률을 곱하여 산출한 금액을 상각하는 방법으로 초년도의 상각액이 제일 크며 연수가 경과함에 따라 상각액은 점점 줄어듦

04 출제예상문제

해 설

01 토란은 수분이 많고 잘랐을 때 점액질(갈락틴)이 많은 것이 좋다. 　답 ④

02 후입선출법은 최근에 구입한 재료부터 먼저 사용하는 방법으로, 선입선출법과 정반대이다. 　답 ②

03 고정비란 생산량에 관계없이 고정적으로 발생하는 비용을 말하며 감가상각비가 이에 해당한다. 　답 ②

04 수의계약은 경쟁 또는 입찰을 통하지 않고 임의로 맺는 계약으로, 싼 가격으로 구매하는 효과는 크지 않다. 　답 ③

---

01 식품을 구입할 때 식품 감별이 잘못된 것은?
① 과일이나 채소는 색깔이 고운 것이 좋다.
② 육류는 고유의 선명한 색을 가지며 탄력성이 있는 것이 좋다.
③ 어육 연제품은 표면에 점액질의 액즙이 없는 것이 좋다.
④ 토란은 겉이 마르지 않고 잘랐을 때 점액질이 없는 것이 좋다.

02 구매한 식품의 재고관리 시 적용되는 방법 중 최근에 구입한 식품부터 사용하는 것으로 가장 오래된 물품이 재고로 남게 되는 것은?
① 선입선출법　　　　　　　　② 후입선출법
③ 총평균법　　　　　　　　　④ 최소 – 최대관리법

03 매월 고정적으로 포함해야 하는 것은?
① 지급운임　　　　　　　　　② 감가상각비
③ 복리후생비　　　　　　　　④ 수 당

04 식품을 구매하는 방법 중 경쟁입찰과 비교한 수의계약의 장점이 아닌 것은?
① 절차가 간편하다.
② 경쟁이나 입찰이 필요 없다.
③ 싼 가격으로 구매할 수 있다.
④ 경비와 인원을 줄일 수 있다.

05 주원가분석과 관련된 식으로 틀린 것은?

① 메뉴 품목별 비율(%) = 품목별 식재료비 / 품목별 메뉴가격 × 100
② 감가상각비 = (구입가격 - 잔존가격) × 100
③ 인건비 비율(%) = 인건비 / 총매출액 × 100
④ 식재료비 비율(%) = (식재료비 / 총재료비) × 100

해설 05
식재료비 비율(%)은 (식재료비 / 총매출액) × 100이다. 답 ④

06 총비용과 총수익(판매액)이 일치하여 이익도 손실도 발생되지 않는 기점은?

① 매상선점 ② 가격결정점 ③ 손익분기점 ④ 한계이익점

해설 06
손익분기점은 수익과 총비용이 일치하는 지점으로, 이익이나 손실이 발생하지 않는 지점이다. 답 ③

07 작업장에서 발생하는 작업의 흐름에 따라 시설과 기기를 배치할 때 작업의 흐름이 순서대로 연결된 것은?

| ㉠ 전처리 | ㉡ 장식·배식 | ㉢ 식기 세척·수납 |
| ㉣ 조 리 | ㉤ 식재료의 구매·검수 | |

① ㉤ → ㉠ → ㉣ → ㉡ → ㉢
② ㉠ → ㉡ → ㉢ → ㉣ → ㉤
③ ㉤ → ㉣ → ㉡ → ㉠ → ㉢
④ ㉢ → ㉠ → ㉣ → ㉤ → ㉡

해설 07
작업의 흐름은 식재료의 구매·검수 → 전처리(씻기, 썰기, 다듬기) → 조리 → 장식 및 배식 → 식기 세척·수납 순이다. 답 ①

08 1일 총매출이 1,200,000원, 식재료비가 780,000원일 경우의 식재료비 비율은?

① 55% ② 60% ③ 65% ④ 70%

해설 08
식재료의 원가비율 = 식재료비 ÷ 총매출액 × 100 = 780,000 ÷ 1,200,000 × 100 = 65
즉, 식재료비 비율은 65%이다. 답 ③

09 재고회전율이 표준치보다 낮은 경우에 대한 설명으로 틀린 것은?

① 긴급 구매로 비용 발생이 우려된다.
② 종업원들이 심리적으로 부주의하게 식품을 사용하여 낭비가 심해진다.
③ 부정유출이 우려된다.
④ 저장기간이 길어지고 식품손실이 커지는 등 많은 자본이 들어가 이익이 줄어든다.

해설 09
재고회전율이 표준치보다 낮다는 것은 재고가 많다는 것을 뜻한다. 따라서 과다재고 보유 시 물품의 손실을 초래하거나 투자비가 재고에 묶여 자금운용상 불리(현금화가 안됨)하게 되는 등의 문제점이 발생할 수 있다. 답 ①

해설

10
당월소비액 = 당월지급액 + (전월선급액 + 당월미지급액) − (당월선급액 + 전월미지급액)
당월선급액과 전월미지급액은 고려하지 않는다고 하였으므로, 당월소비액 = 60,000원 + (10,000원 + 30,000원) = 100,000원
답 ④

11
예산은 식단작성의 유의점(영양성, 경제성, 기호성, 지역성, 능률성)에 해당하지 않는다.
답 ②

12
판매가격은 총원가(직접원가 + 제조간접비 + 판매비와 관리비) + 이익이다.
제조원가 = 직접원가(60,000원 + 150,000 + 20,000원) + 제조간접비(19,000원 + 25,000원 + 15,000원) = 289,000원
총원가 = 289,000 + (289,000 × 20%) = 346,800원
판매가격 = 348,000 + (346,800 × 20%) = 416,160원
답 ③

13
총발주량 = 정미중량 × 100 ÷ (100 − 폐기율) × 인원수이므로, 30 × 100 ÷ (100 − 6) × 400 = 1,200,000 ÷ 94 = 12,765g ≒ 13kg
즉, 풋고추의 총발주량은 13kg이다.
답 ②

---

10 냉동식품에 대한 보관료 비용이 아래와 같을 때 당월소비액은? (단, 당월선급액과 전월미지급액은 고려하지 않는다.)

- 당월지급액 : 60,000원
- 전월지급액 : 10,000원
- 당월미지급액 : 30,000원

① 70,000원 ② 80,000원 ③ 90,000원 ④ 100,000원

11 식단작성 시 고려할 사항으로 틀린 것은?
① 피급식자의 영양소요량을 충족시켜야 한다.
② 좋은 식품의 선택을 위해서 식재료 구매는 예산의 1.5배 정도로 계획한다.
③ 급식인원수와 형태(단일식단, 복수식단)를 고려해야 한다.
④ 기호에 따른 양과 질, 변화, 계절을 고려해야 한다.

12 김치공장에서 포기김치를 만든 원가자료가 다음과 같다면 포기김치의 판매가격은 총 얼마인가?

구 분	금 액
직접재료비	60,000원
간접재료비	1,9000원
직접노무비	150,000원
간접노무비	25,000원
직접제조경비	20,000원
간접제조경비	15,000원
판매비와 관리비	제조원가의 20%
기대이익	판매원가의 20%

① 289,000원 ② 346,800원
③ 416,160원 ④ 475,160원

13 단체급식소에서 식수인원 400명의 풋고추조림을 할 때 풋고추의 총발주량은 얼마인가? (단, 풋고추 1인분 30g, 풋고추의 폐기율은 6%)

① 12kg ② 13kg ③ 15kg ④ 16kg

14 단체급식에서 생길 수 있는 문제점과 거리가 먼 것은?

① 심리면에서 가정식에 대한 향수를 느낄 수 있다.
② 비용면에서 물가상승 시 재료비가 충분하지 않을 수 있다.
③ 청결하지 않게 관리할 경우 위생상의 사고위험이 있다.
④ 불특정인을 대상으로 하므로 영양관리가 안 된다.

15 단체급식소에서 식품구입량을 정하여 발주하는 식으로 옳은 것은?

① 발주량 = 1인분 순사용량 / 가식률 × 100 × 식수
② 발주량 = 100인분 순사용량 / 가식률 × 100
③ 발주량 = 1인분 순사용량 / 폐기율 × 100 × 식수
④ 발주량 = 100인분 순사용량 / 폐기율 × 100

16 오징어 12kg을 45,000에 구입하여 모두 손질한 후의 폐기율이 35%였다면 실사용량의 kg당 단가는 약 얼마인가?

① 1,666원   ② 3,205원   ③ 5,769원   ④ 6,123원

17 재료소비량을 알아내는 방법과 거리가 먼 것은?

① 계속기록법   ② 재고조사법   ③ 선입선출법   ④ 역계산법

18 일반적으로 폐기율이 가장 높은 식품은?

① 쇠살코기   ② 계 란   ③ 생 선   ④ 곡 류

해 설

14
단체급식은 비영리를 목적으로 특정 다수인에게 지속적으로 제공하는 식사로, 급식대상자의 영양 기준량을 산출하여 생활시간 조사에 따라 3식의 영양량을 배분한다. **답** ④

15
발주량 = 정미중량(1인분 순사용량) ÷ 가식률 × 100 × 인원수(식수) **답** ①

16
폐기율 = 폐기량 ÷ 전체중량 × 100
$35 = x ÷ 12 × 100$
$x = 4.2$
오징어 12kg 중 실사용량은
12kg − 4.2kg = 7.8kg
12kg을 45,000에 구입하였으므로,
45,000 ÷ 7.8 = 5,769
즉, 오징어 12kg의 실사용량 kg당 단가는 약 5,769원이다. **답** ③

17
선입선출법은 재료의 구입순서에 따라 먼저 구입한 재료를 먼저 소비한다는 가정 아래에서 재료의 소비가격을 계산하는 방법으로 재고자산의 평가방법으로 재료소비량을 알아내는 방법으로는 적절하지 않다. **답** ③

18
쇠살코기 − 0%
달걀 − 달걀 12%
생선 − 34%
곡류 − 0% **답** ③

해설

19
총원가는 제조원가와 판매관리비를 더한 값이다.
- 직접원가 = 직접재료비(150,000원) + 직접노무비(100,000원) + 직접경비(5,000원) = 255,000원
- 제조간접비 = 간접재료비(50,000원) + 간접노무비(20,000) + 간접경비(100,000원) = 170,000원
- 판매 및 일반관리비 = 10,000원

따라서, 총원가 = 직접원가(255,000원) + 제조간접비(170,000원) + 판매 및 일반관리비(10,000원)는 435,000원이다.

답 ①

20
$$총발주량 = \frac{정미중량 \times 100}{100 - 폐기율}$$
폐기율은 8%, 정미중량은 46kg이므로,
$$= \frac{46 \times 100}{100 - 8} = 50$$
배추 1kg당 단가 = $\frac{11,960원}{13kg}$
= 920원
즉, 총발주량 50kg × 배추 1kg당 단가 920원 = 46,000원

답 ④

21
100인분의 멸치조림에 소요된 재료의 양은 멸치 1kg = 10,000원, 풋고추 2kg = 14,000원 기름 0.1kg = 200원, 간장 0.1kg = 200원, 깨소금 0.1kg = 500원이므로 총 재료비는 24,900원이다.

답 ②

---

19 다음 자료에 의해서 총 원가를 산출하면 얼마인가?

• 직접재료비	₩150,000	• 간접재료비	₩50,000
• 직접노무비	₩100,000	• 간접노무비	₩20,000
• 직접경비	₩5,000	• 간접경비	₩100,000
• 판매 및 일반관리비	₩10,000		

① ₩435,000　② ₩365,000
③ ₩265,000　④ ₩180,000

20 김장용 배추포기김치 46kg을 담그려는데 배추 구입에 필요한 비용은 얼마인가? [단, 배추 5통 (13kg)의 값은 11,960원, 폐기율은 8%)]

① 23,920원　② 38,934원
③ 42,320원　④ 46,000원

21 100인분의 멸치조림에 소요된 재료의 양이라면 총재료비는 얼마인가?

재 료	사용재료량(g)	1kg 단가
멸 치	1,000	10,000
풋고추	2,000	7,000
기 름	100	2,000
간 장	100	2,000
깨소금	100	5,000

① 17,900원　② 24,900원
③ 26,000원　④ 33,000원

22
다음은 한 급식소에서 한 달 동안 참기름을 구입한 내역이며, 월말의 재고는 7개이다. 선입선출법에 의하여 재고자산을 평가하면 얼마인가?

날 짜	구입량(병)	단 가
11월 1일	10	5,300
11월 10일	15	5,700
11월 20일	5	5,500
11월 30일	5	5,000

① 32,000원   ② 34,000원   ③ 36,000원   ④ 38,000원

23
어떤 음식의 직접원가는 500원, 제조원가는 800원, 총원가는 1000원이다. 이 음식의 판매관리비는?

① 200원   ② 300원   ③ 400원   ④ 500원

24
제품의 제조수량 증감에 관계없이 매월 일정액이 발생하는 원가는?

① 고정비   ② 비례비   ③ 변동비   ④ 체감비

25
10월 한달 간 과일통조림의 구입현황이 아래와 같고, 재고량이 모두 13캔인 경우 선입선출법에 따른 재고금액은?

날 짜	구입량(캔)	구입단가(원)
10/1	20	1,000
10/10	15	1,050
10/20	25	1,150
10/25	10	1,200

① 14,500원   ② 150,000원
③ 15,450원   ④ 160,000원

26
총비용과 총수익(판매액)이 일치하여 이익도 손실도 발생되지 않는 기점은?

① 매상선점   ② 가격결정점
③ 손익분기점   ④ 한계이익점

해 설

22
입선출법은 먼저 산 재료를 소비하는 방법으로 재고량이 7개 일 때 11월 20일에는 2개, 11월 30일에는 5개의 참기름이 남았으므로
(5500×2)+(5000×5)
= 11,000+25,000
= 36,000   답 ③

23
판매관리비 = 총원가 − 제조원가이므로 1,000 − 800 = 200이므로 판매관리비는 200원이다.   답 ①

24
고정비란 제조수량 증감에 관계없이 매월 일정액이 발생하는 원가이다.   답 ①

25
재고량이 13캔일 때, 10/25일에 구매한 캔이 10캔, 10/20일에 구매한 캔이 25캔 중 3캔이 재고량이 된다.
재고 금액 = (10캔 × 1,200원) + (3캔 × 1,150원) = 12,000원 + 3,450원 = 15,450원이므로 재고액은 15,450원이다.   답 ③

26
- 매상선점 : 매출수익을 말하는 지점
- 가격결정점 : 서비스와 품질을 제공하는 대가를 결정하는 지점
- 손익분기점 : 수익과 총비용이 일치하는 지점
- 한계이익점 : 순매출액에서 변동비를 빼 산출한 지점   답 ③

해 설

27
제조원가 = 직접원가 + 제조간접비(간접재료비 + 간접노무비 + 간접경비), [직접원가 = 직접재료비 + 직접노무비 + 직접경비] 직접노무비 + 제조간접비 + 직접재료비 + 직접경비 = 제조원가 (23,000) + (15,000) + (10,000) + (15,000) = (63,000)   **답** ②

28
외주가공비는 원가계산상에서 원칙적으로 제조경비에 들어간다.   **답** ①

29
총발주량 = (정미중량 × 100/100 − 폐기율) × 인원수
= 60 × 100/100 − 34 × 1 = 90.9g   **답** ③

30
$\dfrac{\text{필요량 1개}}{\text{가식부율}}$ = 식품의 출고계수
폐기율이 20%이므로 가식부율은 80%
$\dfrac{1}{0.8}$ = 1.25
즉, 식품의 출고계수는 1.25이다.   **답** ③

31
식당의 면적은 (1인당 필요면적 + 식기회수 공간) × 피급식자 수이고, 통로의 폭은 식당의 면적과 상관없으므로, (1.0 + 1.0 × 10%) × 750 = 825 즉, 식당의 면적은 825m²이다.   **답** ③

---

27 어떤 제품의 원가구성이 다음과 같을 때 제조원가는?

이 익	20,000원	제조간접비	15,000원
판매관리비	17,000원	직접재료비	10,000원
직접노무비	23,000원	직접경비	15,000원

① 40,000원 ② 63,000원
③ 80,000원 ④ 100,000원

28 다음 중 급식 부문의 간접원가에 속하지 않는 것은?
① 외주가공비 ② 보험료
③ 연구연수비 ④ 감가상각비

29 삼치구이를 하려고 한다. 정미중량 60g을 조리하고자 할 때 1인당 발주량은 약 얼마인가? (단, 삼치의 폐기율은 34%)
① 43g ② 67g ③ 91g ④ 110g

30 폐기율이 20%인 식품의 출고계수는 얼마인가?
① 0.5 ② 1. ③ 1.25 ④ 2.0

31 아래의 조건에서 1회에 750명을 수용하는 식당의 면적을 구하면?

> 피급식자 1인당 필요면적은 1.0m², 식기회수 공간은 필요면적의 10%, 통로의 폭은 1.0~1.5m이다.

① 750m² ② 760m² ③ 825m² ④ 835m²

32 일반적인 식품의 구매방법으로 가장 옳은 것은?

① 고등어는 2주일분을 한꺼번에 구입한다.
② 느타리버섯은 3일에 한 번씩 구입한다.
③ 쌀은 1개월분을 한꺼번에 구입한다.
④ 쇠고기는 1개월분을 한꺼번에 구입한다.

33 탄수화물 급원인 쌀 100g을 고구마로 대치하려면 고구마는 몇 g 정도 필요한가? (단, 100당 당질 함량은 쌀 80g, 고구마 32g이다.)

① 250g ② 275g ③ 300g ④ 325g

34 식품구입시의 감별방법으로 틀린 것은?

① 육류가공품인 소시지의 색은 담홍색이며 탄력성이 없는 것
② 밀가루는 잘 건조되고 덩어리가 없으며 냄새가 없는 것
③ 감자는 굵고 상처가 없으며 발아되지 않은 것
④ 생선은 탄력이 있고 아가미는 선홍색이고 눈알이 맑은 것

35 다음 자료에 의하여 제조원가를 산출하면?

• 직접재료비	60,000원	• 직접입금	100,000원
• 소모품비	10,000원	• 통신비	10,000원
• 판매원급여	50,000원		

① 175,000원 ② 180,000원
③ 220,000원 ④ 230,000원

36 쇠고기가 값이 비싼 돼지고기로 대체하려고 할 때 쇠고기 300g을 돼지고기 몇 g으로 대체하면 되는가? (단, 식품분석표상 단백질함량은 쇠고기 20g, 돼지고기 15g이다.)

① 200g ② 360g ③ 400g ④ 460g

해 설

32 어육류, 채소류는 신선도를 위해 필요시 수시로 구입한다. **답** ③

33 대치식품량 = 원래 식품함량 ÷ 대치식품함량 × 원래 식품량 = 100 × 80 ÷ 32 = 8,000 ÷ 32 = 250
즉, 고구마 250g 정도가 필요하다. **답** ①

34 소시지의 색은 담홍색이며 탄력성이 있는 것이 좋다. **답** ①

35 제조원가 = 직접원가(직접재료비 + 직접노무비 + 직접경비) + 제조간접비
60,000원 + 100,000원 + 10,000원 + 10,000원 = 180,000원
즉, 제조원가는 180,000원이다. **답** ②

36 대체식품량 = 원래식품의 양 × $\dfrac{\text{원래 식품의 해당 성분의 수치}}{\text{대체하고자 하는 식품의 해당 성분의 수치}}$

$= \dfrac{300 \times 20}{15} = 400$

즉, 소고기 300g 대신 돼지고기 400g으로 대체하면 된다. **답** ③

해 설

37
판매가격 = (식품단가/식품원가율) × 100 = (1,000/40) × 100 = 2,500
즉, 햄버거의 판매가격은 2,500원이다.
답 ②

38
- 직접원가 = 직접재료비+직접노무비+직접경비
- 제조원가 = 직접원가 + 제조간접비(간접재료비+간접노무비+간접경비)
- 총원가 = 제조원가+판매비와 관리비
- 판매가격 = 총원가+이익

답 ②

39
1인분에 200g을 사용하고 식재료 비율을 40%로 하려고 할 때 판매가격을 구하려면
1kg에 18,000 + 3,500 = 21,500원,
1인분 200g이라 했을 때 1인분의 식재료 값은 21,500 ÷ 5 = 4,300원
식재료 비율을 40%로 할 때 : 40/100 = 4,300원
이익 : 60/100 = 6,450
즉, 1인분의 판매가격 : 10,750원
답 ④

40
노무비란 제품의 제조를 위해 소비된 노동의 가치를 말하며 경비, 재료비와 같이 직접원가에 속한다. **답 ①**

41
수의계약이란 경쟁계약에 의하지 아니하고 임의로 적당한 상대자를 선정하여 체결하는 계약이므로 싼 가격으로 구매하는 효과가 크지는 않다. **답 ③**

---

37 식품원가율을 40%로 정하고 햄버거의 1인당 식품단가를 1000원으로 할 때 햄버거의 판매가격은?

① 4,000원   ② 2,500원   ③ 2,250원   ④ 1,250원

38 원가의 종류가 바르게 설명된 것은?

① 직접원가 = 직접재료비, 직접노무비, 직접경비, 일반관리비
② 제조원가 = 직접재료비, 제조간접비
③ 총원가 = 제조원가, 지급이자
④ 판매가격 = 총원가, 직접원가

39 불고기를 만들어 파는데 비용으로 1kg 기준으로 등심은 18,000원, 양념비는 3,500원이 소요되었다. 1인분에 200g을 사용하고 식재료 비율을 40%로 하려고 할 때 판매가격은?

① 9,000원   ② 8,600원
③ 17,750원   ④ 10,750원

40 제품의 제조를 위하여 소비된 노동의 가치를 말하며 임금, 수당, 복리후생비 등이 포함되는 것은?

① 노무비   ② 재료비   ③ 경 비   ④ 훈련비

41 식품을 구매하는 방법 중 경쟁입찰과 비교하여 수의계약의 장점이 아닌 것은?

① 절차가 간편하다.
② 경쟁이나 입찰이 필요 없다.
③ 싼 가격으로 구매할 수 있다.
④ 경비와 인원을 줄일 수 있다.

42 다음은 간장의 재고대상이다. 간장의 재고가 10병일 때, 선입선출법에 의한 간장의 재고자산은 얼마인가?

입고일자	수량(병)	단가(원)
5일	5	3,500
12일	10	3,000
20일	8	3,000
27일	3	3,500

① 25,500원　② 26,000원　③ 31,500원　④ 35,000원

43 시금치나물을 조리할 때 1인당 80g이 필요하다면, 식수인원 1,500명에 적합한 시금치 발주량은? (단, 시금치 폐기율은 5%이다.)

① 100kg　② 122kg　③ 127kg　④ 132kg

44 원가계산의 목적이 아닌 것은?

① 가격결정의 목적　② 원가관리의 목적
③ 예산편성의 목적　④ 기말재고량 측정의 목적

45 판매가격이 5,000원인 메뉴의 식재료비가 2,000원인 경우 이 메뉴의 식재료비 비율은?

① 10%
② 20%
③ 30%
④ 40%

46 당근의 구입단가는 kg당 1,300원이다. 10kg 구매 시 표준수율이 86%이라면, 당근 1인분(80g)의 원가는 약 얼마인가?

① 51원
② 121원
③ 151원
④ 181원

해 설

42
선입선출법은 먼저 구입한 재료를 먼저 소비하는 방법으로 간장의 재고자산은
27일 → 3병 × 3,500원 = 10,500원
20일 → 7병 × 3,000원 = 21,000원
10,500원 + 21,000원 = 31,500원
선입선출법에 의한 간장 재고자산은 31,500원이다.　**답** ③

43
시금치나물을 조리할 때 1인당 80g이 필요하면 식수인원 1,500명에 적합한 시금치 발주량은
80 × 1500 = 120,000
120,000 × 0.05(폐기율5%) = 6,000
=126,000g/1000(g→kg) = 126kg
　답 ③

44
원가계산의 목적은 손익산출(재무회계 목적), 원가절감(관리회계목적), 판매가격결정(상동) 등 재무제표 작성의 기초자료 마련에 있다.　**답** ④

45
판매가격이 5,000원 식재료비가 2,000원의 경우를 식으로 나타내면
$5,000 : 100 = 2,000 : x$
$5,000x = 200,000$
$5x = 200$
$x = 40$
즉, 식재료의 비율은 40% 이다.
　답 ④

46
10kg(10,000g) 구매 시 표준수율이 86%이므로 실제 당근 수량은 8,600g이고 구입원가는 kg당 1,300원 이므로 10kg 구매시 13,000원이다.
그러므로 80g당 원가가 x이면
$8,600 : 13,000 = 80 : x$
$8,600 × x = 13,000 × 80$
$x = (13,000 × 80) / 8,600$
　$= 1,040,000 / 8600$
　$= 10,400 / 86 = 120.93 ≒ 121$
1인분의 당근원가는 약 121원이다.
　 답 ②

해 설

47
- 직접원가 = 직접재료비 + 직접노무비 + 직접경비
- 제조원가 = 직접원가 + 제조간접비(간접재료비 + 간접노무비 + 간접경비)
- 총원가 = 제조원가 + 판매비와 관리비
- 판매가격 = 총원가 + 이익

답 ③

48
47번과 동일 내용   답 ②

49
1kg = 12,000원, 20kg = 240,000원
구매한 닭 : 240,000원
총양념 비용 : 80,000원
매출액 1,000,000원 중 식재료의 원가 : 320,000원
즉, 식재료 원가의 비율은 32%

답 ③

50
- 총발주량 = $\dfrac{정미중량 \times 100}{100 - 폐기율} \times 인원수$

$= \dfrac{30 \times 100}{100 - 6} \times 500 = 15,957g$

15,957g = 15.957kg ≒ 16kg

답 ②

51
구매 시장조사의 목적은 식재료비 산출, 경제적인 식품 구매, 합리적인 식단 작성의 목적이 있다.   답 ④

52
냉장시설이 있는 경우 쇠고기는 1주일분을 한꺼번에 구입하며 생선이나 과채류 등은 필요에 따라 수시로 구입한다.   답 ④

---

47 다음 원가의 구성에 해당하는 것은?

> 직접원가 + 제조간접비(간접재료비 + 간접노무비 + 간접경비)

① 판매가격   ② 간접원가   ③ 제조원가   ④ 총원가

48 총원가에 대한 설명으로 맞는 것은?
① 제조간접비와 직접원가의 합이다.
② 판매관리비와 제조원가의 합이다.
③ 판매관리비, 제조간접비, 이익의 합이다.
④ 직접재료비, 직접노무비, 직접경비, 직접원가, 판매관리비의 합이다.

49 닭고기 20kg으로 닭강정 100인분을 판매한 매출액이 1,000,000원이다. 닭고기의 kg당 단가를 12,000원에 구입하였고 총 양념 비용으로 80,000원이 들었다면 식재료의 원가비율은?

① 24%   ② 28%   ③ 32%   ④ 40%

50 급식인원이 500명인 단체급식소에서 가지조림을 하려고 한다. 가지 1인당 중량이 30g이고, 폐기율이 6%일 때 총발주량은?

① 약 14kg   ② 약 16kg   ③ 약 20kg   ④ 약 25kg

51 식품 구매관리에 있어 시장조사의 목적으로 가장 거리가 먼 것은?
① 식품재료비 산출   ② 경제적인 식품구매
③ 합리적인 식단 작성   ④ 소비자의 기호확인

52 단체급식 시 식품의 구입 요령으로 보기 힘든 것은?
① 대량구입 또는 공동구입 방식으로 염가를 구입한다.
② 지방특산물을 이용하고 계절식품을 구입하며, 값이 싼 대치식품을 구입한다.
③ 곡류나 건어물은 1개월분을 한꺼번에 구입한다.
④ 냉장시설이 있는 경우 쇠고기는 1개월분을 한꺼번에 구입한다.

53 일반적인 구매 시장조사의 종류에 해당하지 않는 것은?

① 일반 기본 시장조사 ② 품목별 시장조사
③ 소비자에 대한 선호도 조사 ④ 구매거래처의 업태조사

54 시장조사의 원칙에 해당되지 않는 것은?

① 비용 경제성의 원칙 ② 조사 적시성의 원칙
③ 조사 고정성의 원칙 ④ 조사 정확성의 원칙

55 다음의 설명이 의미하는 것은?

> 구입하고자 하는 물품에 대하여 적정거래처로부터 원하는 수량만큼 적정시기에 최소의 가격으로 최적의 품질의 것을 구입할 목적으로 구매활동을 계획·통제하는 관리활동을 나타낸다.

① 구매관리 ② 위생관리 ③ 시장관리 ④ 재고관리

56 다음 중 구매관리에 포함되는 사항에 해당되지 않는 것은?

① 구매 ② 검수 ③ 저장 ④ 판매

57 단체급식 시 재료는 얼마의 기간 단위로 발주하는가?

① 1~3일 ② 1주~10일
③ 20일~1개월 ④ 1개월~3개월

58 일반적인 식품의 구매방법으로 가장 옳은 것은?

① 고등어는 2주일분을 한꺼번에 구입한다.
② 느타리버섯은 3일에 한 번씩 구입한다.
③ 쌀은 1개월분을 한꺼번에 구입한다.
④ 쇠고기는 1개월분을 한꺼번에 구입한다.

해 설

53 시장조사의 종류로는 일반 기본 시장조사, 품목별 시장조사, 구매거래처의 업태조사, 유통경로의 조사가 있다. **답** ③

54 시장조사의 원칙
- 비용 경제성의 원칙
- 조사 적시성의 원칙
- 조사 탄력성의 원칙
- 조사 계획성의 원칙
- 조사 정확성의 원칙 **답** ③

55 구매관리란 구매자가 물품을 구입하기 위해 계약을 체결하고 그 계약조건에 따라 물품을 인수하고 대금을 지불하는 전반적인 과정을 의미한다. **답** ①

56 구매관리에는 구매·검수·저장·재고관리가 포함된다. **답** ④

57 재료는 식단표에 의하여 1주~10일 단위로 발주한다. **답** ②

58 신선도가 중요한 식품은 수시로 구매해야 한다. **답** ③

해설

59
부패성이 적은 곡류나 공산품은 1개월 단위로 한꺼번에 구입하며, 쇠고기는 냉장시설이 있을 경우 1주일 단위로, 과채류는 필요에 따라 수시로 구입한다.
답 ③

60
재고수준은 공급의 변화, 저장시설, 회전율, 식재료 수송방법 등을 고려하여 결정한다.
답 ③

61
적정재고 수준을 유지함으로써 재고관리의 유지비용을 감소시킬 수 있다.
답 ③

62
재고관리에서 식품수불부의 기록과 현물재고량의 불일치는 원가상승의 요인이 된다.
답 ③

63
영구재고 시스템은 물품을 구매하여 입고되는 물품의 출고 및 입고서에 물품의 수량을 계속해서 기록함으로써 남아 있는 물품의 수량을 계속해서 기록함으로써 남아 있는 물품의 목록과 수량을 알고 적정 재고량을 유지하도록 하는 방법이다.
답 ②

---

59 단체급식의 식품구입에 대한 설명으로 잘못된 것은?
① 폐기율을 고려한다.
② 값이 싼 대체식품을 구입한다.
③ 곡류나 공산품은 1년 단위로 구입하도록 한다.
④ 제철식품을 구입하도록 한다.

60 재고수준을 결정하는데 필요한 고려사항으로 가장 거리가 먼 것은?
① 공급의 변화
② 식재료 수송방법
③ 조리시설
④ 회전율

61 재고의 중요성에 대한 설명으로 틀린 것은?
① 물품 부족으로 인한 생산계획의 차질을 방지한다.
② 최소재고 수준을 유지함으로써 재고관리의 유지비용을 감소시킬 수 있다.
③ 최소의 가격으로 최상 품질품목을 구매한다.
④ 정확한 재고수량을 파악함으로써 적정주문량 결정을 통해 구매비용을 절감한다.

62 다음 중 재고관리에 대한 설명으로 틀린 것은?
① 재고관리는 식재료의 원가를 계산하는데 반드시 필요하다.
② 단체급식소에서는 재료관리상 적어도 월 1회는 필요하다.
③ 식품수불부의 기록과 현물재고량의 불일치는 원가상승과는 무관하다.
④ 장부를 정리할 때는 언제든 재고량이 쉽게 파악되도록 한다.

63 재고관리 유형 중 영구재고 시스템에 대한 설명으로 옳은 것은?
① 일반적으로 대규모 조직업체에서 건조물품 및 냉동 저장고에 보유되는 물품의 관리나 고가의 품목에 많이 활용된다.
② 주기적으로 창고에 보유하고 있는 물품의 수량과 목록을 실시하여 확인하고 기록하는 방법이다.
③ 재고의 총 가치를 파악할 수 있고 사용 식품비의 산출에 필요한 정보를 제공 받을 수 있다.
④ 시간이 많이 소요되며, 신속하지 못하고, 가끔 부정확할 수 있다.

64 재고회전율에 대한 설명으로 맞는 것은?

① 수요량과 재고회전율의 관계는 반비례한다.
② 재고량과 재고회전율의 관계는 정비례한다.
③ 일정 기간 동안 재고가 몇 번이나 '0'에 도달하였다가 보충되었는가를 측정하는 것이다.
④ 재고회전율이 표준보다 높을 때는 재고가 많다는 뜻이다.

해설 64
재고회전율이란 일정 기간 동안 재고가 몇 번이나 '0'에 도달하였다가 보충되었는가를 측정하는 것을 말한다.
답 ③

65 재고회전율이 표준치보다 낮은 경우에 대한 설명으로 틀린 것은?

① 긴급구매로 비용 발생이 우려된다.
② 종업원들이 심리적으로 부주의하게 식품을 사용하여 낭비가 심해진다.
③ 부정유출이 우려된다.
④ 저장기간이 길어지고 식품손실이 커지는 등 많은 자본이 들어가 이익이 줄어든다.

해설 65
재고회전율이 낮다는 것은 매출에 비하여 과다한 재고를 보유하고 있다는 뜻이다.
답 ①

66 식재료 저장원칙으로 옳지 않은 것은?

① 품목과 관계없이 통합하여 저장한다.
② 선입선출에 의해 출고를 진행한다.
③ 저장 물품의 안전성을 확보하도록 한다.
④ 저장기준 및 기간을 준수한다.

해설 66
식재료의 저장원칙으로 품목별 분류저장, 선입선출에 의한 출고, 저장물품 안전성 확보, 저장기준 및 기간 준수가 있다.
답 ①

67 식재료 검수와 관련한 유의사항으로 틀린 것은?

① 식재료를 검수대 위에 올려놓고 검수하며, 맨바닥에 놓지 않도록 한다.
② 외부포장 등의 오염 우려가 있는 것은 제거한 후 조리실에 반입한다.
③ 식재료 운송차량의 청결 상태 및 온도유지 여부를 확인·기록한다.
④ 규격기준에 맞지 않는 가격을 조정하여 반입한다.

해설 67
식재료 검수 결과 신선도, 품질 등에 이상이 있거나 규격기준에 맞지 않는 식재료는 반품하고 검수기준에 맞는 식재료 재납품할 것을 지시한다.
답 ④

68 식품검수 시 검수대의 높이는 바닥에서 얼마 이상의 높이여야 하는가?

① 15cm 이상　② 30cm 이상
③ 45cm 이상　④ 60cm 이상

해설 68
검수대는 바닥에서 60cm 이상 높이여야 하며 납품된 식재료는 반드시 바닥이 아닌 검수대 위에 올려놓고 확인해야 한다.
답 ④

해설

69
이화학적 검사 : 검경적인 방법, 화학적 방법, 물리적 방법, 생화학적 방법
답 ①

70
토란은 원형에 가까운 모양의 것으로 껍질을 벗겼을 때 살이 흰색이고 자른 단면이 단단하고 끈적끈적한 감이 강한 것이 좋다.
답 ④

71
전처리 설비는 조리하고자 하는 원료의 입고·보관·세정·절단 등의 작업이 이루어지는 공간을 말한다.
답 ④

72
전수검수법은 납품된 물품을 전부 검사하는 방법이며 소량의 식재료 또는 값비싼 식재료를 사용할 때 용의하다.
답 ①

73
대부분의 식품은 냉장보관을 필요로 하기 때문에 냉장 저장공간이 더 넓어야 한다.
답 ④

74
감가상각비, 보험료, 통신비는 간접경비에 해당한다.
답 ②

---

69 식재료의 이화학적 검사방법에 속하지 않는 것은?
① 기계적 방법 ② 화학적 방법
③ 물리적 방법 ④ 생화학적 방법

70 식품을 구입할 때 식품감별이 잘못된 것은?
① 과일이나 채소는 색깔이 고운 것이 좋다.
② 육류는 고유의 선명한 색을 가지며 탄력성이 있는 것이 좋다.
③ 어육 연제품은 표면에 점액질의 액즙이 없는 것이 좋다.
④ 토란은 겉이 마르지 않고 갈랐을 때 점액질이 없는 것이 좋다.

71 다음 중 전처리 설비로 보기 힘든 것은?
① 세정대   ② 도 마   ③ 작업대   ④ 식기세척기

72 다음 중 전수검수법이 효과적인 품목은?
① 육류와 같은 비싼 식재료
② 수량이 많은 경우(검수 항목이 많은 경우)
③ 검수시간과 비용을 절약해야 할 경우
④ 파괴검사인 경우

73 검수 및 저장공간으로 맞지 않는 것은?
① 검수공간은 식품을 판별할 수 있도록 충분한 조도가 확보되어야 한다.
② 계측기나 운반차 등을 구비해 두면 편리하다.
③ 저장 공간의 크기는 식품반입횟수, 저장식품의 양 등을 고려해야 한다.
④ 저장 공간으로는 냉장 저장 공간보다 일반 저장공간이 더 넓어야 한다.

74 다음 중 직접경비에 속하는 것은?
① 보험료   ② 외주가공비
③ 감가상각비   ④ 통신비

75 식재료 검수공간의 조도 기준으로 옳은 것은?

① 75룩스 이상   ② 200룩스 이상
③ 360룩스 이상 ④ 540룩스 이상

76 재료 검수 시 품질평가 기준에 해당되지 않는 것은?

① 경제성   ② 안전성   ③ 완전성   ④ 보존성

77 통조림류의 검수 시의 검사항목으로 보기 힘든 것은?

① 제조일자   ② 유통기간
③ 외관형태   ④ 수확연도

해 설

75
검수공간의 조도는 540룩스 이상 유지해야 한다.   답 ④

76
품질평가의 기준은 안전성, 청결성, 완전성, 균일성, 보존성이 있다.   답 ①

77
통조림의 검사항목으론 제조일자, 유통기간, 외관형태, 내용물 표시가 있다.   답 ④

05 기초조리실무

 1. 조리준비

1. 조리의 정의 및 기본조리조작

(1) **조리의 정의** : 식재료를 다듬는 것부터 시작하여 찌고, 끓이고, 굽고, 볶고, 조미하는 등의 처리를 하여 사람이 먹기에 알맞고 소화되기 쉬운 상태로 만드는 과정

(2) **조리의 목적**
 ① **기호성** : 식품의 외관을 좋게 하여 맛있게 하기 위하여 조리
 ② **소화성** : 소화를 용이하게 하며 식품의 영양 효율을 높이기 위하여 조리
 ③ **안정성** : 위생상 안전한 음식을 만들기 위하여 조리
 ④ **저장성** : 식품의 안전한 보관을 위하여 저장성을 높이기 위하여 조리

(3) **기본조리조작**
 ① 다듬기
  ㉠ 식품재료를 조리할 수 있도록 전처리하는 과정으로 먹을 수 없는 부분을 제거하는 조작
  ㉡ 식품 전체의 무게에서 폐기되는 식품 무게의 백분율을 폐기율이라 함
   • 생선류 30~50%, 육류 30%, 채소류 6~10%
   • 폐기율(%) = $\dfrac{\text{폐기되는 식품의 무게(g)}}{\text{식품 전체의 무게(g)}} \times 100(\%)$

 ② 씻기
  ㉠ 식품에 들어있는 불순물과 미생물, 기생충알, 농약 등 위해성분을 제거하는 방법
  ㉡ 식품의 수용성 성분 손실을 줄이기 위해 재료는 물의 닿는 면적을 줄여 씻음

 ③ 담그기
  ㉠ 식품을 물이나 조미액에 담그는 조작
  ㉡ 건조식품에 수분을 공급하여 조직을 연화

ⓒ 식품의 갈변을 방지하며 나쁜맛 성분 또는 수용성 성분, 불필요한 성분을 용출

④ 썰기

　ⓐ 재료의 먹을 수 없는 부분이나 불필요한 부분을 제거하고 먹기 좋은 크기, 보기 좋은 형태로 만드는 과정

　ⓑ 썰기를 통해 표면적이 증가되면 열전도율이 높아지고, 조미료의 침투가 쉬워져 가열시간이 단축되고 소화 및 흡수도 증가

⑤ 섞기

　ⓐ 재료의 균일화, 열전도의 균질화, 맛의 균질화

　ⓑ 재료를 균일하게 혼합, 블랜더를 이용한 교반, 반죽 등도 섞기 조작

⑥ 다지기

　ⓐ 일정한 크기의 아주 작은 조각으로 자르는 조작

　ⓑ 조리의 용도에 따라 크기가 다름

⑦ 압착·여과

　ⓐ 식품에 물리적인 힘을 가해 물기를 짜내고 고형물과 액체를 분리하는 과정

　ⓑ 조직을 파괴시켜 균일한 상태로 만듦

⑧ 냉각

　ⓐ 가열조리 된 음식의 온도를 식히는 과정

　ⓑ 자연상태의 바람, 냉수, 냉장고 등을 이용

⑨ 냉동

　ⓐ 식품을 0℃ 이하로 냉각시켜 식품 중의 수분을 동결시키는 방법

　ⓑ 미생물의 번식을 억제하고 효소작용 및 산화를 억제하여 품질저하를 방지

⑩ 해동

　ⓐ 냉동된 식품을 냉동 이전의 상태로 만드는 조작

　ⓑ 해동과정에서 단백질의 변성으로 인한 조직의 파괴로 정미성분이 손실

2. 기본조리법 및 대량 조리기술

(1) 건열조리

① Broilling(윗불 구이)

　ⓐ 열원이 위에 있어 불 밑으로 음식을 넣어 조리하는 방법

　ⓑ 석쇠온도에 주의해야 하며 윗불구이(over heat) 조리방식

② Grilling(석쇠 구이)

　ⓐ 열원이 아래에 있어 직접 불로 굽는 방법

　ⓑ 숯을 사용하여 훈연의 향을 주는 것과 격자 모양 자국이 포인트

　　　ⓒ 아랫불 구이(Under heat) 방식
　③ Roasting(로스팅)
　　　㉠ 육류 또는 가금류 등을 오븐에 넣어 굽는 방법
　　　㉡ 주로 겉면에 유지류를 발라 150~220℃에서 굽기
　　　㉢ 처음엔 고온에서 조리하다 겉면이 익히면 저온에서 장시간으로 굽는 것이 육즙의 손실이 적음
　④ Baking(굽기)
　　　㉠ 오븐에서의 열 대류작용을 이용하여 굽는 방법
　　　㉡ 제과, 제빵에서 많이 사용
　⑤ Sauteing(소테, 볶기)
　　　㉠ 팬에 버터 또는 기름을 넣고 160~240℃ 온도에 재료를 넣고 짧은 시간으로 조리하는 방법
　　　㉡ 영양소 손실이 적고 육즙 손상을 방지할 수 있음
　⑥ Frying(튀김)
　　　㉠ 조리법 중 가장 영양분 손실이 적은 조리법
　　　㉡ 딥 팬 프라잉은 140~190℃의 온도에서 튀기는 방법으로 반죽을 입혀 튀기는 스위밍(Swimming) 방법과 그냥 튀기는 바스켓(Basket) 방법이 있음
　　　㉢ 팬 프라잉(Pan frying, Shallow frying)은 적은 양의 기름으로 170~200℃의 온도에서 튀겨내는 방법으로, 채소의 경우 141~151℃, 육류, 가금류 등의 커틀릿은 125~135℃의 온도에서 튀기기
　⑦ Gratinating(그레티네이팅) : 조리한 재료 위에 버터, 치즈, 크림, 소스, 크러스트(Crust), 설탕 등을 올려 샐러맨더(Salamander), 브로일러(Broiler)나 오븐 등에서 뜨거운 열을 가해 색깔을 내는 방법으로 육류, 가금류, 감자, 야채, 생선, 파스타 요리 등에 사용
　⑧ Searing(시어링) : 팬에 강한 열을 가하여 짧은 시간에 육류나 가금류의 겉만 누렇게 지지는 방법으로, 일반적으로 오븐에 넣기 전에 사용

(2) 습열조리

습열식 조리방법은 조리하고자 하는 재료에 물, 수증기나 액체 등을 열전달 매개체로 하여 조리하는 것으로, 삶기, 끓이기, 찜 등이 사용

　① Poaching(포칭)
　　　㉠ 65~92℃의 온도에서 물, 스톡, 와인 등의 액체 등에 육류, 가금류, 달걀, 생선, 야채 등을 잠깐 넣어 익히는 것
　　　㉡ 물이나 액체를 적게 넣어 조리하는 샬로 포칭(Shallow Poaching)과, 물이나 액체 등을 많이 넣어 조리하는 서브머지 포칭(Submerge Poaching) 등이 있음
　　　㉢ 샬로 포칭은 생선이나 가금류 밑에 다진 양파나 샬롯을 깔고 물이나 액체(육수, 와인) 등을 내용물의 반으로 넣어 조리하는 방법
　　　㉣ 서브머지 포칭은 많은 양의 물이나 스톡 등의 액체에 육류, 달걀, 가금류, 해산물 등을 넣고 서서히

　　　익히는 방법

② Boiling(삶기, 끓이기)

　㉠ 물이나 육수 등의 액체에 재료를 넣고 삶는 방법

　㉡ 생선과 채소는 국물을 적게 넣고 끓이며 건조한 재료는 액체의 양을 많이 함

　㉢ 육류나 감자, 무, 당근 등의 야채는 찬물에서 시작해서 끓이며 스파게티나 국수 등은 끓는 물에 시작해서 조리

③ Simmering(시머링) : 아주 뜨겁게 끓이지 않고 식지 않을 정도의 60~90℃ 액체의 약한 불에서 조리하는 것으로, 소스(Sauce)나 스톡(Stock)을 끓일 때 사용

④ Steaming(증기찜)

　㉠ 물을 끓여 수증기의 대류작용을 이용하여 조리하는 방법

　㉡ 보일링보다 재료의 형태가 유지되며, 영양 손실이 적고 풍미와 색채를 유지할 수 있음

⑤ Blanching(데치기)

　㉠ 끓는 물이나 기름에 재료를 짧게 데쳐 찬물에 식히는 조리방법

　㉡ 엽채류를 데치고 나서는 찬물에서 식힘

　㉢ 육류, 가금류의 냄새를 없애주고 조직이 부드러워지며 피 등의 불순물을 제거

　㉣ 육류, 가금류의 표면이 단백질 응고로 인하여 영양분의 손실을 줄일 수 있는 조리방법

⑥ Glazing(글레이징)

　㉠ 버터나 과일의 즙, 육즙 등과 꿀, 설탕을 졸여서 재료에 입혀 코팅시키는 조리방법

　㉡ 육류, 가금류, 당근, 감자, 야채 등에 윤기가 흐르게 하는 조리방법

(3) **복합 조리방법**(Combination cooking)

건열식 조리방법(Dry heat cooking), 습열식 조리방법(Moist heat cooking)을 모두 이용하여 조리하는 것으로 일반적으로 겉면을 색을 내고(건열식 조리) 마무리 조리과정에서 습열식 조리방법을 사용

① Braising(브레이징)

　㉠ 팬에 재료를 볶다가 흘러나온 육즙 등을 브레이징 팬에 넣은 다음 뚜껑을 덮고 천천히 조리하는 방법

　㉡ 주로 질긴 육류, 가금류를 조리할 때 사용하는 방법

　㉢ 온도가 너무 높으면 육질이 질겨지므로 150~180℃의 온도에서 천천히 장시간 끓여 조리

　㉣ 완성되면 고기를 꺼내고 육즙을 체에 걸러 버터를 넣고 몬테(Monté)하여 간을 한 후 소스로 사용

② Stewing(스튜잉) : 육류, 가금류, 미르포아(Mirepoix), 감자 등을 약 2~3cm의 크기로 썰어 뜨겁게 달군 팬에 기름을 넣고 색을 낸 후 그레이비 소스(Gravy sauce)나 브라운 스톡(Brown Stock)을 넣어 110~140℃의 온도에 끓여 조리하는 방법

③ 수비드(Sous vide)

　㉠ 수비드(sous vide)는 프랑스어로, 진공 저온, 영어로는 Under vacuum이라 불림

　　ⓒ 진공포장한 재료를 낮은 온도(55~65℃)에서 장시간 조리하여 맛과, 향, 수분, 질감, 영양소를 보존하며 조리하는 방법

　　ⓒ 재료에 대한 기본 지식과 정확한 계산에 의한 정확한 온도, 균일한 열전달과 시간의 고려가 중요, 자칫 식중독균이 오히려 증식할 수도 있으므로 주의가 필요한 조리법

　　ⓔ 핵심원리는 온도에 따라 단백질의 수축을 조절하기 때문에 단백질이 변성하는 시작 온도를 알아야 적당한 온도와 시간의 조절로 질겨지는 것을 막을 수 있음

(4) 대량 조리기술

　① 대량 조리의 정의 : 대량조리란 일반적으로 50인분 이상의 많은 음식을 동시에 공급할 수 있도록 특정한 시설이나 조리기구를 사용하는 조리과정

　② 대량 조리의 특징

　　㉠ 많은 양을 한꺼번에 취급하므로 대량 조리기기를 활용

　　㉡ 정해진 시간 내에 여러 명의 조리종사자가 협력해 음식을 완료해야 하므로 계획적 생산관리가 필요

　　㉢ 대량조리에 따라 음식의 맛과 질적 저하가 급속히 진행되므로 체계적인 품질관리가 중요

　　㉣ 표준 레시피에 맞는 적절한 조리기기를 수행할 수 있는 조리 종사자들의 기술과 숙련도 필요

　　㉤ 한정된 시간에 많은 식품을 다루어야 하므로 적절한 조리기기의 사용요구

　③ 대량 조리 시 고려사항

　　㉠ 조리원의 숙련도 및 작업방법

　　　• 조리작업 전 사전에 정확히 파악하여 조리계획을 세워야 하는 것

　　　• 조리작업 전에 사용할 조리기구를 정리 정돈하고 조리방법에 맞는 적절한 조리기구를 사용

　　　• 동선의 최소화로 피로를 줄이기 위해 조리기구를 적절히 배치하여 사용하고 작업시에는 두손을 이용하여 작업순서에 따라 신속히 진행

　　㉡ 조리해야 할 식품의 양 및 조리방법

　　　• 급식인원과 1인 분량을 잘 계산하여 전체 조리량을 산정

　　　• 식품재료 구입량과 조리 후 급식량과의 관계에 대한 데이터를 축적하고 참고

　　　• 어린이들의 영양적·기호적 만족도를 높일 수 있는 조리방법을 선택하여 조리

　　㉢ 적절한 조리기구의 선정 및 사용

　　　• 기기 선정

　　　• 기기의 취급 및 관리

　　　• 사용방법 설명서

　　　• 사용방법에 대한 교육과 훈련

　　　• 정기적인 점검 및 안정성 확인

　　　• 위생적인 취급에 대한 교육

2. 기본 칼 기술습득

1. 칼의 구성 및 역할

(1) **칼날** : 항상 예리하고 날카롭게 유지해야 하며, 주로 자를 때 사용하는 부분
(2) **칼날 끝** : 칼날 끝은 항상 뾰족하게 유지해야 하며 자를 때나 육류의 힘줄 등을 자를 때 주로 사용
(3) **칼등** : 고기를 두드리거나 우엉 등의 껍질을 벗길 때 주로 이용
(4) **칼날 뒤꿈치** : 칼의 안정성을 유지하기 위해서 필요한 부분
(5) **손잡이** : 기름기나 이물질이 묻지 않도록 항상 깨끗이 유지

2. 칼의 분류

(1) 칼날에 의한 분류

다양한 식재료를 자르므로 날이 다양하며 용도에 맞는 칼을 사용해야 함

① 직선 날(Stratght edge) : 일반적으로 많이 사용되는 칼날을 말함
② 물결 날(Scalloped edge) : 제과 부서에서 가장 많이 사용하는 칼날
③ 칼 옆면에 홈이 파인 날(Hollowed edge) : 칼의 옆면에 식재료가 달라붙지 않도록 써는 목적의 날로 훈제 연어 또는 고기 덩어리 등을 자르는 데 쓰이는 칼날

(2) 칼의 종류에 따른 분류

① 주방장의 칼(Chef's knife) : 보통 조리사들이 많이 사용하는 칼
② 빵칼(Bread knife) : 여러 종류의 빵을 자를 때 사용하는 칼
③ 껍질 벗기는 칼(Paring knife) : 야채나 과일의 껍질을 벗길 때 사용하는 칼
④ 고기 써는 칼(Carving knife) : 익힌 큰 고기 덩어리를 자를 때 사용하는 칼
⑤ 살 분리용 칼(Bone knife) : 육가공 주방에서 육류나 가금류의 뼈와 살을 분리하는 데 사용하는 칼
⑥ 뼈 절단용 칼(Cleaver knife) : 단단하지 않은 뼈가 있는 식재료를 자를 때 사용하는 칼
⑦ 생선 손질용 칼(Fish knife) : 생선살을 뼈에서 분리하거나 부위별로 자를 때 사용하는 칼
⑧ 다지는 칼(Mezzaluna or Mincing knife) : 파슬리 등 여러 가지 허브를 다질 때 사용하는 칼
⑨ 치즈 자르는 칼(Cheese knife) : 여러 종류의 치즈를 자를 때 사용하는 칼
⑩ 훈제연어 자르는 칼(Salmon knife) : 훈제된 생선을 얇게 자를 때 사용하는 칼

3. 칼의 사용방법

(1) 칼을 잡는 방법

① 칼의 양면을 엄지와 검지 사이로 잡는 방법
② 칼등에 엄지를 올려 잡는 방법
③ 칼등에 검지를 올려 잡는 방법

(2) **식재료를 써는 방법**

기본적으로 밀어서 썰기, 당겨서 썰기, 내려 썰기가 있으며 평평하게 얇게 저며서 썰기, 손을 터널식으로 하여 식재료를 썰기 등 다양한 형태의 써는 방법이 존재함

4. 기본 썰기

(1) 기본 식재료 썰기

큐브(Cube)	• 가장 큰 정육면체로 써는 방법 • 사방 2cm의 크기를 말하며 스튜나 샐러드 조리에 사용
다이스(Dice)	• 큐브보다는 작은 정육면체 크기로 써는 방법 • 사방 1.2cm의 크기를 말하며 샐러드 메인 요리의 사이드 요리 등에 사용
스몰 다이스(Small dice)	• 다이스의 반 정도의 정육면체 크기로 써는 방법 • 사방 0.6cm의 크기를 말하며 샐러드나 볶음 요리 등의 다양한 요리에 사용
브뤼누아즈(Brunoise)	• 스몰 다이스의 반 정도의 정육면체 크기로 써는 방법 • 사방 0.3cm의 크기를 말하며 여러 요리에서 가니쉬(Garnish)로 사용되고 수프나 소스의 안에 넣는 재료 등으로 사용
쥘리엔(Julienne)	• 재료를 얇게 자른 뒤에 포개어 놓고 얇고 길게 써는 형태로 0.3cm 정도의 두께로 써는 것 • 샐러드, 수프, 소스, 에피타이저, 메인 등에 사용되고 가니쉬(Garnish)로도 사용함
파인 쥘리엔(Fine julienne)	• 쥘리엔 두께의 반인 약 0.15cm로 써는 형태 • 가니쉬(Garnish)나 롤 안에 넣는 속재료로 사용하고 쥘리엔과 비슷한 용도로 사용함
시포나드(Chiffonnade)	• 채소(당근, 무 등)를 실처럼 얇게 썬 형태 • 무와 당근 등은 슬라이서에 먼저 얇게 썬 다음 다시 썰어 사용함 • 푸른 잎채소 또는 허브 등은 말아서 최대한 얇게 써는 것
바토네(Batonnet)	• 식재료를 감자튀김(프렌치프라이)의 형태로 써는 것 • 샐러드 용도로 사용되기도 하고, 육류나 가금류 등도 바토네 형태로 용도에 맞게 사용
슬라이스(Slice)	• 식재료를 써는 것으로서 바토네, 쥘리엔 등을 써는 초기 작업 • 덩어리 형태의 재료를 위에서 작업대와 직각으로 절단하는 형태
페이잔(Paysanne)	• 두께 0.3cm로 가로세로 1.2cm 크기의 사각형 모양으로 써는 방법 • 야채를 썰 때 자주 사용되며 주로 야채 수프에 재료로 사용
촙(Chop)	• 식재료를 잘게 칼로 다지는 것 • 양파를 가장 많이 촙하며, 샐러드나 볶음 요리, 소스 등의 기본 재료로 사용
샤또(Chateau)	• 당근이나 감자 등의 메인 요리 등에 사이드 야채로 많이 쓰임 • 길이 5~6cm 정도의 끝은 뭉뚝하고 배가 나온 원통 형태의 모양으로 깎는 것
올리베트(Olivette)	• 샤또보다는 길이가 짧고(4cm 정도) 끝이 뾰족하여야 함 • 사이드 요리의 야채로 주로 쓰이고 올리브 형태로 깎는 것

(2) 칼 연마방법 및 관리

① 칼 다루기

㉠ 칼날은 예리하고 날카롭기에 주방에선 수시로 주의하며 사용해야 함

㉡ 무딘 칼은 힘이 많이 들어가 안전사고를 유의함

㉢ 칼날은 수시로 숫돌에 갈아 날카롭게 만들기

② 숫돌의 종류

400#	거친 숫돌의 종류로 칼의 형상을 조절 및 형태가 깨진 칼끝 수정
1000#	고운 숫돌로 400방 뒤 칼의 면을 다듬은 용으로 사용
4000~6000#	마무리 숫돌로 칼날의 윤기가 나고 광을 내주는 역할로 사용

③ 숫돌의 전처리하기

숫돌이 건조할 경우 칼날에 흠집이 남으로 물에 담갔다 불려서 사용

④ 숫돌의 사용방법

숫돌의 수평을 유지한 뒤 칼 전면이 숫돌에 전부 닿게끔 사용하여 갈기

⑤ 칼 갈기

㉠ 숫돌로 칼 갈기(오른손잡이 기준)
- 칼을 갈아야 할 부분을 확인 한 후 각도는 15°로 만듦
- 오른손은 손잡이를, 왼손은 칼면을 누르며 동시에 힘을 가하며 갈기

㉡ 숫돌의 수평 맞추기
- 현우암 등을 사용해 중앙이 파인 숫돌을 평평하게 만듦
- 숫돌 밑에 패드를 깔아 수평 및 미끄럼 방지

(2) 칼 방향으로 갈기

칼을 가는 방법은 숫돌과 칼의 방향에 따라 사선 갈기와 직각 갈기로 나뉨

사선 갈기	칼에 갈리는 부분이 넓어 빨리 갈 수 있지만 칼끝까지 한 번에 갈 수 없어 칼 끝부분을 한 번 더 갈아 주어야 한다.
직각 갈기	칼의 들지 않는 부분만 갈 수 있지만 숫돌의 중앙이 많이 패여 날의 각도가 변하고 가는 데 시간이 오래 걸린다.

(3) 칼 갈린 상태 확인하기

① 손으로 밀어서 확인하기 : 칼날을 위로 하고 엄지와 검지로 칼날의 끝을 대고 밀어 칼날을 확인
② 빛의 반사로 확인하기 : 빛을 등지고 칼날을 확인하여 상태를 보는 방법으로 제대로 갈렸을 경우 빛이 반사되지 않음
③ 손톱으로 확인하기 : 칼날을 엄지손톱에 대어 미는 방법으로 잘 갈렸을 경우 칼이 밀리지 않음
④ 화장지로 확인하기 : 화장지를 접어서 문질러서 날에 화장지가 걸리면 날이 넘어간 것이나 이가 빠진 부분
⑤ 기타 : 종이 썰어 확인, 도마에 문질러서 확인, 고추나 피망 썰기, 펜 문질러 확인하기

(4) 쇠칼갈이 봉을 이용한 칼 갈기

① 칼날을 바로 잡고 칼날을 예리하게 잡아주기 위해 사용
② 숫돌에 비해 칼날의 형태가 오래 가지 않음
③ 일시적으로 칼날을 세울 때 사용

3. 조리기구의 종류와 용도

1. 조리기기

가스렌지(gas range)	각종 팬을 이용한 베이킹요리, 로스팅요리를 만드는데 사용
그리들(griddle)	전, 부침개 등을 조리할 때 사용
그릴러(griller)	굵은 석쇠나 철판 형태의 기구로 굽는데 사용
살라만더 브로일러(salamander broiler)	구이용으로 표면의 색깔을 내는데 사용
다용도 조리기(braising pan)	바닥이 두꺼운 철판으로 되어 있어 식재료를 볶는데 사용
튀김기(gas fryer)	각종 튀김을 만드는데 사용
가스 브로일러(gas broiler)	스테이크, 바비큐 등을 굽는데 사용
스팀 케틀(steam kettle)	고열의 증기를 이용한 솥으로 스프, 소스를 만드는데 사용
스팀 쿠커(steam cooker)	고열의 증기를 이용한 솥으로 밥을 짓거나 찜요리를 하는데 사용
컨벡션 오븐(convection oven)	대류식 전기 오븐으로 대량 조리 시 사용
이동식 온장고	행사 시 음식을 담아 일시적으로 따뜻하게 보관하는데 사용
냉장·냉동고	식품을 냉장, 냉동하여 장기간 보존하기 위해 사용
식기세척기	고압살수에 의한 세척, 헹굼, 건조 등을 자동화 과정으로 식기세척

2. 조리기물

(1) 조리 시 자르거나 가는 용도 등의 용도로 쓰이는 조리기물

에그 커터(Egg cutter)	삶은 계란을 자르는 도구로 반으로 자르거나 슬라이스 내는 도구
제스터(Zester)	오렌지나 레몬의 색깔 있는 부분만 길게 실처럼 벗기는 도구
베지터블 필러(Vegetable peeler)	오이 당근 등의 야채류 껍질을 벗기는 도구
스쿱(Scoop) / 볼 커터(Ball Cutter)	과일의 멜론이나 수박 또는 야채의 당근 등의 모양을 원형이나 반원형의 형태로 만드는 도구
롤 커터(Roll cutter)	얇은 반죽을 자르거나 피자 등을 자를 때 사용
자몽 나이프(Grafefruit knife)	양식 조리의 조식에서 사용되고, 반으로 자른 자몽을 통째로 돌려가며 과육만 발라내는 도구
그레이터(Grater)	야채나 치즈 등을 원하는 형태로 가는 도구
여러 종류의 커터(Assorted cutter)	원하는 커터의 모양대로 식재료를 자르거나 안에 식재료를 채워 형태를 유지하기 위한 도구
만돌린(Mandoline)	채칼이라고도 하며, 과일이나 야채를 채로 다용도로 썰 때 사용되는 도구
푸드 밀(Food mill)	완전히 익힌 감자나 고구마 등을 잘게 분쇄하기 위한 도구

(2) 조리 시 자르거나 가는 용도 등의 용도로 쓰이는 조리기물

기물명	용도
시노와(Chinois)	스톡이나 소스 또는 수프를 고운 형태로 거를 때 사용되는 도구
차이나 캡(China cap)	걸러진 식재료가 입자가 조금 있기를 원할 때나 삶은 식재료를 거를 때 사용
콜랜더(Colander)	많은 양의 식재료의 물기를 제거할 때나 거를 때 사용되는 도구
스키머(Skimmer)	뜨거운 것을 조리할 시 스톡이나 소스 안의 식재료를 건져낼 때 사용되는 도구
믹싱 볼(Mixing bowl)	식재료를 담거나 섞는 등의 조리 시 사용되는 도구
시트 팬(Sheet pan)	식재료를 담아 두거나 카트에 끼워 많은양을 옮길 때 사용되는 도구
호텔 팬(Hotel pan)	크기와 높이가 다양한 형태가 있고, 음식물을 보관할 때 사용하는 도구
래들(Ladle)	국자라고 하며 크기는 다양하고, 육수나 소스 드레싱 등을 뜰 때 사용하는 도구
스패튤러(Spatula)	금속과 플라스틱 재질이 있으며 다양한 크기로 재료를 옮기거나 긁어모을 때 사용하는 도구
키친 포크(Kitchen fork)	음식을 옮기거나 뜨거운 육류를 썰 때 고정시켜주는 도구
계량컵과 계량스푼(Measuring cup, Measuring spoon)	식재료의 부피를 계량하는 도구
소스 팬(Sauce pan)	크기와 종류는 여러 가지가 있고, 소스를 데우거나 끓일 때 사용하는 도구
프라이팬(Fry pan)	크기와 종류는 다양하고 간단하게 소량의 음식을 볶거나 튀기는 등 다용도로 사용
버터 스크레이퍼(Butter scraper)	버터를 모양내서 긁는(얼음물에 담가 놓으면 형태 유지) 도구
미트 텐더라이저(Meat tenderizer)	스테이크 등을 두드려 모양을 잡거나 육질을 연하게 할 때 사용
솔드 스푼(Soled spoon)	스푼이 길어서 롱 스푼이라고도 하며, 음식물을 볶을 때 섞거나 뜨는 용도로 사용
위스크(Whisk)	크림을 휘핑하거나 계란 등 유동성 액체를 섞을 때 사용

(3) 기계류가 있는 조리기물

기물명	용도
블렌더(Blender)	소스나 드레싱 등 음식물을 곱게 가는 데 사용하는 기물
초퍼(Chopper)	식재료를 가는 도구로서 고기나 야채 등을 갈 때 사용하는 기물
슬라이서(Slicer)	많은 채소나 육류 또는 큰 음식물을 다양한 두께로 썰 때 사용하는 기물
민서(Mincer)	고기나 야채를 으깰 때 틀의 구멍이 다른 것을 갈아 끼우면 원하는 형태를 얻을 수 있는 기물
그리들(Griddle)	윗면이 두꺼운 철판으로 가스나 전기로 작동되고 온도 조절이 가능해 볶기에 적합한 기물
그릴(Grill)	가스나 숯의 열원으로 달구어진 무쇠를 이용하여 조리하는 기물
샐러맨더(Salamander)	위에서 아래로 열 전달이 되어 음식에 색을 내거나 뜨겁게 조리할 때 사용하는 기물
딥 프라이어(Deep fryer)	여러 가지 음식물을 튀길 때 사용하는 기물
컨벡션 오븐(Convection oven)	찌고 삶고 굽는 등의 다용도로 사용이 가능한 기물

스팀 케틀(Steam kettle)	대용량의 음식물을 끓이거나 삶는 데 편리한 도구
토스터(Toaster)	샌드위치를 만드는 데 사용하는 빵을 구워주는 것
샌드위치 메이커(Sandwich maker)	샌드위치를 만들어진 상태로 빵에 그릴 형태의 색을 내거나 데워주는 도구

3. 접시(Plate)의 종류 및 핑거볼

(1) 원형 접시
기본적인 접시로 완전함, 부드럽고 친밀감으로 인해 진부한 느낌을 받을 수 있지만 테두리나 무늬의 색상에 따라 다양함을 연출로 표현함

(2) 삼각형 접시
날카롭고 빠른 이미지를 가지고 있으며, 코믹한 분위기의 요리에 사용하기도 함

(3) 사각형 접시
안정되고 세련된 느낌을 주며 모던하고 개성이 강하고 독특한 이미지를 표현할 때 사용함

(4) 타원형 접시
타원형 접시는 여성적인 기품과 우아함, 원만한 느낌을 줌

(5) 마름모형 접시
정돈되고 안정된 느낌을 준다. 이미지가 변해 움직임과 속도감을 줌

(6) 핑거볼(Finger bowl)
① 식후에 손가락을 씻는 그릇
② 핑거 푸드(Finger food)나 과일 등을 손으로 먹을 경우 손을 씻을 수 있도록 물을 담아 식탁 왼쪽에 놓음
③ 작은 그릇에 꽃잎이나 레몬조각을 띄워 놓는 것이 특징

4. 식재료 계량방법

(1) 계량 단위
① 1C = Cup(컵) = 200cc = 200ml = 8oz(온스)
② 1Ts = Table Spoon(큰술) = 15cc = 15ml = 3ts
③ 1ts = Tea Spoon(작은술) = 5cc = 5ml
④ 1oz = Ounce(온스) = 28.35g
⑤ 1Pound(파운드) = 2C = 453.6g = 16oz
⑥ 1Quart(쿼트) = 2Pound = 4C = 960ml = 32oz

(2) 계량 방법
① 밀가루 : 체로 쳐서 계량기에 담아 위를 평평하게 깎아서 측정
② 백설탕 : 계량기에 담아 위를 평평하게 깎아서 측정

③ 흑설탕 : 계량기에 꾹꾹 눌러 담은 후 측정
④ 꿀, 물엿(점성이 큰 액체) : 분할된 컵으로 측정
⑤ 물(액체) : 투명한 계량용기를 사용하여 눈금과 눈높이를 맞추어 측정
⑥ 버터, 마가린(지방) : 실온에서 계량컵에 꾹꾹 눌러 담아 깎아서 측정

5. 조리장의 시설 및 설비관리

(1) 조리장
① 개방식 구조, 객실과 객석 구분
② 식품 및 식기류의 세척을 위한 세척시설과 종업원 전용의 수세시설 완비
③ 급수 및 배수시설 갖추어야 함

(2) 바닥
① 바닥과 1m까지의 내벽은 물청소가 용이한 내수성 자재 사용
② 미끄럽지 않고 내수성, 산, 염, 유기용액에 강한 자재 사용
③ 영구적으로 색상을 유지할 수 있어야 하며, 유지비가 저렴해야 함
④ 청소와 배수가 용이하도록 물매는 1/100 이상

(3) 벽, 창문
① 내벽은 바닥에서 높이 1.5m 이상, 불침투성·내산성·내열성·내수성 재료로 설비·마감
② 창의 면적 : 바닥 면적의 20~30%
③ 창문은 직사광선을 막을 수 있고 방충설비 구비

(4) 작업대
① 작업대의 설비 : 높이는 신장의 약 52%(80~85cm), 너비는 55~60cm가 적당함
② 작업대의 배치 순서 : 준비대 → 개수대 → 조리대 → 가열대 → 배선대
③ 작업대의 종류

ㄴ자형	동선이 짧은 좁은 조리장에 사용
ㄷ자형	면적이 같을 경우 가장 동선이 짧으며 넓은 조리장에 사용
일렬형	작업동선이 길어 비능률적이지만 조리장이 좁은 경우 사용
병렬형	180도 회전을 요하므로 피로가 빨리옴

(5) 냉장고·냉동고·창고
① 냉장고 : 5℃ 내외의 내부온도 유지
② 냉동고 : 0℃ 이하, 장기저장 시 -30℃ 온도 유지

(6) 조명시설
① 작업하기 충분하고 균등한 조도 유지
② 기준조명 : 객석 30Lux(유흥음식점 10Lux), 단란주점 30Lux, 조리실 50Lux 이상

(7) 환기
① 환기방식은 자연환기(창문)와 인공환기[송풍기(fan)], 배기용 환풍기(hood)
② 후드(hood)의 경사각은 30°로 후드의 형태는 4방 개방형으로 하는 것이 가장 효율적

(8) 화장실
① 남녀용으로 구분
② 내수성 자재를 사용하고 손 씻는 시설을 갖추어야 함
   ㉠ 일반급식소에서 급식수 1식 당 주방면적 : $0.1m^2$ 정도
   ㉡ 일반급식소에서 급수설비 용량 환산 시 1식 당 사용물량 : 6.0~10.0L
   ㉢ 식당의 면적 : 취식자 1인당 $1.0m^2$
   ㉣ 식기회수 공간 : 취식 면적의 10%
   ㉤ 조리장의 면적 : 식당 면적의 1/3

4. 식품의 조리원리

1. 전 분

(1) 전분의 구조
① 아밀로오스
   ㉠ 포도당이 직쇄상으로 a-1, 4 결합만으로 연결된 분자로 전체로는 포도당 6분자마다 1회씩 감으면서 이어져 나선상의 분자형태
   ㉡ 나선구조 속에서 요오드와의 복합체를 만들어 청색을 띰
   ㉢ 호화, 노화는 쉽게 진행
② 아밀로펙틴
   ㉠ 포도당의 a-1, 4 결합에 부분적으로 다른 아밀로오스 사슬인 a-1, 6 결합의 가지가 붙어 전체로는 망상분자형태
   ㉡ 적갈색을 띠고, 전체 전분 입자로는 요오드와의 반응에서 청자색을 띰
   ㉢ 호화, 노화는 어렵게 진행
      • 멥쌀(아밀로오스 20% + 아밀로펙틴 80%), 찹쌀(아밀로펙틴 100%)

(2) 전분의 호화(β전분 → α전분)
① 호화 : 전분에 물을 넣고 가열하면 전분입자가 물을 흡수하여 팽창하며 현탁액의 투명도와 점도가 증가하고 반투명의 콜로이드 상태로 되는 현상
② 호화된 전분은 소화 효소의 작용을 받기 쉬워 소화가 용이
③ 호화촉진인자
   ㉠ 호화온도가 높을수록

　　ⓒ 전분의 입자가 클수록

　　ⓓ 아밀로오스 함량이 많을수록

　　ⓔ 수분함량이 많을수록

　　ⓜ 적정량의 소금

　　ⓗ 알칼리성일 때

　④ 호화지연인자

　　㉠ 아밀로펙틴 함량이 많을수록

　　㉡ 소금량이 너무 많으면

　　㉢ 설탕이 많을수록

　　㉣ 산성일 때

(3) **전분의 노화**(α전분 → β전분)

　① 노화란 호화된 전분이 실온에서 오래 방치되면 원래의 결정 상태로 되돌아가 부분적으로 결정화 되는 현상

　② 노화된 전분은 맛과 질감이 저하

　③ 노화촉진인자

　　㉠ 아밀로오스 함량이 많을수록

　　㉡ 온도가 0~4℃일 때

　　㉢ 수분 함량이 30~60%일 때

　　㉣ pH가 산성일 때

　④ 노화억제법

　　㉠ 수분함량을 10~15% 이하로 감소(라면, 건빵 등)

　　㉡ 설탕을 첨가(양갱, 케이크)

　　㉢ 온도를 0℃ 이하 또는 60℃ 이상으로 저장(냉동떡, 보온밥통의 밥)

　　㉣ 유화제를 첨가

　　　　β전분(생전분) → 호화(물 + 가열) → α전분(익은전분) → 노화(실온, 냉장) → β전분(생전분)

(4) **전분의 호정화**(덱스트린화)

　① 호정화 : 전분에 물을 가하지 않고 160℃ 이상의 고온으로 가열하면 가용성 전분을 거쳐 덱스트린으로 변화하는 현상

　② 전분보다 분자량이 적은 덱스트린으로 분해되기 때문에 효소 작용을 받기 쉽고, 소화가 잘 됨

　③ 쌀이나 옥수수 등을 튀긴 팽화식품(뻥튀기), 팝콘, 미숫가루, 토스트 등

(5) **전분의 당화**

　① 당화란 전분에 산을 첨가하여 가열하거나 효소를 이용하여 가수분해하는 현상

　② 가수분해에 이용되는 효소

㉠ α-아밀로오스(액화효소)
- 전분을 무작위적으로 가수분해하여 덱스트린, 맥아당, 포도당을 생성하는 효소
- 전분의 α-1, 4 결합을 가수분해
- 발아 중인 식품의 종자 등
- 최적 온도는 48~51℃

㉡ β-아밀로오스(당화효소)
- 전분 분자를 맥아당 단위로 가수분해하여 덱스트린, 맥아당 등을 생성하는 효소
- 엿기름, 감자, 콩류 등
- 최적 온도는 50~60℃

③ 엿기름에는 밥을 삭힐 수 있는 베타-아밀로오스가 많이 함유되어 있는데 식혜는 엿기름으로 당화시킨 음식

2. 쌀

(1) 벼의 구조

① 왕겨 : 낱알의 비율은 현미 80%, 왕겨 20%로 구성
② 쌀겨층 : 단백질과 지방 함유가 많아 영양은 풍부하지만 섬유소가 많고 단단하여 소화가 어려움
③ 배유 : 전분이 많고 섬유소가 적어 소화흡수율이 쌀겨층보다 높음
④ 배아 : 지방과 비타민이 많음(비타민 B_1이 특히 많이 함유)

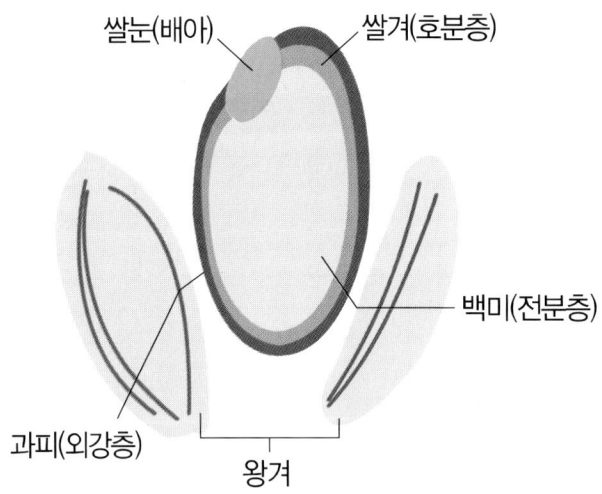

(2) 쌀의 도정

① 도정(정미)
  ㉠ 쌀겨층을 제거하는 과정을 도정
  ㉡ 현미의 쌀겨층은 섬유질이 많고, 조직이 견고하여 조리하기 어렵고, 소화가 잘 안되므로 이 부분을 제거함으로써 소화를 좋게 하고 기호를 높여서 식품의 가치를 향상시키는 것

② **현미** : 벼에서 왕겨만 제거한 것으로 쌀겨층(8%), 배유(90%), 배아로 구성

③ **백미** : 현미에서 쌀겨층을 제거하고 배유만 남은 것으로 영양가 높은 배아를 제거하여 영양가가 낮음

(3) 백미의 분도

① 현미 100에서 백미를 정백한 양

② 도정에 의하여 정백의 비율이 커질수록 단백질, 지방, 섬유, 비타민 B_1이 감소

③ 분도의 수가 많아질수록 쌀이 많이 깎임

④ **도정률(%)** : 현미(100%), 5분 도미(96%), 7분 도미(94%), 10분 도미(92%)

(4) 밥 짓기

① **쌀 씻기** : 쌀을 문질러 씻으면 비타민 B_1 등 수용성 비타민이 크게 손실

② **쌀 불리기** : 쌀을 물에 불리면 밥을 지을 때 호화가 빠르고 맛있는 밥을 지을 수 있음

③ **물 붓기** : 물의 양은 쌀 전분을 호화시키는 데 필요한 양과 증발하는 양을 더한 것

구 분	질량에 따른 물의 양	부피에 따른 물의 양
백 미	1.5배	1.2배
불린 쌀	1.2배	1배
햅 쌀	1.4배	1.1배
찹 쌀	1.1~1.2배	0.9~1배

④ **끓이기**

  ㉠ **온도상승기** : 밥을 끓게 하기 위해 불을 강하게 올림

  ㉡ **비등유지기** : 밥이 끓는 단계로 100℃에서 5~10분 정도 가열

  ㉢ **고온유지기** : 쌀의 내부가 완전히 호화되도록 불을 약하게 유지하여 밥이 타지 않게 함

⑤ **뜸들이기** : 불을 끄고 일정기간 보온하여 쌀 전분의 완전 호화와 쌀 주위의 수분이 스며들게 함

(5) 밥맛의 구성요소

① pH 7~8 정도의 물이 가장 밥맛이 좋고, 산성이 높을수록 밥맛이 떨어짐

② 묵은쌀로 밥을 할 때에는 햅쌀보다 물의 양을 더 많이 해야 함

③ 너무 오래된 쌀은 수분이 증발되어 지나치게 건조하여 밥맛이 안 좋음

④ 약간의 소금(0.03%)을 첨가하면 밥맛이 더 좋아짐

(6) 쌀의 저장

① **약품에 의한 저장** : 저장에 가장 큰 문제점인 병충해, 미생물 특히 곰팡이에 의한 변질을 막는데 이용

② **저온저장** : 곡류의 생리작용 억제를 위하여 15℃ 이하의 저온에서 수분활성도 0.75 이하, 상대습도 70~80% 정도를 유지

③ **CA저장(가스저장)** : 곡류의 호흡을 억제시켜 미생물의 증식을 막는 데 이용

(7) 쌀의 감별법

① 수분이 15% 정도로 잘 건조된 것
② 빛깔이 맑고 윤기가 나며 투명도가 높아야 함
③ 가공한 지 오래되지 않으며 쌀알에 흰 골이 생기지 않아야 함
④ 곰팡이 특유의 냄새가 나지 않아야 함
⑤ 싸라기가 적고 이물질이 들어있지 않아야 함
⑥ 형태는 타원형이 좋으며, 깨물었을 때 '딱'소리가 나는 것이 좋음

3. 밀가루(소맥분)

(1) 밀의 제분

① 밀의 입자는 보리에 비하여 골이 깊어서 정백은 곤란하나 가루로 만들기는 용이함
② 일반적으로 곡물을 제분하면 입자가 작아지며 표면적이 넓어져 소화율이 높아짐

(2) 글루텐(gluten)

글루텐은 밀가루 반죽 단백질의 주성분으로 밀가루 단백질인 글리아딘(gliadin)과 글루테닌(glutenin)에 물을 넣고 반죽하면 형성되는 점탄성을 가진 단백질임

(3) 글루텐 함량에 따른 밀가루의 종류

구 분	글루텐 함량	용 도
강력분	13% 이상	식빵, 하드롤, 파스타, 피자, 마카로니
중력분	10~13%	소면·우동 등의 면류, 크래커
박력분	10% 이하	케이크, 과자, 튀김옷

(4) 글루텐 형성의 촉진요인

① 달걀 : 달걀 단백질이 가열에 의해 응고되면서 글루텐의 구조 형성을 도와줌
② 수분 : 밀가루 이외의 다른 재료들을 잘 섞이게 하여 글루텐의 형성을 도와줌
③ 소금 : 밀가루의 글리아딘 점성을 강화시키고 글루텐의 망상구조를 치밀하게 함

(5) 글루텐 형성의 억제요인

① 지방 : 글루텐 단백질의 표면을 둘러싸서 글루텐 성장을 방해하여 반죽을 연화시킴
② 설탕 : 단백질 수화에 필요한 수분을 설탕이 흡수하여 글루텐의 형성을 억제

(6) 밀가루 개량제 : 과산화벤조일, 이산화염소, 과황산암모늄, 브롬산칼륨, 과붕산나트륨

(7) 밀가루 팽창제

① 공기 : 반죽과정에서 혼합된 공기가 가열되면 팽창하여 용적율 증가
② 수증기 : 밀가루 반죽을 굽거나 찌기 위해 열을 가하면 수분이 증발하여 수증기가 되면서 팽창
③ 이산화탄소 : 생리적 팽창제(이스트), 화학적 팽창제(탄산수소나트륨, 탄산수소암모늄, 베이킹파우더)

4. 서 류

(1) 감 자

① **주성분** : 전분이며 칼륨, 인, 비타민 등을 함유하고 있으며 고구마보다 덜 달고 담백하여 주식으로 이용

② **보관 및 저장** : 감자는 싹이 나지 않도록 검은색 종이나 천으로 빛을 차단하여 서늘한 곳에 보관

③ **성분** : 솔라닌(발아중인 싹에 존재), 셉신(부패한 감자의 유해성분)

④ **종 류**

구 분	특 징	활 용
점질감자	찌거나 구울 때 잘 흩어지거나 부서지지 않고 모양이 잘 유지됨	기름으로 볶는 요리에 적합, 샐러드, 조림 등
분질감자	보슬보슬하면서 윤이 나지 않는 질감	화덕이나 오븐을 이용한 구운 감자, 매시드 포테이토(Mashed potato), 프렌치 프라이드 포테이토(French Fried Potato) 등

(2) 고구마

① 고구마의 전분을 맥아당으로 분해하는 베타-아밀라아제에 의하여 고구마를 가열하면 단맛이 증가

② 고구마는 식소다를 첨가한 튀김옷이나 찐빵에 넣으면 녹색으로 변색, 이는 고구마에 들어있는 안토시아닌 색소가 식소다에 의해 청색을 띠게 되고, 이것이 카로티노이드의 황색과 합쳐져 녹색을 띠게 되기 때문

③ 고구마는 찐고구마, 군고구마, 튀김 등으로 다양하게 이용될 뿐만 아니라 여러 가지 가공조리에 많이 이용되며 전분, 제과, 물엿, 주정의 가공원료로 사용

(3) 토 란

① 주성분은 전분으로 미끈미끈한 점성은 갈락탄이라는 다당류

② 껍질에 피부 가려움증을 유발하는 수산칼륨이 많이 함유되어 있어 조금 두껍게 껍질을 제거해야 함

③ **아린맛** : 호모겐티스산, 소금물에 데치면 아린맛 제거 가능

(4) 참 마

① 점성물은 글로불린계 단백질과 만난(Manan)이라는 다당류가 약하게 결합한 당단백질

② 점성이 강하여 즙을 내거나 결착제로 이용

5. 두 류

(1) 두류의 특징

① 콩 단백질은 물로 추출하면 90%가 녹아 나오는데 그 중 80% 이상이 글리시닌

② 콩은 영양학적으로 이상적인 식품이지만 조직이 단단하고 불소화성 당류가 들어 있어 장내에서 가스를 발생하기 쉽고, 헤마글루티닌이 들어 있어 삶거나 볶아 먹으면 단백질의 소화흡수 방해함

③ 단백질과 지방이 풍부하고 칼륨, 인 등의 무기질과 비타민 B군이 많이 함유

(2) 두류의 분류
① 단백질, 지방 함량이 많은 것 : 식용유지의 원료(대두, 땅콩 등)
② 단백질, 전분 함량이 많은 것 : 전분이 많아 가열하면 쉽게 무름(팥, 녹두, 완두 등)

(3) 두류의 성분
① 단백질 : 글리시닌(쌀에 부족한 필수아미노산인 리신, 트립토판을 많이 함유)
② 지질 : 반건성유로 필수지방산이 풍부
③ 특수성분 : 안티트립신, 사포닌, 피닌, 헤마글루티닌 등

(4) 가열에 의한 변화
① 대두와 팥에는 기포성이 있고, 용혈 독성분을 함유한 사포닌이 있지만 가열 시 파괴
② 단백질의 소화액인 트립신의 분비를 억제하는 안티트립신이 들어 있지만 가열 시 파괴
③ 콩단백질인 글리시닌은 물에 녹지 않으나 약염기(pH 7)상태에서는 수용성이 되어 녹음, 탄산수소나트륨을 첨가하여 가열하면 콩은 빨리 연화되지만 티아민(비타민 B_1)이 파괴됨

(5) 두류의 연화방법
① 콩은 물에 5시간 정도 담가두면 본래 콩 무게의 90~100%의 물을 흡수하지만, 팥은 흡수시간이 길어 가열하여야 함
② 1% 정도의 식염용액에서 가열하면 콩이 빨리 연화
③ 약알칼리성의 중조(탄산수소나트륨)에서 가열하면 빨리 무르지만 비타민 B_1이 손실
④ 연수를 사용하면 빨리 연화
- 두류의 수분흡수율 : 흰콩 > 검은콩 > 강낭콩 > 팥

(6) 두류의 가공
① 두부
  ㉠ 두류를 주원료로 하여 얻은 두유액을 응고시켜 제조·가공한 것
  ㉡ 단백질인 글리시닌이 두부응고제와 열에 의해 응고되는 성질을 이용
  ㉢ 두부응고제 : 황산칼슘($CaSO_4$), 염화칼슘($CaCl_2$), 염화마그네슘($MgCl_2$), 황산마그네슘($MgSO_4$) 등
② 두유 : 두부를 만들 때 생성되는 중간산물로 콩을 수침한 후 마쇄, 여과, 가열과정을 거친 가공식품
③ 간장 : 콩, 밀, 소금을 주원료로 발효시켜 만든 것으로 식염의 함량은 20% 정도
④ 고추장 : 쌀, 밀가루, 보리 등의 전분질 원료와 콩, 소금, 고춧가루 등을 주원료로 만든 발효식품
⑤ 된장 : 찐 콩, 코지, 물, 소금을 넣고 일정기간 숙성시킨 대표적인 콩 발효식품
⑥ 청국장 : 대두를 푹 삶은 후 납두균을 첨가하여 40℃에서 16~18시간 동안 실과 같은 점액성 물질이 생기도록 발효시킨 식품

> **Tip**
> - 두부제조과정 : 콩불리기(콩 무게의 2.5배) → 소량의 물 첨가하여 마쇄 → 마쇄한 콩 무게의 2~3배의 물을 넣어 가열 → 여과(두유와 비지로 구분) → 두유의 온도를 65~70℃로 유지하고 간수 첨가(응고제) → 착즙 → 두부 완성
> - 코지 : 두류나 곡류를 분쇄하여 물과 누룩곰팡이를 넣어 30℃에서 2~3일 배양한 것으로 된장, 간장, 고추장에 이용

6. 채소류

(1) 채소류의 특징
① 섬유질이 풍부하여 정장작용
② 비타민과 무기질이 풍부하여 비타민의 급원
③ 무기질 중에서 칼슘은 식물의 산성을 알칼리성 중화시켜 유지시키는 조절작용
④ 과일류에 비해 엽록소를 많이 함유
⑤ 특수성분을 함유하고 있어 향신료로도 이용

(2) 채소의 분류
- 식용부위에 따른 분류
  ① **엽채류(푸른 잎 사용)** : 배추, 상추, 쑥갓, 아욱, 시금치, 양배추, 갓, 근대 등
  ② **근채류(뿌리사용)** : 무, 당근, 우엉, 연근, 토란 등
  ③ **경채류(줄기 사용)** : 샐러리, 아스파라거스, 미나리 등
  ④ **과채류(열매 사용)** : 오이, 호박, 가지, 수박, 참외, 토마토 등
  ⑤ **화채류(꽃 사용)** : 브로콜리, 아티초크, 콜리플라워 등

(3) 채소류의 조리방법
① 데치기
  ㉠ 녹색채소를 데칠 때 색과 비타민 C 함량에 영향을 주는 요인
    ⓐ 조리수의 양
      - 채소를 데칠 때 발생하는 유기산을 희석하기 위하여 다량의 조리수를 사용
      - 유기산은 채소의 클로로필 색소를 페오피틴으로 변화시켜 채소가 누렇게 변색
      - 비타민 C는 조리수의 양이 많을수록 손실량도 늘어남
    ⓑ 가열시간
      - 단시간 내에 가열해야 변색 및 비타민 C의 손실을 줄일 수 있음
      - 비타민C의 자기분해를 방지하려면 데친 후 바로 찬물로 헹궈야 함
  ㉡ 수산(옥살산)은 체내에서 칼슘의 흡수를 방해하여 신장결석을 일으키기 때문에 뚜껑을 열고 데쳐서 제거
  ㉢ 중탄산소다를 넣으면 색이 선명하지만 비타민 C의 손실이 크고 조직이 물러짐

ⓔ 1%식염수를 사용하면 색이 선명해지고 조직이 파괴되지 않아 물러지지 않고 비타민 C의 산화도 억제함

* 채소를 냉동 전에 데치는 이유는 효소의 불활성화 : 미생물 번식의 억제, 산화반응 억제, 부피의 감소, 살균효과 등이 있기 때문

② 삶기 : 채소를 물에 넣고 끓이는 방법으로 수용성 물질의 손실이 가장 큼
③ 찌기 : 열도 비교적 높지 않고, 수용성 물질이 용출된 우려도 없으므로 영양성분의 손실이 적음
④ 볶기 : 물을 사용하지 않으므로 수용성 물질이 용출될 우려는 없지만 열에 의한 성분파괴가 일어남
⑤ 튀기기 : 수용성 물질이 용출될 우려도 없고, 단시간 조리로 열에 의한 성분파괴도 적음
⑥ 굽기 : 고열이 채소에 직접 접촉되므로 열에 의한 성분파괴가 큼

Tip 김치를 담근 배추와 무가 물러졌을 때 그 원인

김치의 연부현상이란 배추나 무의 세포벽 구성성분 중 하나인 펙틴이 분해되어 발생하며 김치가 물러지는 현상이다. 이를 예방하기 위해서는 온도의 변화가 적은 곳에 김치를 보관해야 되며 호기성 미생물에 의하여 생성되므로 김치가 공기에 직접 노출되지 않도록 김치 국물에 확실하게 잠기도록 해야 한다.

(4) 조리에 의한 변화

① 클로로필(Chlorophyll)
  ㉠ 녹색 채소에 있는 마그네슘(Mg)을 함유한 엽록소 색소
  ㉡ 산에 불안정하여 식초를 사용하면 누렇게 변색
  ㉢ 알칼리에 안정되어 있어 식소다를 사용하면 녹색을 유지

② 안토시안(Anthocyan)
  ㉠ 사과, 적채, 가지 등의 빨간색 또는 보라색
  ㉡ 산에 안정되어 생강을 식초에 절이면 적색으로 변색
  ㉢ 알칼리에 불안정하여 가지를 삶을 때 백반을 넣으면 청자색으로 변색

③ 플라보노이드(Flavonoid)
  ㉠ 콩, 감자, 연근의 흰색 또는 노란색
  ㉡ 산에 안정하여 연근을 식초물에 담그면 갈변되지 않아 흰색을 유지
  ㉢ 알칼리에 불안정하여 밀가루 반죽에 소다를 넣으면 황색으로 변색

④ 카로티노이드(Carotenoid)
  ㉠ 당근, 호박, 수박, 토마토 등의 황색 또는 주황색
  ㉡ 산, 알칼리, 열에 비교적 안정적임
  ㉢ 공기 중의 산소나 산화효소에 의하여 산화 되거나 퇴색
  ㉣ 지용성이므로 기름을 사용하여 조리하면 흡수율이 높음(당근볶음)

(5) 효소적 갈변

① 감자, 우엉 등의 껍질을 벗기면 갈색으로 변색
② 껍질을 벗긴 후 식초물에 담가두면 갈변 방지

(6) 비효소적 갈변(산, 가열처리)
① 산이나 가열에 의해 엽록소가 페오피틴으로 변해서 갈색으로 변색
② 식초는 먹기 직전에 첨가하고 채소를 데칠 때는 뚜껑을 열어 유기산을 휘발시키고 찬물로 빨리 헹굼

Tip 갈변현상을 방지하는 방법
- 열처리 : 효소의 활성을 파괴
- 진공처리 : 산소와의 접촉을 차단
- 산처리 : pH 3 이하이면 효소작용이 억제

7. 과일류

(1) 과일류의 특징
① 수분을 많이 함유하고 있어 저장성이 낮음
② 비타민류와 무기염류가 풍부하여 영양 면에서도 매우 중요
③ 당분, 당알코올, 산 등을 함유하고 있어 상쾌하고 시원한 맛
④ 방향 성분인 에스테르류를 함유하고 있어 향기가 좋음
⑤ 펙틴을 다량 함유하고 있어 표면이 매끈한 촉감을 줌

(2) 과일류의 분류
① 인과류 : 배, 사과, 감, 밀감, 비파 등
② 핵과류 : 매실, 자두, 대추, 앵두, 복숭아 등
③ 장과류 : 무화과, 바나나, 딸기, 포도, 파인애플 등
④ 견과류 : 밤, 은행, 호두 등

* 후숙과일 : 수확한 후 호흡작용이 특이하게 상승되므로 미리 수확하여 저장하면서 호흡작용을 인공적으로 조절할 수 있는 과일류(바나나, 키위, 파인애플, 아보카도, 사과 등)

(3) 조리에 의한 변화
① **질감의 변화** : 가열로 섬유소는 연화되고 세포막이 변성되어 투과성을 잃으면서 세포 내의 용질이 조리수에 침투되어 과육이 연화됨
② **조직의 변화** : 세포와 세포사이를 견고하게 견착시키는 불용성인 프로토펙틴이 가열에 의해서 용해성인 펙틴으로 변하여 조직이 연화됨
③ **색의 변화** : 가열시 과일의 색소는 과육 내 유기산, 조리수의 pH, 무기질 등에 의한 반응으로 변색됨
④ **향미의 변화** : 과일의 향미성분은 주로 휘발성 유기산과 에스테르이므로 가열 과정이 길수록 손실이 큼
⑤ **영양가의 변화** : 조리시간이 길어지면 가열과 산화에 약한 비타민 C는 약화됨

(4) 펙 틴
① 세포막이나 세포 사이에 셀룰로오스와 함께 존재하는 복합다당류로 펙틴질은 식품의 잎, 껍질, 열매 등 모든 부분에 존재

② 과일에 펙틴이 함유되어 있는데 설탕을 첨가하여 가열하면 펙틴과 설탕, 과일 속에 유기산의 상호작용으로 젤리화됨

(5) 과일류의 가공

① 젤리 : 과일주스에 설탕을 첨가하고 가열, 농축하여 젤라틴화가 일어나게 한 것
② 잼 : 과육에 설탕을 넣어 적당한 농도로 가열, 농축한 것으로 젤리와 같은 조직을 가지게 한 것
③ 마멀레이드 : 젤리 속에 과일의 과육이나 과피의 조각을 섞어 가열·농축한 것
④ 프리저브 : 과일 전체를 그대로 시럽에 넣고 조려 연하고 투명하게 만든 것

- 젤리화의 3요소 : 펙틴(1~1.5%), 유기산(0.5%, pH 3.4~3.5), 당분(60~70%)
- 펙틴과 산이 많은 과일 : 사과, 포도, 딸기, 살구, 감귤 등
  펙틴과 산이 적은 과일 : 배, 감 등
- 젤리점 결정법 : 컵테스트법, 스푼테스트법, 온도계법(104℃), 당도계법(65%)

(6) 과일류의 저장

① 피막제 저장 : 몰호린 지방산염, 초산비닐수지, 밀류(왁스류) 등을 피막제로 사용하여 과일의 수분증산을 억제하여 출하 후 소비자에게 이르는 기간 동안 신선도를 유지하여 상품으로서 외관상 가치 높임
② 가스저장법(CA저장 ; 과채류의 호흡 억제작용), 냉장보관
③ 채소류의 저장과 동일한 방법을 사용
*바나나와 같은 열대산, 아열대산 과일은 저온에 대한 감수성이 커서 저온장애 주의

5. 축산물의 조리 및 가공·저장

1. 육 류

(1) 육류의 조리

① 육류의 성분 : 근육조직은 미오신과 액틴을 기본으로 하는 단백질 분자들이 모여서 근원섬유를 만들고 근원섬유가 모여 긴 원통모양의 근섬유를 형성하며, 근섬유는 다시 근육을 만듦. 근육조직은 연령이 낮을수록 연하며 운동이 적은 등심, 안심 같은 부분의 고기가 연함
② 결합조직 : 주로 콜라겐과 엘라스틴으로 구성
  ㉠ 콜라겐 : 끓이면 물속에서 분해되어 젤라틴으로 변하는 물질
  ㉡ 엘라스틴 : 거의 변화되지 않는 물질
③ 근육의 육색소 : 미오글로빈과 혈액의 헤모글로빈

(2) **사후강직, 숙성**(자기소화), **부패**

- 식육의 도살 후 사후 변화 순서 : 사후강직 → 숙성(자기소화) → 부패

① 사후강직
- ㉠ 미오신이 액틴과 결합하여 액토미오신이 되어 근육을 수축시킴
- ㉡ 사후 시간이 경과하면 호흡, 혈액 순환정지 및 산소 공급 차단으로 세포 내에는 혐기적인 상태가 되고, 해당 작용에 의해 젖산이 축적되어 pH가 낮아짐
- ㉢ 사후경직 상태의 고기는 단단하고, 질기고, 맛이 없고, 가열에도 쉽게 연화되지 않음

② 숙 성
- ㉠ 사후강직이 해제된 육류를 냉장온도에서 보관하면 자기소화에 의하여 근육의 연화, 각종 맛 성분의 생성, 육즙의 증가 등으로 맛이 좋아짐
- ㉡ 습도 85%~90%, 온도 1~3℃에서 소고기는 7~17일, 돼지고기는 1~2일, 닭고기는 8~24시간 정도 저온 숙성
- ㉢ 부패 : 생육일 때 pH 7.0 정도가 되고, 사후강직 후 pH 4.8까지 내려갔다가, 숙성 때에는 pH 5.0~5.2 정도 되지만, pH 5.6~6.2가 되면 부패가 시작되고, pH 6.2 이상이면 부패취 발생

(3) 육류의 연화
① 천연 단백질 분해효소 : 파파야(파파인), 파인애플(브로멜린), 무화과(피신), 배(프로테아제), 키위(액티니딘)
② 물에서 장시간 끓이면 콜라겐이 녹아 젤라틴화 되어 연화됨
③ 고기를 섬유질의 반대 방향으로 썰거나, 두들기거나, 칼집을 넣어주면 연해짐
④ 설탕을 넣으면 연해짐

(4) 가열에 의한 변화
① 색의 변화
- ㉠ 육류조직 내의 미오글로빈은 공기 중에 노출되면 산소와 결합하여 선명한 붉은색인 옥시미오글로빈 변함
- ㉡ 공기 중에 오래 방치하거나 가열하면 메트미오글로빈으로 변하여 갈색을 띠게 됨

② 중량의 감소
- ㉠ 가열하면 대부분의 육즙이 용출되어 중량은 감소
- ㉡ 중량의 감소는 고기의 열변성에 의해 육단백질의 보수성이 감소되기 때문

③ 용적의 수축과 분해
- ㉠ 60℃ 이상 가열하면 응고가 시작되고 수축되어 용적이 감소
- ㉡ 육류의 내부온도가 높고 장시간 가열할수록 수축이 심하게 나타남

④ 단백질의 변화
- ㉠ 단백질이 응고되면서 수축하고 무게도 감소
- ㉡ 가열온도가 높을수록, 가열시간이 길수록 더 많이 수축하고, 수분도 많이 유출

⑤ 지방조직의 변화
- ㉠ 동물성 지방은 융점이 높아 상온에서는 고체 상태이지만 가열하면 액상으로 되어 풍미를 좋게 하고, 질감과 소화성이 높아짐

  ⓒ 지방세포는 주로 콜라겐 막으로 둘러싸여 있는데, 조리할 때 젤라틴으로 변하면서 막이 터지고, 지방이 세포에서 유리됨
 ⑥ 결합조직의 변화
  ㉠ 결합조직의 콜라겐이 젤라틴화 되어 조직이 연화됨
  ⓒ 콜라겐이 젤라틴으로 많이 변할수록 육질은 연해짐
 ⑦ 풍미의 변화
  ㉠ 가열 조리할 때 맛과 특유의 향기는 저분자 수용성 물질인 아미노산이나 폴리펩티드, 저분자 탄수화물 등의 상호작용으로 생성
  ⓒ 지방 중에 존재하는 유리지방산 또한 가열 후 다량 증가하여 풍미에 영향을 미침

(5) 육류의 조리방법

구 분	조리법
탕	• 양지, 사태, 꼬리 활용 • 찬물부터 고기를 넣고 끓여야 지미 성분이 충분히 용출되어 맛이 좋음 • 양파, 무, 마늘, 생강 등의 향신료를 넣어 끓이면 냄새 제거에 좋음
장조림	• 홍두깨, 우둔, 대접살 활용 • 처음부터 간장과 설탕을 넣으면 콜라겐이 젤라틴화 되기 전에 고기 내의 수분이 빠져나오면서 단단해지므로 물만 넣고 끓이다가 나중에 간장과 설탕 등의 조미료를 넣어야 함
편 육	• 쇠고기는 양지, 사태, 우설 등 활용 • 돼지고기는 삼겹살, 돼지머리 등 활용 • 편육은 끓는 물에 고기를 넣어 삶으면 고기의 맛 성분이 많이 용출되지 않아 맛이 좋음
구 이	• 등심, 안심, 갈비 등 활용 • 양면이 갈색이 되도록 지진 후 약한 불로 내부까지 익힘

(6) 쇠고기의 부위별 특징과 조리용도

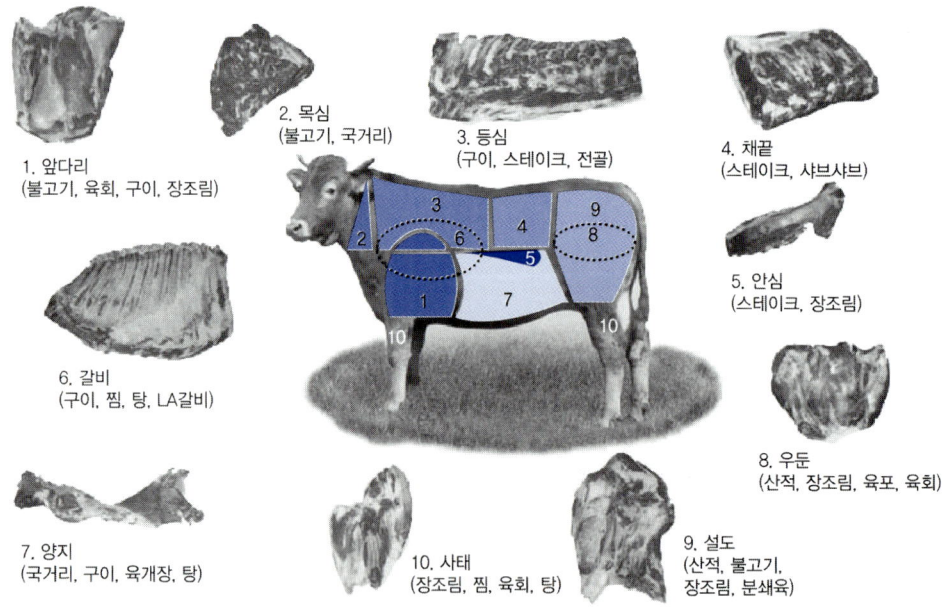

1. 앞다리 (불고기, 육회, 구이, 장조림)
2. 목심 (불고기, 국거리)
3. 등심 (구이, 스테이크, 전골)
4. 채끝 (스테이크, 샤브샤브)
5. 안심 (스테이크, 장조림)
6. 갈비 (구이, 찜, 탕, LA갈비)
7. 양지 (국거리, 구이, 육개장, 탕)
8. 우둔 (산적, 장조림, 육포, 육회)
9. 설도 (산적, 불고기, 장조림, 분쇄육)
10. 사태 (장조림, 찜, 육회, 탕)

부위명칭	특징	조리용도
1. 목살(장정육)	지방이 적고 육질이 질기다.	구이, 스테이크
2. 등 심	육질이 연하고 풍미가 좋다.	
3. 채끝살	지방이 적고 육질이 연하다.	찌개, 지짐, 구이
4. 안 심	지방이 적고 풍미가 좋다.	스테이크, 전골
5. 우둔살	지방이 적고 육질이 연하다.	육포, 육회, 조림
6. 앞다리살	약간 질기다.	탕, 육회, 장조림
7. 갈 비	약간 질기나 풍미가 좋다.	구이, 찜, 탕
8. 설 도	지방이 적고 질기다.	육포, 육회, 불고기
9. 사태육		국, 찌개, 찜
10. 양 지	섬유가 섞여 있어 질기다.	편육, 장국, 장조림

(7) 돼지고기의 부위별 특징과 조리용도

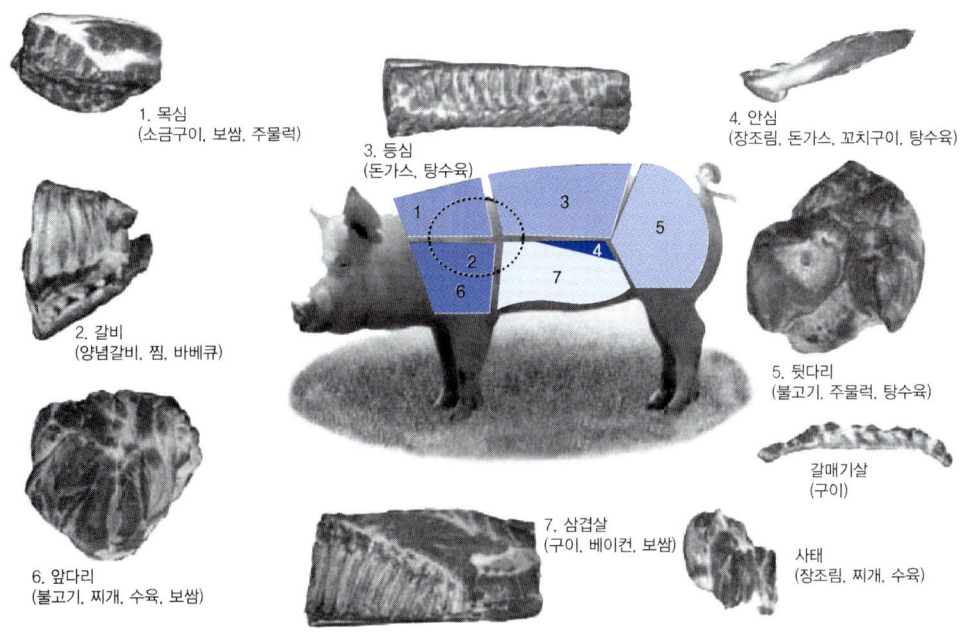

부위명칭	특 징	조리용도
1. 목 살	지방이 적당하고 풍미가 좋다	소금구이, 보쌈
2. 등 심	육질이 부드럽고 지방이 적다.	튀김, 구이
3. 앞다리살	지방이 적고 육질이 섬세하다.	불고기, 찌개, 수육
4. 갈 비	육질이 쫄깃하고 풍미가 좋다.	찜, 구이, 강정
5. 갈매기살	힘살이 많아 쫄깃하다.	구 이
6. 안 심	지방이 적고 육질의 결이 곱다.	장조림, 돈가스
7. 뒷다리살	지방이 적고 육질이 섬세하다.	다진고기, 구이
8. 삼겹살	지방이 많고 풍미가 좋다.	
9. 사 태	지방이 적고 질기다.	국, 찌개, 찜

(8) 육류의 가공

① **햄** : 돼지의 뒷다리를 식염, 설탕, 아질산염, 향신료 등을 섞어서 훈연한 제품
② **소시지** : 햄, 베이컨을 가공하고 남은 고기에 기타 잡고기를 섞어 조미한 후 동물의 창자 또는 인공 케이싱에 채운 후 가열이나 훈연 또는 발효시킨 제품
③ **베이컨** : 돼지고기의 기름진 복부 부위의 피를 제거한 후 얇게 저며서 햄과 같은 방법으로 전처리하여 베이컨 핀을 꽂아 훈연한 제품

(9) 육류의 감별법

① **쇠고기**
　㉠ 고기색이 선홍색, 지방색은 유백색
　㉡ 수분은 충분히 함유되어 있고, 결이 곱고 미세하며, 탄력이 있어야 함
　㉢ 빛깔이 너무 빨간 것은 오래되었거나 움직임이 너무 많은 고기이므로 품질이 좋지 못함

② **돼지고기**
　㉠ 고기는 기름지고 윤기가 나고, 살이 두텁고, 색이 엷은 것이 좋음
　㉡ 고기의 색이 분홍색을 도는 붉은색이며 너무 빨간 것은 늙은 돼지임
　㉢ 지방의 색이 희고 굳은 것, 고기의 결이 곱고 탄력이 있어야 함

2. 달걀(난류)

(1) 달걀의 구조

① **배아** : 눈이라고도 하며, 병아리가 되는 부분
② **난황** : 고형분을 약 50% 함유하며, 단백질과 지방이 많고 비타민과 무기질을 함유
③ **알끈** : 노른자 양쪽에 붙어 있어 노른자의 위치를 안정시키는 역할, 꼬인 끈의 상태
④ **난백** : 농후한 흰자와 물 같은 흰자로 구분. 흰자의 약 90%는 수분, 나머지는 단백질
⑤ **기실** : 내외 2장의 난각막 사이에 있는 공기구멍, 오래되면 기실이 커짐
⑥ **난각막** : 내외 2장, 기실의 부분은 떨어짐
⑦ **난각** : 껍질로서 신선란 구별에도 쓰임. 까칠까칠할수록 신선란임

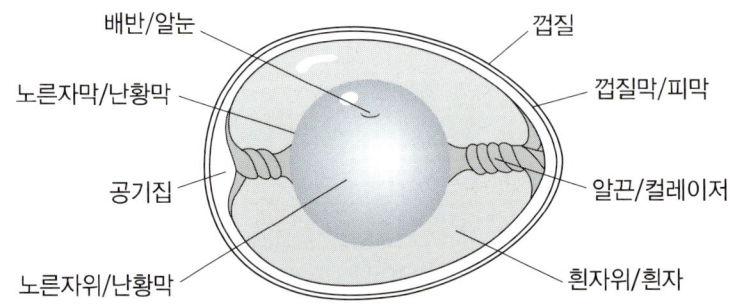

(2) 달걀의 성분
   ① 난 황
      ㉠ 15%의 단백질, 30%의 지질, 수분 50% 정도로 구성
      ㉡ 다량의 레시틴, 세파린 등의 인지질 및 콜레스테롤을 함유
      ㉢ 각종 비타민이 풍부하며, 비타민 A는 프로비타민 형태로 비타민 C는 거의 없음
   ② 난백 : 거의 90%가 수분이며, 나머지는 단백질로 오브알부민, 콘알부민, 오브뮤코이드, 오브글로불린, 오보뮤신, 아비딘으로 구성

(3) 달걀의 열응고성
   ① 난백은 60℃에서 응고되기 시작하고, 난황은 65℃에서 응고되기 시작
   ② 열응고성에 영향을 주는 요인
      ㉠ 달걀용액의 농도 : 달걀을 희석시키면 응고온도가 높아짐
      ㉡ 가열온도와 시간 : 가열온도가 높아지면 단단하게 응고되고, 낮은 온도에서 가열하면 부드럽고 연한 응고물이 됨
      ㉢ 첨가물 : 설탕을 넣으면 응고온도가 높아지고 소금, 식초를 넣으면 응고온도가 낮아짐

(4) 난백의 기포성
   ① 난백을 휘저으면 공기방울이 액체 속으로 들어가 거품이 생성
   ② 난백의 기포성에 관여하는 단백질은 글로불린임
   ③ 기포성에 영향을 주는 요인
      ㉠ 온도 : 난백은 냉장온도보다 실내온도에 저장했을 때 점도가 낮고 표면장력이 작아져 거품이 잘 생김
      ㉡ pH : 난백에 산을 첨가하면 점도가 낮아져 거품이 잘 생성됨
      ㉢ 달걀의 신선도 : 신선한 달걀보다 묵은 달걀이 수양난백이 많아 거품이 쉽게 형성됨
      ㉣ 첨가물 : 설탕, 우유, 기름은 거품 생성을 방해

(5) 난황의 유화성
   ① 난황이 난백보다 유화력이 4배 정도 높으며, 이는 난황의 레시틴 성분 때문
   ② 난황에 액체유를 넣고 계속 저으면 수중유적형의 유화액인 마요네즈가 만들어짐
   ③ 난백의 유화성은 샐러드드레싱 제조에 이용
      * 달걀의 이용 : 농후제(알찜, 커스터드, 푸딩), 결합제(만두속, 전, 크로켓), 팽창제(엔젤케이크, 머랭), 유화제(마요네즈)

(6) 가열에 의한 변화(녹변현상)
   ① 달걀을 오래 삶으면 난백의 황화물이 황화수소(H_2S)를 유리하고, 난황의 철(Fe)과 결합하여, 녹색의 황화철(FeS)을 생성하여 난황표면이 암녹색으로 변함
   ② 황화철(FeS)은 높은 온도에서 가열할수록, 삶는 시간이 길어질수록, 달걀의 신선도가 떨어질수록 많이 생성
   ③ 삶은 달걀을 찬물에 바로 담그면 외부의 압력이 낮아져 생성된 황화수소가 난각을 통하여 외부로 배출되므로 황화철의 생성을 줄임

(7) 난황계수, 난백계수
① 달걀을 깨뜨려 측정하는 방법으로 신선도가 떨어질수록 수치가 낮음
② 신선한 달걀의 난황계수는 0.36~0.44, 난백계수는 0.14~0.17
③ 난황계수 = 난황의 높이 ÷ 난황의 직경
④ 난백계수 = 농후난백의 높이 ÷ 농후난백의 직경

(8) 달걀의 가공
① 건조란 : 달걀의 껍질을 제거하고 탈수·건조시킨 것으로 갈변현상을 방지하기 위해 당을 제거하거나 pH를 5.5로 조절
② 피단 : 알칼리성 염류에 침지시켜 젤라틴 모양으로 응고·숙성시켜 특유의 풍미를 가지도록 만든 조미달걀
③ 훈연란 : 생란을 가열하여 완숙시킨 후 난각을 벗기고 염용액과 조미액에 침지시켜 훈연한 제품
④ 마요네즈 : 노른자에 여러 조미료와 향신료를 첨가하고 샐러드 오일을 넣으며 교반하여 유화시킨 제품

> **Tip 마요네즈가 분리되는 이유**
> 기름을 빠르게 많이 넣거나 뜨거운 기름을 사용하는 경우이며, 빨리 저어서 분리되는 것이 아니라 기름의 양과 젓는 속도가 균형 잡히지 않은 경우 분리됨

(9) 달걀의 저장
① 냉장법 : 습도 80~85%, 장기저장온도 0~5℃, 단기저장온도 15℃가 적당
② 냉동법 : 가공 원료 달걀을 저장하는 방법으로 달걀껍질을 제거하고 내용물을 분리하거나 전액란으로 -40℃에서 급속냉동한 후 -12℃에서 저장하는 방법
③ 가스저장법 : 달걀을 밀폐용기에 넣고 용기 용적의 60%의 탄산가스나 질소가스를 넣는 방법
④ 피복법(도포법) : 달걀껍질에 파라핀, 합성수지류, 젤라틴 등을 발라 달걀 껍질의 기공을 막아 미생물의 침입을 방지하고 탄산가스나 수분증발을 막을 수 있게 하는 방법
⑤ 침지법 : 포화소금을 끓여서 살균하는 방법
⑥ 간이법 : 통풍이 잘되고 냉한 곳에서 소금, 초목회, 톱밥, 왕겨 등에 묻어두는 방법

(10) 달걀의 감별법
① 껍질은 거칠고 두꺼워야 신선한 것
② 빛에 비추었을 때 밝게 보이는 것
③ 6%의 소금물에 넣었을 때 가라앉는 것
④ 난황계수의 수치가 큰 것(0.362 이상)이 신선한 것
⑤ 흔들었을 때 소리가 나지 않는 것
⑥ 깨뜨렸을 때 노른자의 높이가 높고, 흰자가 넓게 퍼지지 않는 것
⑦ 혀를 대보아서 둥근 부분은 따뜻하고, 뾰족한 부분은 찬 것이 신선한 것

3. 우 유

(1) 우유의 특징
① 단백질과 유당이 공존하여 가열 시에 마이야르 반응이 가속화됨
② 우유에 존재하는 콜로이드 입자는 음식에 윤활감을 주어 기호성을 향상시키며 또한 냄새를 흡착하여 제거해줌
③ 우유의 단백질은 열에 의해 응고되므로 겔의 강도를 높여주는 효과가 있음

(2) 우유의 성분
① 단백질 : 카세인 80%와 유장단백질 20%로 구성
② 지방 : 유지방은 영양, 풍미, 물리적 성질에 영향을 주며 포화지방산 70%와 불포화지방산 30%로 구성
③ 탄수화물 : 99.8%가 유당으로 이루어져 있고, 유당은 장내 세균의 번식을 도와 정장작용을 하며 칼슘의 흡수를 촉진시켜 비타민 B의 합성을 촉진
④ 무기질 : 칼슘, 칼륨, 인, 마그네슘, 염소, 황, 나트륨 등을 함유
⑤ 비타민 : 동물의 영양에 필요한 비타민은 거의 모두 함유하나, 비타민 C의 함량은 일정하지 않으며 비타민 D는 필요량에 비해 부족한 편임

(3) 우유의 단백질
① 카세인 : 산, 레닌 등에 응고되며 치즈제조에 이용
② 유당단백질 : 열에 의해 응고되며 락토글로불린, 락토알부민

(4) 카세인의 응고
① 산에 의한 응고 : 토마토 크림스프를 만들 때 처음부터 우유와 토마토를 함께 넣고 끓이면 토마토에 들어 있는 산 때문에 카세인이 응고되어 덩어리가 생김
② 레닌에 의한 응고 : 포유동물의 위점막에 있는 효소로서 15℃ 이하에서는 응고가 일어나지 않고, 60℃ 이상에서는 불활성화됨
③ 염류에 의한 응고 : 고온에서 더 활발하게 발생
④ 폴리페놀화합물에 의한 응고 : 폴리페놀화합물은 우유 단백질을 탈수시킴

(5) 가열에 의한 변화
① 피막의 형성 : 단백질이 표면에 집합되어 피막을 형성
② 갈색화 : 고온에서 장시간 가열할 때 발생
③ 우유를 데울 때는 중탕으로 저어가며 가열

(6) 우유의 살균처리
① 초고온순간살균법(UHT법) : 130~140℃에서 0.5~5초 동안 가열하는 방법
② 고온단시간살균법(HTST법) : 70~75℃에서 15~30초 동안 가열하는 방법
③ 저온장시간살균법(LTLT법) : 61~65℃에서 30분 동안 가열하는 방법(영양소 파괴가 가장 적다.)

(7) 우유의 가공

① 버터 : 우유에서 크림을 분리하여 교반하고 유지방을 모아서 굳힌 것
② 크림 : 우유의 지방구들이 서로 합쳐 덩어리를 이룬 것
③ 치즈 : 산, 레닌으로 우유단백질을 응고시킨 후 숙성시킨 것
④ 연유 : 우유의 수분을 증발시켜 1/2로 농축한 것, 가당연유, 무당연유
⑤ 분유 : 우유의 수분을 5% 이하로 건조시킨 것, 전지분유, 탈지분유
⑥ 발효유 : 살균 처리한 우유에 유산균을 넣고 발효시킨 것, 요구르트, 사워크림
⑦ 아이스크림 : 우유에 공기를 불어 넣어 부드러운 조직으로 만든 것

* 전유(유지방함량 3% 이상), 탈지우유(지방 0.1% 이내), 저지방우유(지방 2% 이내), 저염우유(전유 속의 나트륨을 칼륨으로 교환)

(8) 우유의 감별법

① 물 컵에 우유 한 방울을 떨어뜨렸을 때 구름같이 퍼지면서 강하하는 것은 먹지 않을 것
② 냄비에 우유를 부어 직화로 가열할 때 응고되는 것은 발효하여 산도가 높아진 것으로 먹지 않을 것
③ 비중이 1.028 이하인 것은 물이 섞였다고 의심이 됨
④ 이물, 침전물, 변색, 점주성이 있거나 먹어서 신맛, 쓴맛이 나는 것은 먹지 않을 것
⑤ 신선한 우유의 산도는 젖산으로 0.18 이하, pH 6.6임
⑥ 우유를 병째 놓아두었을 때 위쪽에 크림 층이 생긴 것은 탈지유이거나 고온 살균한 것

6. 수산물의 조리 및 가공·저장

1. 어 류

(1) 어류의 특징

① 콜라겐의 함량이 적어서 육질이 쇠고기보다 연함
② 어류의 근육조직은 육류보다 근섬유의 길이가 짧고 결합조직도 훨씬 적음
③ 생선은 산란기 직전이 가장 살이 찌고 지방이 많아 맛있음
④ 어류는 사후강직 시기에 맛이 좋고 자기소화가 진행되면 부패됨

(2) 어류의 종류

① 담수어 : 하천, 저수지 등에 서식하는 물고기
② 해수어 : 붉은살 생선(얕은 바다에 서식하는 다랑어, 고등어 등), 흰살 생선(깊은 바다에 서식하는 대구, 도미 등)

(3) 어육의 성분

① 단백질
  ㉠ 섬유상 단백질(구조단백질)

- 생선의 근섬유의 주체를 형성하는 단백질로 미오신, 액틴, 액토미오신 등이 있음
- 전체 단백질의 70% 정도를 차지, 소금에 녹는 성질이 있어 어묵제조에 이용
    ⓒ **구상단백질(근원단백질)** : 콜로이드 액으로 근섬유 사이를 메우며 수용성이라 물로 세척 시 쉽게 유실됨
② **지 방**
    ㉠ 불포화지방산 80%, 포화지방산 20%로 구성
    ㉡ 불포화지방산은 산소와 결합하면 산화분해되어 변패되므로 몸에 해로움
③ **탄수화물** : 생선의 근육 중에 극소량의 글리코겐이 있으나 거의 존재하지 않음
④ **기타 성분** : 무기질, 비타민, 엑기스 성분, 색소 성분이 상당량 있음

(4) 어취 : 생선 안에 있는 트리메틸아민옥시드(TMAO)가 트리메틸아민(TMA)으로 환원되어 나는 냄새
- 어취제거 방법
① 트리메틸아민은 수용성이므로 물에 씻어 비린내를 제거
② 산(레몬즙, 식초)이나 생강즙을 넣으면 트리메틸아민과 결합하여 냄새가 없는 물질을 생성
③ 황을 함유하고 있는 마늘, 파, 양파 등을 넣으면 강한 냄새와 맛으로 비린내 제거
④ 고추와 겨자의 매운맛은 감각 신경을 일시적으로 마비시켜 비린내 억제 효과
⑤ 된장, 고추장은 비린내 성분을 흡착시켜 비린내 억제 효과
⑥ 알코올은 생선의 비린내를 없애고 맛의 향상에 효과
⑦ 우유를 첨가하면 우유의 단백질이 트리메틸아민을 흡착하여 비린내를 제거

(5) 사후변화·자기소화
① **사후강직** : 크기가 작아 사후 1~4시간 동안에 최대 강직상태가 됨
② **자가소화** : 사후강직이 끝난 후 자체 내에 함유되어 있던 단백질 분해효소의 작용으로 근육단백질을 비롯한 여러 가지 물질들이 분해되는 과정

(6) 가열에 의한 변화
① **결합조직 단백질의 변화** : 결합조직 단백질인 콜라겐이 수축되고, 계속 가열하면 물을 흡수·팽윤하여 젤라틴으로 용해됨
② **근육섬유 단백질의 변성** : 근육단백질을 가열하면 살이 응고하고 수축되어 단단해지고, 중량은 감소함
③ **열응착성** : 어류를 가열 조리할 때 단백질인 미오겐이 녹아내려 석쇠의 금속이온과 결합하여 눌어붙으며 가열하여 조리하면 열응착성은 강해짐
④ **껍질의 수축** : 생선의 진피층을 구성하고 있는 콜라겐이 가열에 의해 수축하기 때문에 발생
⑤ **지방의 용출** : 가열에 의해 지방층의 조직이 용해되어 녹아 나옴

(7) 어류의 조리방법
① **탕·찌개**
    ㉠ 처음 가열할 때 잠시 뚜껑을 열어 비린내를 휘발시킴
    ㉡ 물을 끓인 후 생선을 넣으면 생선살이 풀어지지 않아 국물이 맑다.

　　　ⓒ 비린내 감소를 위해 생강은 생선이 익은 후(단백질이 변성된 후)에 넣어야 탈취효과가 좋음
　　　ⓔ 가열시간이 너무 길면 어육에서 탈수 작용이 일어나 맛이 없어짐
　　　ⓕ 신선도가 낮은 생선은 양념을 진하게 하고 뚜껑을 열고 끓임
　　② 조 림
　　　㉠ 가시가 많은 생선은 식초를 첨가하여 약한 불에서 조림을 하면 뼈째 먹을 수 있음
　　　㉡ 양념간장이 끓을 때 생선을 넣어야 맛 성분의 용출을 방지할 수 있음
　　　㉢ 가열시간이 너무 길면 어육에서 탈수작용이 일어나 맛이 없어짐
　　　㉣ 처음 가열할 때 생선과 채소를 넣고 끓인 후 양념을 넣음
　　③ 구 이
　　　㉠ 지방함량이 높으면 풍미가 더 좋음
　　　㉡ 달구어진 석쇠에 생선을 구우면 생선이 석쇠에 덜 들러붙어 모양이 유지됨
　　　㉢ 소금구이의 경우 소금의 양은 생선 중량의 2% 정도가 적당한데 어육을 수축시켜 탈수현상을 방지함
　　④ 튀 김
　　　㉠ 튀김옷은 박력분을 사용하고 180℃에서 2~3분간 튀기는 것이 좋음
　　　㉡ 많은 생선을 튀길 때 밀가루 반죽을 한꺼번에 하지 말아야 함
　　⑤ 어 묵
　　　㉠ 미오신 함량이 높은 어육을 소금과 함께 으깨어 가열하면 액토미오신이 서로 뒤엉켜서 입체적 망상구조를 형성하고 젤 상태로 굳음
　　　㉡ 생선묵의 점탄성을 부여하기 위해 전분을 첨가시킴
　　⑥ 전유어 : 흰살 생선을 이용해야 담백하고, 비린내 제거에는 생강즙이 효과적임

> **Tip 오징어**
> - 가로방향으로 평평하게 근섬유가 발달되어 있어서 말린 오징어는 옆으로 잘 찢어짐
> - 가열하면 근육섬유와 콜라겐섬유 때문에 수축하거나 둥글게 말림
> - 신선한 오징어는 무색투명하며, 껍질에는 적갈색의 색소가 있음
> - 근육에는 색소가 없어서 껍질을 벗겨 가열하면 백색이 됨
> - 신선도가 떨어질수록 표피의 색소체가 터져 껍질 전체가 붉게 되고, 부패하면 색소가 살로 스며들어 적갈색이 됨
> - 4겹의 껍질 중에서 제일 안쪽의 진피는 몸의 방향으로 크게 수축함
> - 무늬를 넣고자 칼집을 낼 때는 껍질의 반대쪽인 내장이 있던 안쪽에 넣어야 함

(8) 어패류의 가공
　① **연제품** : 흰살 생선에 소금을 넣고 으깬 후 전분, 조미료, 증량제를 넣고 일정한 형태로 찌거나 굽거나 튀겨서 만든 것(각종 어묵, 어육, 소시지 등)
　② **훈제품** : 생선을 염지한 후 훈연하여 풍미와 보존성을 높인 제품(연어, 송어 등)
　③ **건제품** : 생선의 수분함량을 10~15% 정도로 건조시킨 제품(오징어, 명태, 굴비 등)
　④ **조미식품** : 생선에 식초, 설탕을 첨가하여 조미와 방부효과를 높인 제품(쥐포, 오징어포 등)
　⑤ **발효식품** : 어패류에 소금이나 방부제를 첨가하여 발효시켜 특수한 풍미를 갖게 한 제품(각종 젓갈류)

⑥ 수산통조림 : 용기 내의 미생물을 사멸시켜 식품의 변패를 막고 장기 저장하도록 만든 제품

(9) 어패류의 저장

① 빙장법 : 수송기간, 단기간 저장, 동결 저장을 위한 예랭으로 이용
  ㉠ 쇄빙법 : 얼음 조각과 생선을 섞어서 냉각시키는 방법
  ㉡ 수빙법 : 담수나 해수에 얼음을 섞어서 0~2℃ 온도의 액체에 생선을 넣고 냉각시키는 방법
② 냉각저장 : 생선을 동결시키지 않고 0℃ 정도에서 단기간 저장하는데 사용되는 방법
③ 동결냉장 : 생선을 -40~-50℃에서 급속냉동 한 후 -20℃에서 보관하는 방법

(10) 어류의 신선도

① 어류 감별법
  ㉠ 생선의 육질이 단단하고, 탄력성이 있어야 함
  ㉡ 비늘이 고르게 밀착되어 있고, 광택이 있어야 함
  ㉢ 아가미는 선홍색이어야 하고, 닫혀 있어야 함
  ㉣ 눈은 투명하고, 밖으로 돌출되어 있어야 함
  ㉤ 신선한 것은 물에 가라앉고, 부패된 것은 물 위로 뜸
② 이화학적 방법
  ㉠ 휘발성 염기질소 함량이 낮을수록 신선
  ㉡ 트리메틸아민의 함량이 낮을수록 신선
  ㉢ 히스타민의 함량이 낮을수록 신선
③ 세균학적 방법
  ㉠ 신선한 상태의 세균 수는 $10^5/g$
  ㉡ 초기 부패상태의 세균 수는 $10^7 \sim 10^8/g$

2. 해조류

(1) 해조류의 특징

① 요오드나 칼륨 등 무기질과 비타민이 풍부
② 수용성 식이섬유가 많은 알칼리성 식품
③ 당질로는 만니톨, 알긴산, 카라기난, 한천 등 육상식물에서 볼 수 없는 다당류가 함유

(2) 해조류의 종류

① 녹조류 : 얕은 바다(파래, 청태, 청각 등)
② 갈조류 : 중간 바다(미역, 다시마, 톳, 모자반 등)
③ 홍조류 : 깊은 바다(김, 우뭇가사리 등)

(3) 해조류의 조리

① 김
  ㉠ 단백질, 카로틴, 비타민 C, 비타민 B_2가 많이 함유

　　　ⓒ 구울 때 붉은색의 피코에리트로빈이 청색의 피코시아닌으로 바뀌기 때문
　　　ⓒ 저장 중 붉은색으로 변하는 것은 습기에 의해 엽록소가 분해되기 때문에 구워도 녹색으로 변하지 않음
　　　*김이 저장 중 색소가 변하는 것은 피코시아닌이 피코에리트린으로 되기 때문이며, 햇빛에 더욱 영향을 받음
　② 미 역
　　　㉠ 칼슘과 갑상선 호르몬의 주성분인 요오드가 많아 청소년기 성장발육과 산모의 노폐물 제거
　　　㉡ 점질물인 알긴산은 몸에 해로운 중금속을 몸 밖으로 배설시키는 작용
　　　㉢ 색소는 카로티노이드계 색소인 프로크산틴 때문
　　　㉣ 데칠 때 녹색으로 변하는 것은 카로티노이드 색소에 둘러싸인 엽록소가 녹아 나오기 때문
　③ 다시마
　　　㉠ 검은색에 녹갈색을 띠며 두껍고 광택 나는 것
　　　㉡ 점질물인 알긴산과 혈압강하 작용을 하는 라미나린, 칼슘, 요오드, 철 함량이 풍부
　　　㉢ 글루탐산을 다량 함유하여 맛이 좋으며 국물 내기에 용이
　　　㉣ 표면의 하얀 가루는 감미성분인 만니톨임
　④ 해조류의 가공
　　　㉠ 마른 김 : 김을 채취하여 발에 종이모양으로 펴서 건조
　　　㉡ 우무 : 우뭇가사리를 삶아서 끈끈한 액으로 만들어 겔화한 것
　　　㉢ 한천 : 우무를 잘라서 동결시킨 것, 분말한천은 점액을 분무 건조시켜 얻은 것

3. 유지 및 유지 가공품

(1) 유 지
　① 유지의 특징
　　　㉠ 열전달 매개체 : 온도가 고온으로 올라가기 때문에 물보다 짧은 시간에 조리가 가능
　　　㉡ 음식 맛의 증진제 : 미량의 휘발성 성분을 포함하므로 향기가 좋은 맛을 부여
　　　㉢ 유지미의 부가 : 튀김은 식품에서 수분을 증발시킬 때 물과 교차해서 기름이 식품에 흡수되어 특유의 맛과 향기가 생김
　　　㉣ 연화(쇼트닝화) : 밀가루 반죽에 유지를 넣으면 글루텐이 서로 연결되지 못하게 작은 방울로 흩어지거나 얇은 막을 형성하여 방해하기 때문에 연하고 부드러워지는 것
　　　㉤ 유화성 : 기름과 물은 자체는 서로 섞이지 않으나 유화제가 있으면 유화액이 됨
　② 유화액의 종류
　　　㉠ 수중유적형(O/W) : 우유, 아이스크림, 마요네즈 등
　　　㉡ 유중수적형(W/O) : 버터, 마가린 등
　　　㉢ 가소성 : 외부에서 힘을 주었을 때 자유롭게 변하는 성질
　　　㉣ 크리밍성 : 고형지방은 교반에 의해 내부에 공기를 품는 성질

(2) 유지의 종류
   ① 동물성 유지 : 고체상태가 많고, 포화지방산이 많이 함유(우지, 라드, 어유 등)
   ② 식물성 유지 : 액체상태가 많고, 불포화지방산이 많이 함유(옥수수유, 대두유, 참기름, 올리브유 등)
   ③ 가공유지(경화유) : 식물성 기름에 수소(H_2)를 첨가하여 니켈(Ni), 백금(Pt)을 촉매제로 사용하여 실온에서 고체가 되도록 가공한 것(쇼트닝, 마가린 등)

(3) 유지의 채취방법
   ① 용출법 : 동물성 기름을 채유하는 방법
      ㉠ 건식 용출법 : 동물성 유지를 가열하여 단백질을 열응고시켜 분리되어 나오는 기름을 채유하는 방법 (돼지비계에서 기름을 얻을 때)
      ㉡ 습식 용출법 : 원료를 물과 함께 가열하여 수면에 뜬 기름을 제거하여 채유하는 방법(생선의 간유를 얻을 때)
   ② 압착법 : 기계적인 압력으로 원료를 압착하여 채유하는 방법(들기름, 참기름, 유채유 등과 같은 식물성유)
   ③ 추출법 : 석유벤젠, 사염화탄소, 헥산 등의 용제를 사용하여 채유하는 방법(식물성유)
   ④ 유지의 발연점
      ㉠ 발연점의 정의 : 유지를 가열할 때 표면에서 푸른 연기가 발생할 때의 온도
      ㉡ 아크롤레인의 생성 : 발연점에서는 아크롤레인이 생성되어 나쁜 냄새와 맛을 내어 식품의 품질을 저하시킴
      ㉢ 식용유지의 발연점 : 튀김을 할 때 발연점이 높을수록 좋음(포도씨유 250℃, 대두유 238℃, 옥수수유 232℃, 라드 190℃, 올리브유 190℃)
      ㉣ 발연점의 영향 인자 : 유리지방산이 많으면, 기름에 이물질이 많으면, 여러 번 반복 사용 시, 튀김용기의 표면적이 넓을수록 발연점이 낮아짐

(4) 유지의 산패
   ① 산패의 정의 : 유지나 유지함량이 많은 식품은 장기간 저장하거나 가열을 반복하면 공기 중의 효소, 광선, 미생물 등의 작용을 받아 불쾌한 냄새가 발생하고 착색이 되며 맛이 나빠지는 현상
   ② 산패의 영향 인자 : 온도가 높을수록, 광선 및 자외선, 금속류, 수분이 많을수록, 지방분해효소가 많을수록, 불포화도가 높을수록 유지의 산패를 촉진함

(5) 유지의 산패도 측정
   ① 카르보닐가 : 유지의 자동산화의 최종단계에서 카르보닐화합물이 생성, 이 양으로 산패의 정도를 파악
   ② 산 가
      ㉠ 유지 1g에 함유되어 있는 유리지방산을 중화에 필요한 수산화칼륨의 양으로 표시
      ㉡ 유지의 산패 정도를 나타내는 척도로 산가가 높은 유지는 변질된 것을 의미
   ③ 과산화물가
      ㉠ 유지 1kg에 함유된 과산화물의 밀리몰(mM) 수로 표시
      ㉡ 산패가 진행되면 과산화물가는 증가

(6) 유지의 감별법

① 특유의 색깔과 향미를 지니고 있고, 변색되었거나 착색되어 있지 않아야 함
② 액체인 것은 투명하고 점도가 낮은 것이 좋으며, 참기름과 같이 특수한 것을 제외하고는 무색·무취인 것이 좋음

4. 냉동식품

(1) 냉동식품

① 냉동식품의 정의

제조·가공·조리한 식품을 장기 보존할 목적으로 냉동처리 또는 냉동보관 하는 것

② 냉동의 특징

㉠ 0℃ 이하에서 식품을 동결시켜 저장하는 방법
㉡ 고온균이나 중온균이 생육할 수 없고 효소의 활성도 떨어지므로 오랫동안 저장이 가능
㉢ 미생물은 -5℃ 이하에서는 증식은 못하지만 균 자체가 사멸하는 것은 아님
㉣ 어육류는 다듬은 후, 채소류는 데친 후에 냉동
㉤ 1회 사용량으로 소포장해서 냉동하고, 한번 해동한 식품은 재냉동하지 않음

③ 냉 장

㉠ 온도를 0~4℃로 저온에서 저장하여 부패세균의 생육이나 효소작용을 억제하여 식품을 보존하는 방법
㉡ 미생물의 생육이 가능하여 장기보관에는 적합하지 않다.

(2) 냉동식품의 해동

① 해동의 정의

냉동식품을 가온하여 얼음을 녹게 하고 식용이나 가공할 수 있는 상태로 전환시키는 작업

② 해동방법

저온해동	냉장고 해동으로 2~4℃에서 시간을 두고 천천히 해동하는 방법(육류, 어류 등)
실온해동	자연 해동으로 저온해동보다는 빠르게 해동시키는 방법
수중해동	물이 공기보다 열전도가 좋아 해동이 빠름
전자렌지 해동	식품의 변질이 거의 없고 해동 중 감량도 적어 산화작용을 최소화 하고, 변색과 풍미가 저하되는 현상을 막을 수 있음
가열해동	반조리 식품이나 조리된 식품의 해동과 가열을 동시에 진행

5. 조미료와 향신료

(1) 조미료

① 소 금

㉠ 소금은 천일염, 정제염, 맛소금으로 나뉨

  ⓒ 천일염은 자연으로 얻어지는 소금으로 양식 조리의 기본으로 사용됨
 ② 식초(Vinegar)
  ㉠ 신맛을 내는 대표적인 조미료
  ㉡ 과일, 곡류, 알코올을 발효시켜 양조한 것과 과일의 신맛을 합성한 것 등이 있음
  ㉢ 신맛은 침샘을 자극하여 소화액 분비를 촉진시켜 식욕을 증진시키며 피로회복과 미용에도 효과적이다.
 ③ 올리브유(Olive oil)
  올리브 나무(감람나무)의 열매에 함유된 기름을 압착 과정을 거쳐 추출한 것으로, 주성분은 불포화지방산인 올레인산(Oleic acid)을 다량 함유하고 있음

엑스트라 버진 올리브유 (Extra virgin olive oil)	• 올리브 열매에서 압착 과정을 한번 거쳐 추출한 것으로 최상급 • 산도의 조건(1%), 질, 향, 맛이 제일 우수하여 음식의 향을 내거나 조미료로 사용
버진 올리브유 (Virgin olive oil)	• 엑스트라 버진 올리브유와 같이 압착 과정을 거쳐 추출한 것으로 맛과 향이 다소 떨어짐 • 엑스트라 버진 올리브보다 산도(1~1.5%)가 높음
퓨어 올리브유 (Pure virgin olive oil)	• 올리브 열매로부터 3~4번째 나오는 오일로 혼합되어 사용됨 • 산도가 2% 이상이며 가격이 저렴해서 많이 사용되고 있음

 • MSG
  - L-글루탐산나트륨이 주성분으로 다시마의 감칠맛을 갖는 아미노산계 조미료
  - pH가 낮은 식품에는 정미력이 떨어짐
  - 신맛과 쓴맛을 완화시키고 단맛에 감칠맛을 부여함
 • 조미료의 사용 순서 : 설탕 → 소금 → 간장 → 식초 → 된장·고추장 → 화학조미료

(2) **향신료**

종류	특징
생강	• 매운맛을 내는 진저롤(Gingerol)은 육류의 누린내 생선의 비린내를 제거와 연육작용을 함 • 식욕을 촉진하는데 도움이 됨 • 생강은 식품이 익은 후에 넣는 것이 냄새를 제거하는데 도움이 됨 • 살균효과를 지니고 있어 해산물을 먹을 때 곁들이기도 함
고추	매운맛의 캡사이신(Capsaicin)은 식욕과 소화에 도움을 줌
후추	매운맛을 내는 차비신(Chavicine)은 육류와 어류의 살균작용을 하며, 육류의 누린내와 생선의 비린내를 없애는데 많이 활용됨
마늘	매운 성분은 알리신(Allicin)으로, 강한 살균력을 갖고 있고 체내에서 비타민 B_1의 흡수를 도움
파	매운맛은 황화아릴이고, 자극적인 향과 매운맛을 지니고 익히면 단맛이 남
계피	특유의 방향성과 쓴맛, 매운맛을 함유
타임	스튜, 생선수프, 토마토를 넣은 음식에 많이 이용되고 살균, 방부효과 보유
정향	고기의 누린내를 감소시키고 소화의 촉진제 역할을 하며, 식욕증진에 도움
월계수잎	특이한 향미가 있어 양식요리의 육수나 소스 등에 이용
바질	향이 산뜻하며 토마토소스와 잘 어울리며 스파게티, 피자, 샐러드에 이용

(3) 사용 부위에 따른 분류

① 잎(Leaves) : 향신료의 잎을 사용하는 것으로 바질, 세이지, 처빌, 타임, 코리안더, 민트, 오레가노, 마조람, 파슬리, 스테비아, 타라곤, 세몬 밤, 로즈메리, 라벤더, 월계수 잎, 딜 등이 있음

② 씨앗(Seed) : 씨앗을 건조시켜서 사용하는 것으로 너트메그, 캐러웨이 씨, 큐민, 코리안더 씨, 머스터드 씨, 딜 씨, 훼넬 씨, 아니스 씨, 흰 후추, 양귀비 씨, 메이스 등이 있음

③ 열매(Fruit) : 과실을 말려서 사용하는 것으로 검은 후추, 파프리카, 카다몬, 주니퍼 베리, 카옌 페퍼, 올스파이스(Allspice), 스타 아니스(팔각), 바닐라 등이 있음

④ 꽃(Flower) : 꽃을 사용하는 것으로 샤프론, 정향, 케이퍼 등이 있음

⑤ 줄기와 껍질(Stalk and skin) : 줄기 또는 껍질을 신선한 상태 또는 말려서 사용하는 것으로, 레몬그라스, 차이브, 계피 등이 있음

⑥ 뿌리(Root) : 뿌리를 사용하는 것으로 터메릭, 겨자(고추냉이), 생강, 마늘, 호스래디시 등이 있음

05 출제예상문제

01 과일이 성숙함에 따라 일어나는 성분변화가 아닌 것은?

① 과육은 점차로 연해진다.
② 엽록소가 분해되면서 푸른색은 옅어진다.
③ 비타민 C와 카로틴 함량이 증가한다.
④ 탄닌은 증가한다.

02 노화가 잘 일어나는 전분은 다음 중 어느 성분의 함량이 높은가?

① 아밀로오스(Amylose)
② 아밀로펙틴(Amylopectin)
③ 글리코겐(Glycogen)
④ 한천(Ager)

03 다음 중 조리를 하는 목적으로 적합하지 않은 것은?

① 소화흡수율을 높여 영양 효과를 증진
② 식품 자체의 부족한 영양성분을 보충
③ 풍미, 외관을 향상시켜 기호성을 증진
④ 세균 등의 위해 요소로부터 안전성 확보

04 유화액의 상태가 같은 것으로 묶여진 것은?

① 우유, 버터, 마요네즈
② 버터, 아이스크림, 마가린
③ 크림수프, 마가린, 마요네즈
④ 우유, 마요네즈, 아이스크림

해 설

01 떫은맛을 내는 탄닌은 미숙한 과일에 많이 함유되어 있지만, 성숙할수록 감소된다. **답** ④

02 아밀로오스와 함량이 높은 전분이 아밀로펙틴이 많은 전분보다 노화가 잘 일어난다. **답** ①

03 식품 자체의 부족한 영양성분을 보충하는 것은 조리의 목적에 해당하지 않는다.
① 영양성 ③ 기호성 ④ 안정성에 해당한다. **답** ②

04 수중유적형(O/W)은 물 중에 기름이 분산되어 있는 형태로, 우유, 생크림, 마요네즈, 아이스크림, 크림수프, 케이크 반죽 등이 이에 해당한다. 반면 유중수적형(W/O)은 기름 중에 물이 분산되어 있는 형태로 버터, 마가린 등이 이에 해당한다. **답** ④

해설

05
전분의 호정화(덱스트린화)는 전분을 160~170℃의 건열로 가열했을 때 덱스트린이 되는 현상으로 뻥튀기, 미숫가루 등이 호정화를 이용한 식품에 해당한다. **답** ④

06
달걀은 운동성이 있는 것이 신선한 것이다. **답** ③

07
① 쌀과 보리는 물이 있어야 호화가 잘 일어난다.
② 떡의 노화는 냉동고보다 냉장고에서 잘 일어난다.
③ 호화된 전분을 80℃ 이상에서 급속 건조시키면 노화를 방지할 수 있다. **답** ④

08
전골 : 95~98℃, 국이나 커피 : 70~75℃, 밥 : 40~45℃에서 해당 음식을 맛있게 느낀다. **답** ①

09
브로일링 : 굽기, 스티밍 : 찌기, 보일링 : 끓이기, 시머링 : 은근히 끓이기를 의미한다. **답** ①

---

05 전분의 호정화를 이용한 식품은?
① 식 혜
② 치 즈
③ 맥 주
④ 뻥튀기

06 달걀의 신선도를 판정하는 방법으로 틀린 것은?
① 신선한 달걀의 난황계수는 0.36~0.44이며 0.25 이하인 것은 오래된 것이다.
② 산란 직후의 달걀의 비중은 1.04 정도이며 난각의 두께에 따라 좌우되기는 하지만 비중 1.028에서 떠 오르는 것은 오래된 것으로 판정한다.
③ 투시검란의 경우는 기실이 작고 난황의 색이 선명하며, 운동성이 없는 것이 신선하다.
④ 난각이 거칠고 매끄럽지 않으며 흔들어서 소리가 나지 않는 것이 신선하다.

07 호화와 노화에 대한 설명으로 옳은 것은?
① 쌀과 보리는 물이 없어도 호화가 잘 된다.
② 떡의 노화는 냉장고보다 냉동고에서 더 잘 일어난다.
③ 호화된 전분을 80℃ 이상에 급속히 건조하면 노화가 촉진된다.
④ 설탕의 첨가는 노화를 지연시킨다.

08 음식을 제공할 때 온도를 고려해야 하는데 다음 중 맛있게 느끼는 식품의 온도가 가장 높은 것은?
① 전 골
② 국
③ 커 피
④ 밥

09 서양요리 조리방법 중 습열조리와 거리가 먼 것은?
① 브로일링(Broiling)
② 스티밍(Steaming)
③ 보일링(Boiling)
④ 시머링(Simmering)

해 설

10 습열조리법이 아닌 것은?
① 설렁탕　② 갈비찜
③ 불고기　④ 버섯전골

10
불고기는 석쇠를 이용하여 직접적으로 불에 굽는 건열조리를 사용한 음식이며, 습열에 의한 조리에는 데치기, 삶기, 찌기, 끓이기가 있다.　답 ③

11 젤라틴의 응고에 관한 내용으로 틀린 것은?
① 젤라틴의 농도가 높을수록 빨리 응고된다.
② 설탕의 농도가 높을수록 빨리 응고된다.
③ 염류는 젤라틴이 물을 흡수하는 것을 막아 단단하게 응고시킨다.
④ 단백질 분해효소를 사용하면 응고력이 약해진다.

11
설탕은 젤라틴 분자의 망상구조 형성을 약화시켜 천천히 응고하게 만든다. 설탕의 첨가량이 많으면 겔 강도를 감소시켜 농도가 증가할수록 응고력이 감소된다.　답 ②

12 냉동식품에 관한 설명으로 틀린 것은?
① 비닐봉지에 넣어 50℃ 이상의 물속에서 빨리 해동시키는 것이 이상적인 방법이다.
② 생선의 냉동품은 반 정도 해동하며 조리하는 것이 안전하다.
③ 냉동식품을 완전해동하지 않고 직접 가열하며 효소나 미생물에 의한 변질의 염려가 적다.
④ 일단 해동된 식품은 더 쉽게 변질되므로 필요한 양만큼만 해동하여 사용한다.

12
냉동식품을 해동할 때는 0℃에 가까운 온도에서 천천히 해동하여 표면과 중심부의 온도 차이를 적게 하는 것이 원래 상태로 회복하기에 적절하므로, 완만히 해동하는 것이 좋다.　답 ①

13 다음 한천과 젤라틴의 설명 중 틀린 것은?
① 한천은 해조류에서 추출한 식물성 재료이며 젤라틴은 육류에서 추출한 동물성 재료이다.
② 용해온도는 한천이 35℃, 젤라틴이 80℃ 정도로 한천을 사용하면 입에서 더욱 부드럽고 단맛을 빨리 느낄 수 있다.
③ 응고온도는 한천이 25~35℃, 젤라틴이 10~15℃로 제품을 응고시킬 때 젤라틴은 냉장고에 넣어야 더 잘 굳는다.
④ 모든 후식을 만들 때도 사용하는데 대표적으로 한천으로는 양갱, 젤라틴으로는 젤리를 만든다.

13
한천의 용해온도는 80~100℃, 젤라틴은 35~40℃이다.　답 ②

해설

14
튀김 조리 시, 소량의 중조를 첨가하면 튀김 표면을 빨리 건조시켜 바삭한 맛은 낼 수 있지만, 비타민의 손실은 크다.
답 ①

15
홍조류에는 김 외에도 우뭇가사리 등이 있지만 김에 비해 단백질 함량이 적다. 갈조류에는 미역, 다시마, 톳 등이 있고, 녹조류는 파래, 매생이, 청각 등이 있다.
답 ③

16
녹색채소 조리 시 다량의 조리수에 소금을 넣고 뚜껑을 열고 데쳐야 휘발성 유기산에 의한 갈변을 방지할 수 있다.
답 ①

17
기름의 사용횟수가 많은 경우, 가열시간이 긴 경우, 이물질이 많은 경우, 튀김용기의 표면적이 넓은 경우 발연점이 낮아진다.
답 ①

18
③ 레닌은 우유의 카세인을 응고시킨다.
① 파파야에는 파파인
② 파인애플에는 브로멜린
④ 무화과에는 피신이라는 효소가 들어 있어 육류의 가수분해에 의한 연화작용을 한다.
답 ③

---

14 다음 중 영양소의 손실이 가장 큰 조리법은?

① 바삭바삭한 튀김을 위해 튀김옷에 중조를 첨가한다.
② 푸른 채소를 데칠 때 약간의 소금을 첨가한다.
③ 감자를 껍질째 삶은 후 절단한다.
④ 쌀을 담가 놓았던 물을 밥물로 사용한다.

15 홍조류에 속하며 무기질이 골고루 함유되어 있고 단백질도 많이 함유된 해조류는?

① 김   ② 미 역
③ 우뭇가사리   ④ 다시마

16 시금치의 녹색을 최대한 유지시키면서 데치려고 할 때 가장 좋은 방법은?

① 100℃ 다량의 조리수에서 뚜껑을 열고 단시간에 데쳐 재빨리 헹군다.
② 100℃ 다량의 조리수에서 뚜껑을 닫고 단시간에 데쳐 재빨리 헹군다.
③ 100℃ 소량의 조리수에서 뚜껑을 열고 단시간에 데쳐 재빨리 헹군다.
④ 100℃ 소량의 조리수에서 뚜껑을 닫고 단시간에 데쳐 재빨리 헹군다.

17 다음 중 기름의 발연점이 낮아지는 경우는?

① 유리지방산 함량이 많을수록
② 기름을 사용한 횟수가 적을수록
③ 기름 속에 이물질의 유입이 적을수록
④ 튀김용기의 표면적이 좁을수록

18 육류의 연화작용에 관여하지 않는 것은?

① 파파야   ② 파인애플
③ 레 닌   ④ 무화과

19 육류조리에 대한 설명으로 틀린 것은?

① 탕 조리 시 찬물에 고기를 넣고 끓여야 추출물이 최대한 용출된다.
② 장조림조리 시 간장을 처음부터 넣으면 고기가 단단해지고 잘 찢기지 않는다.
③ 편육조리 시 찬물에 넣고 끓여야 잘 익고 고기 맛이 좋다.
④ 불고기용으로는 결합조직이 되도록 적은 부위가 적당하다.

19
편육을 만들 때는 고기를 찬물에 담가 핏물을 제거한 후, 끓는 물에 넣고 삶는다. 끓는 물에 고기를 넣으면 고기 표면이 응고되어 내부 성분이 용출이 덜 되기 때문에 고기의 맛이 좋아진다.
답 ③

20 육류의 가열 변화에 의한 설명으로 틀린 것은?

① 생식할 때보다 풍미와 소화성이 향상된다.
② 근섬유와 콜라겐은 45℃에서 수축하기 시작한다.
③ 가열한 고기의 색은 메트미오글로빈(Metmyoglobin)이다.
④ 고기의 지방은 근수축과 수분손실을 적게 한다.

20
고기의 열에 대한 변성은 대개 80℃ 부근에서 이루어지는데, 그 이상으로 온도를 가열하면 콜라겐이 젤라틴으로 용해되면서 근섬유를 한가닥씩 풀어주므로 고기가 연해진다.
답 ②

21 육류의 사후강직과 숙성에 대한 설명으로 틀린 것은?

① 사후강직은 근섬유가 미오글로빈(Myoglobin)을 형성하여 근육이 수축되는 상태이다.
② 도살 후 글리코겐이 혐기적 상태에서 젖산을 생성하여 pH가 저하된다.
③ 사후강직 시기에는 보수성이 저하되고 육즙이 많이 유출된다.
④ 자가분해효소인 카텝신(Cathepsin)에 의해 연해지고 맛이 좋아진다.

21
사후강직은 동물 도살 후 산소 공급이 중지되어 당질의 호기적 분해가 일어나지 않아 근육 중 젖산의 증가로 근육수축이 일어나 경직되는 것을 말한다.
답 ①

22 다음 중 계량방법이 잘못된 것은?

① 저울을 수평으로 놓고 눈금은 정면에서 읽으며 바늘은 0에 고정시킨다.
② 가루상태의 식품은 계량기에 꼭꼭 눌러 담은 다음 윗면이 수평이 되도록 스페츌러로 깎아서 잰다.
③ 액체식품은 투명한 계량용기를 사용하여 계량컵의 눈금과 눈높이를 맞추어서 계량한다.
④ 된장이나 다진 고기 등의 식품재료는 계량기구에 눌러 담아 빈 공간이 없도록 채워서 깎아서 잰다.

22
밀가루와 같은 가루 상태의 식품은 체에 쳐서 누르지 않고 담아 평면을 깎아서 계량한다.
답 ②

해 설

23
달걀은 가열에 의해 달걀 단백질이 응고되면서 글루텐의 형성을 도와 빵의 모양을 유지하고, 빵맛과 색을 좋게 한다.
답 ④

24
① 강력분은 글루텐 함량이 13% 이상이며, 식빵, 마카로니, 스파게티 등의 제조에 알맞다.
③ 보리의 고유단백질은 호르데인(Hordein)이다.
④ 압맥, 할맥은 섬유소를 제거하여 조리가 간편하고 소화율이 높다.
답 ②

25
생선은 결체조직의 함량이 낮으므로 건열조리법을 주로 사용한다. **답** ②

26
생강은 생선이 익은 후에 넣어야 탈취 효과가 있다. **답** ②

27
수란 조리 시 물에 식초를 첨가하면 난백의 응고를 돕고, 작은 생선에 식초를 소량 가하면 뼈의 칼슘까지도 가용성 물질로 만들어 뼈가 부드러워지며, 기름기 많은 재료에 식초를 사용하면 산뜻한 맛을 줄 수 있다. **답** ③

---

23 밀가루로 빵을 만들 때 첨가하는 다음 물질 중 글루텐(Gluten) 형성을 도와주는 것은?

① 설 탕　　② 지 방　　③ 중 조　　④ 달 걀

24 곡류에 대한 설명으로 옳은 것은?

① 강력분은 글루텐 함량이 13% 이상으로 케이크 제조에 알맞다
② 박력분은 글루텐 함량이 10% 이하로 과자, 비스킷 제조에 알맞다.
③ 보리의 고유한 단백질은 오리제닌(Oryzenin)이다.
④ 압맥, 할맥은 소화율을 저하시킨다.

25 어패류 조리방법 중 틀린 것은?

① 조개류는 낮은 온도에서 서서히 조리하여야 단백질의 급격한 응고로 인한 수축을 막을 수 있다.
② 생선은 결체조직의 함량이 높으므로 주로 습열조리법을 사용해야 한다.
③ 생선조리 시 식초를 넣으면 생선이 단단해진다.
④ 생선조리에 사용하는 파, 마늘은 비린내 제거에 효과적이다.

26 생선조리 방법으로 적합하지 않은 것은?

① 탕을 끓일 경우 국물을 먼저 끓인 후에 생선을 넣는다.
② 생강은 처음부터 넣어야 어취 제거에 효과적이다.
③ 생선조림은 간장을 먼저 살짝 끓이다가 생선을 넣는다.
④ 생선 표면을 물로 씻으면 어취가 많이 감소된다.

27 아래에서 설명하는 조미료는?

- 수란을 뜰 때 끓는 물에 이것을 넣고 달걀을 넣으면 단백질의 응고를 돕는다.
- 작은 생선을 사용할 때 이것을 소량 가하면 뼈가 부드러워진다.
- 기름기 많은 재료에 이것을 사용하면 맛이 부드럽고 산뜻해진다.

① 설 탕　　② 후 추　　③ 식 초　　④ 소 금

28 주방에서 후드(Hood)의 가장 중요한 기능은?

① 실내의 습도를 유지시킨다.
② 실내의 온도를 유지시킨다.
③ 증기, 냄새 등을 배출시킨다.
④ 바람을 들어오게 한다.

29 사과나 딸기 등이 잼에 이용되는 가장 중요한 이유는?

① 과숙이 잘 되어 좋은 질감을 형성하므로
② 펙틴과 유기산이 함유되어 잼 제조에 적합하므로
③ 색이 아름다워 잼의 상품가치를 높이므로
④ 새콤한 맛 성분이 잼 맛에 적합하므로

30 다음의 식단구성 중 편중되어 있는 영양가의 식품군은?

> 완두콩밥, 된장국, 장조림, 명란알찜, 두부조림, 생선구이

① 탄수화물군 ② 단백질군
③ 비타민 / 무기질군 ④ 지방군

31 양파의 가열조리 시 단맛이 나는 이유는?

① 황화아릴류가 증가하기 때문
② 가열하면 양파의 매운맛이 제거되기 때문
③ 알리신이 티아민과 결합하여 알리티아민으로 변하기 때문
④ 황화합물이 프로필메르캅탄(Propyl Mercatan)으로 변하기 때문

32 조리기기 및 기구와 그 용도의 연결이 틀린 것은?

① 필러(Peeler) : 채소의 껍질을 벗길 때
② 믹서(Mixer) : 재료를 혼합할 때
③ 슬라이서(Slicer) : 채소를 다질 때
④ 육류 파우더(Meat Pounder) : 육류를 연화시킬 때

해 설

28
후드의 가장 중요한 기능은 증기, 냄새 등을 배출하여 실내를 환기시키는 것이다.
답 ③

29
잼을 만들기에 적당한 과일의 조건은 펙틴과 산(과일에 함유된 유기산)을 가지고 있어야 한다. 사과, 딸기, 자두 등은 펙틴과 산이 많아 잼 제조에 적합한 과일이다.
답 ②

30
단백질 급원식품으로는 육류, 두류, 어류가 있다.
답 ②

31
양파를 가열조리 시 단맛이 나는 이유는 양파의 맛 성분이 열을 가하면 기화되면서 일부 분해되어 단맛을 내는 프로필메르캅탄을 형성하기 때문이다.
①, ③ 황화아릴은 파의 매운맛 성분, 알리신은 마늘의 매운맛 성분이다.
② 양파의 매운맛을 제거하기 위해서는 찬물에 담가둔다.
답 ④

32
슬라이서는 햄, 육류 등을 일정하게 써는 기구이다. 채소를 다질 때 사용하는 기구는 푸드 초퍼이다.
답 ③

해설

33
달걀의 가공 특성에는 응고성, 녹변현상, 기포성, 유화성이 있다.   답 ③

34
튀긴 기름을 걸러 식힌 다음 갈색병에 담아 공기와의 접촉을 차단하고 서늘한 곳에 보관해야 한다.   답 ③

35
열전도율이 높은 용기에 넣고 급속냉동하여야 처음의 맛을 최대한 유지할 수 있다.   답 ③

36
무에 들어 있는 색소는 플라보노이드계 색소인 안톤진탄으로, 산에는 안정하여 흰색을 유지하지만 알칼리에는 진한 황색으로 변한다.   답 ①

37
① 채소를 잘게 썰어 국을 끓이면 수용성 영양소의 손실이 커진다.
② 전자레인지는 초단파(전자파)에 의해 음식이 조리된다.
④ 푸른색을 유지하며 채소를 데치기 위해서는 채소의 5배 정도의 물에 채소를 넣고 데쳐야 한다.   답 ③

---

33 달걀의 가공 특성이 아닌 것은?
① 열응고성
② 기포성
③ 쇼트닝성
④ 유화성

34 튀김에 사용한 기름을 보관하는 방법으로 가장 적절한 것은?
① 식힌 후 그대로 서늘한 곳에 보관한다.
② 공기와의 접촉면을 넓게 하여 보관한다.
③ 망에 거른 후 갈색병에 담아 보관한다.
④ 철제 팬에 담아 보관한다.

35 가정에서 식품의 급속냉동방법으로 부적절한 것은?
① 충분히 식혀 냉동한다.
② 식품의 두께를 얇게 하여 냉동한다.
③ 열전도율이 낮은 용기에 넣어 냉동한다.
④ 식품 사이에 적절한 간격을 두고 냉동한다.

36 조리방법에 대한 설명으로 틀린 것은?
① 무초절임쌈을 할 때 얇게 썬 무를 식소다 물에 담가두면 무의 색소 성분이 알칼리에 의해 더욱 희게 유지된다.
② 양파를 썬 후 강한 향을 없애기 위해 식초를 뿌려 효소작용을 억제시켰다.
③ 시골의 핏물을 우려내기 위해 찬물에 담가 혈색소인 수용성 헤모글로빈을 용출시켰다.
④ 모양을 내어 썬 양송이에 레몬즙을 뿌려 색이 변하는 것을 억제시켰다.

37 조리방법에 대한 설명으로 옳은 것은?
① 채소를 잘게 썰어 국을 끓이면 빨리 익으므로 수용성 영양소의 손실이 적어진다.
② 전자레인지는 자외선에 의해 음식이 조리된다.
③ 콩나물국의 색을 맑게 만들기 위해 소금으로 간을 한다.
④ 푸른색을 최대한 유지하기 위해 소량의 물에 채소를 넣고 데친다.

38 소금에 대한 설명 중 틀린 것은?

① 무기질의 공급원이다.
② 단맛을 높여 준다.
③ 제면 공정에 첨가하면 제품의 물성을 향상시킨다.
④ 온도에 따라 용해도의 차가 크다.

39 각 식품을 냉장고에서 보관할 때 나타나는 현상의 연결이 틀린 것은?

① 바나나 : 껍질이 검게 변한다.
② 고구마 : 전분이 변해서 맛이 없어진다.
③ 식빵 : 딱딱해진다.
④ 감자 : 솔라닌이 생성된다.

40 냉동보관에 대한 설명으로 틀린 것은?

① 냉동된 닭을 조리할 때 뼈가 검게 변하기 쉽다.
② 떡의 장시간 노화방지를 위해서는 냉동보관하는 것이 좋다.
③ 급속냉동 시 얼음 결정이 크게 형성되어 식품의 조직파괴가 크다.
④ 서서히 동결하면 해동 시 드립(Drip)현상을 초래하여 식품의 질을 저하시킨다.

41 다음 중 상온에서 보관해야 하는 식품은?

① 바나나   ② 사 과   ③ 포 도   ④ 딸 기

42 전자레인지의 주된 조리원리는?

① 복 사   ② 전 도   ③ 대 류   ④ 초단파

43 작업장서 발생하는 작업의 흐름에 따라 시설과 기기를 배치할 때 작업의 흐름이 순서대로 연결된 것은?

㉠ 전처리	㉡ 장식·배식	㉢ 식기 세척·수납
㉣ 조 리	㉤ 식재료의 구매·검수	

① ㉤→㉠→㉣→㉡→㉢
② ㉠→㉡→㉢→㉣→㉤
③ ㉤→㉣→㉡→㉠→㉢
④ ㉢→㉠→㉣→㉤→㉡

해 설

38
소금은 온도에 따른 용해도의 차가 거의 없다.　　답 ④

39
감자에 함유된 독성물질인 솔라닌은 감자가 햇빛에 노출될 때 녹색으로 변하면서 생긴다.　　답 ④

40
급속냉동 시 얼음 결정이 작게 형성되어 식품의 조직파괴가 적다.　답 ③

41
열대성 과일인 바나나는 저온에서 냉해를 입으므로 상온에서 보관해야 한다.
답 ①

42
전자레인지는 전기에너지를 마그네트론 장치에서 극초단파로 발생시켜 식품 내부에서 열을 발생시키는 원리를 통해 식품을 가열하는 장치이다.　답 ④

43
작업의 흐름은 식재료의 구매·검수 → 전처리(씻기, 썰기, 다듬기) → 조리 → 장식 및 배식 → 식기 세척·수납 순이다.
답 ①

해 설

44
설도는 지방이 적고 질기므로, 장조림, 산적, 육포를 만드는 데에 적당하다.
답 ②

45
조미료는 분자량이 적을수록 빨리 침투하므로, 분자량이 큰 순으로 첨가하는 것이 좋다. 보통 설탕→술→소금→식초→간장→된장→고추장→화학조미료의 순서로 첨가하며, 이때 중요한 것은 가장 처음에 설탕, 그 다음 소금을 첨가하는 것이다.
답 ②

46
당면은 전분을 만드는 과정에서 α화(호화)되었다가 제품화(당면)되었을 때는 다시 β화(노화)된 것이므로 반드시 열을 가하여 α화(호화)하여 먹어야 한다.
답 ①

47
난백의 기포성을 이용한 조리에는 머랭, 스펀지 케이크, 튀김옷 등이 있다.
답 ③

48
꽃 부분을 주로 먹는 채소는 화채류로, 브로콜리, 콜리플라워, 아티초크 등이 해당된다. 비트는 뿌리 부분을 먹는 근채류에 속한다.
답 ③

49
저온 처리 시 나타나는 단백질의 변화에는 가수분해, 탈수현상, 생물학적 활성 파괴, 용해도 감소가 있다.
답 ④

---

44 쇠고기의 부위별 용도의 연결이 적합하지 않은 것은?
① 앞다리 : 불고기, 육회, 구이
② 설도 : 스테이크, 샤브샤브
③ 목심 : 불고기, 국거리
④ 우둔 : 산적, 장조림, 육포

45 조미료의 침투속도와 채소의 색을 고려할 때 조미료 사용 순서가 가장 합리적인 것은?
① 소금 → 설탕 → 식초
② 설탕 → 소금 → 식초
③ 소금 → 식초 → 설탕
④ 식초 → 소금 → 설탕

46 ( )에 알맞은 용어가 순서대로 나열된 것은?

> 당면은 감자, 고구마, 녹두 가루에 첨가물을 혼합, 성형하여 (   )한 후 건조, 냉각하여 (   )시킨 것으로 반드시 열을 가해 (   )하여 먹는다.

① α화 → β화 → α화
② α화 → α화 → β화
③ β화 → β화 → α화
④ β화 → α화 → β화

47 달걀의 기포성을 이용한 것은?
① 달걀찜
② 푸딩(Pudding)
③ 머랭(Meringue)
④ 마요네즈(Mayonnaise)

48 다음 채소류 중 일반적으로 꽃 부분을 식용으로 하는 것과 거리가 먼 것은?
① 브로콜리(Broccoli)
② 콜리플라워(Cauliflower)
③ 비트(Beet)
④ 아티초크(Artichoke)

49 식품을 저온 처리할 때 단백질에서 나타나는 변화가 아닌 것은?
① 가수분해
② 탈수현상
③ 생물학적 활성 파괴
④ 용해도 증가

50 두부를 만드는 과정에서 콩 단백질의 어떠한 성질을 이용한 것인가?

① 건조에 의한 변성　② 동결에 의한 변성
③ 효소에 의한 변성　④ 무기염류에 의한 변성

해설

50
두부 제조 시, 콩 단백질(글리시닌)에 무기염류(응고제)를 첨가하여 응고시키는 원리를 이용한다. **답 ④**

51 녹색채소 조리 시 중조($NaHCO_3$)를 가할 때 나타나는 결과에 대한 설명으로 틀린 것은?

① 진한 녹색으로 변한다.
② 비타민 C가 파괴된다.
③ 페오피틴(Pheophytin)이 생성된다.
④ 조직이 연화된다.

51
페오피틴(Pheophytin)은 산성(식초)에 의해 생성된다. **답 ③**

52 김에 대한 설명 중 옳은 것은?

① 붉은색으로 변한 김은 불에 잘 구우면 녹색으로 변한다.
② 건조김은 조미김보다 지질 함량이 높다.
③ 김은 칼슘 및 철, 칼륨이 풍부한 알칼리성 식품이다.
④ 김의 감칠맛은 단맛과 지미를 가진 Cystine, Mannit 때문이다.

52
김은 비타민과 무기질이 풍부한 알칼리성식품으로, 김의 단맛과 지미 성분은 알라닌, 글리신, 글루탐산 등이며, 기름을 발라 조미한 김의 지질 함량이 건조한 김보다 높다. **답 ③**

53 뜨거워진 공기를 팬(fan)으로 강제 대류시켜 균일하게 열이 순환되므로 조리시간이 짧고 대량조리에 적당하나 식품표면이 건조해지기 쉬운 조리기기는?

① 틸팅튀김팬(rilring fry pan)　② 튀김기(fryer)
③ 증기솥(steam kettles)　④ 컨벡션오븐(convectioin oven)

53
컨벡션오븐은 뜨거워진 공기를 팬(Fan)으로 강제 대류시켜 균일하게 열이 순환되므로 조리시간이 짧고 대량조리에 적당하나 식품 표면이 건조해지기 쉽다. **답 ④**

54 사업소 급식에서 식당 면적과 조리실 면적은 얼마가 적절한가?

① 식당 : $0.5m^2/1$식 － 조리실: $0.2m^2/1$식
② 식당 : $0.5m^2/1$식 － 조리실: $0.5m^2/1$식
③ 식당 : $1m^2/1$식 － 조리실: $0.2m^2/1$식
④ 식당 : $1m^2/1$식 － 조리실: $0.5m^2/1$식

54
사업소급식에서의 식당 면적은 $1m^2/1$식 － 조리실 면적 $0.2m^2/1$식이 적당하다. **답 ③**

해설

55
슬라이서(slicer) : 고기나 빵, 야채 등을 같은 두께로 일정하게 썰거나 얇게 썰기 위한 도구이다.
답 ②

56
조리는 식품의 기호적인 가치와 영양적 가치 및 안전성 그리고 현대인이 요구하는 심리적 만족까지 충족시킬 수 있어야 한다.
답 ④

57
쉬포나드는 바질 잎 등을 말아 실처럼 얇게 썬 형태를 말한다.
답 ④

58
밀어썰기는 모든 칼질의 가장 기본이 되며 피로도와 소리가 작은 것이 특징이다.
답 ①

59
• 만돌린(mandoline) : 과일이나 야채로 썰 때 사용되거나 감자 등을 와플 형태로 썰 수 있는 도구
• 그레이터(grater) : 야채 또는 치즈 등을 원하는 형태로 가는 도구
• 제스터(zester) : 오렌지나 레몬의 색깔 있는 부분만 길게 실처럼 벗기는 도구
• 푸드 밀(food mill) : 완전히 익힌 감자나 고구마 등을 분쇄하기 위한 도구
답 ③

60
샤또는 당근이나 감자 등의 사이드 야채로 많이 쓰인다.
답 ②

---

55 다음 중 조리용 기기 사용이 틀린 것은?
① 필러(peeler) : 감자, 당근 껍질 벗기기
② 슬라이서(slicer) : 쇠고기 갈기
③ 세미기 : 쌀의 세척
④ 믹서 : 재료의 혼합

56 다음은 조리의 정의와 관련된 설명 중 틀린 것은?
① 식품의 다듬기에서부터 식탁에 올리기까지의 전 과정을 의미한다.
② 식품에 물리적·화학적 조작을 가하여 합리적인 음식물로 만드는 과정이다.
③ 식품을 위생적으로 처리한 후 먹기 좋고 소화되기 쉽게 하는 과정이다.
④ 식품의 기호적인 가치나 심리적 만족과는 무관하다고 할 수 있다.

57 허브 등을 돌돌 말아 얇게 썬 형태는?
① 바토네(batonnet)
② 샤또(chateau)
③ 쥘리엔(julienne)
④ 쉬포나드(chiffonnade)

58 칼질법 중 모든 칼질의 기본이 되는 것은?
① 밀어 썰기
② 후려 썰기
③ 칼끝 대고 눌러 썰기
④ 칼끝 대고 밀어 썰기

59 오렌지나 레몬의 색깔 있는 부분만 길게 실처럼 벗기는 도구는?
① mandoline
② grater
③ zester
④ foodmill

60 길이 5~6cm 정도의 끝은 뭉뚝하고 배가 나온 원통형태의 모양으로 깎는 것은?
① olivette
② chateau
③ chop
④ brunoise

61 칼과 사용용도가 틀린 것은?

① bread knife : 여러 종류의 빵을 자를 때 사용
② cleaver knife : 단단하지 않은 뼈가 있는 식재료를 자를 때 사용
③ cheese knife : 여러 종류의 치즈를 자를 때 사용
④ mincing knife : 훈제된 생선을 얇게 자를 때 사용

해 설

61
mincing knife의 용도는 허브 등을 다질 때 사용한다. **답** ④

62 대량 조리시의 고려사항과 가장 거리가 먼 것은?

① 조리원의 숙련도 및 작업방법
② 조리해 할 식품의 양 및 조리방법
③ 급식인원의 취향 및 기호도
④ 적절한 조리기구의 선정 및 사용

62
대량조리 시 숙련도 및 작업방법, 식품의 양, 조리법, 조리기구 사용 등을 고려하며 해야 한다. **답** ③

63 단체급식에서 생길 수 있는 문제점으로 틀린 것은?

① 심리면에서 가정식에 대한 향수를 느낄 수 있다.
② 비용면에서 물가상승으로 인한 부식비 부족으로 재료비가 충분치 못하다.
③ 대량 조리 중 불청결로 위생상의 사고위험이 있다.
④ 불특정인을 대상으로 하므로 영양관리는 상관없다.

63
단체급식의 목적은 피급식자의 영양개선과 건강증진의 도모에 있다. **답** ④

64 대량 조리란 일반적으로 몇 명 정도의 급식인원에게 제공되는 경우인가?

① 20인분 이상   ② 30인분 이상
③ 40인분 이상   ④ 50인분 이상

64
대량 조리란 일반적으로 50인분 이상의 많음 음식을 동시에 공급할 수 있도록 특정한 시설이나 조리기구를 사용하는 조리과정을 말한다. **답** ④

65 식품조리 중 영양성분이 가장 많이 용출되는 조리법은?

① 끓이기   ② 볶 음
③ 구 이   ④ 튀 김

65
끓이기는 국물과 같이 서서히 가열하기 때문에 맛성분이 많이 빠져 나간다. **답** ①

해 설

66
삶기의 효과로는 단백질 응고, 전분의 호화, 조직의 연화, 지방성분의 용출, 유해성분의 제거, 살균 및 소독, 색소의 고정이 있다.　**답 ②**

67
조리장에서 고려해야 할 사항은 위생 → 능률 → 경제 순이다.　**답 ④**

68
쌀은 벼, 현미, 백미 순으로 저장에 유리하다.　**답 ②**

69
튀김은 센불로 기름을 가열하여 160~180℃까지 온도를 올린 후 고온의 기름속에서 단시간에 조리하는 방법이다.　**답 ④**

70
- 큐브(cube) : 사방 2cm 크기
- 다이스(dice) : 사방 1.2cm 크기
- 스몰 다이스(small dice) : 사방 0.6cm 크기
- 브뤼노아즈(brunoise) : 사방 0.3cm 크기　**답 ①**

71
채소/과일 구역은 전처리 시 물을 많이 사용하고 전처리 후 냉장보관이 필요하다.　**답 ④**

---

66 조리법 중 삶기 조작의 효과가 아닌 것은?
① 단백질의 응고　② 전분의 노화
③ 지방성분의 용출　④ 색소의 고정

67 다음 중 조리장과 관련한 설명으로 틀린 것은?
① 식품의 오염을 방지할 수 있어야 한다.
② 기구, 기기 등의 배치가 능률적이어야 한다.
③ 내구성이 있고 구입이 쉬우며 경제적이어야 한다.
④ 가장 우선적으로 고려할 사항은 능률이다.

68 쌀을 저장하는데 가장 알맞은 형태는?
① 5분도미　② 7분도미　③ 현 미　④ 백 미

69 다음의 조리방법 중 센불로 가열한 후 약 불로 세기를 조절하는 것과 관계가 없는 것은?
① 생선조림　② 된장찌개　③ 밥　④ 새우튀김

70 식재료 써는 방법 중 가장 큰 주사위 모양으로 써는 방법은?
① 큐브(cube)　② 다이스(dice)
③ 스몰 다이스(small dice)　④ 브뤼노아즈(brunoise)

71 주방 설비 구역 중 특히 다음과 같은 점에 유의하여 설비해야 하는 곳은?

- 물을 많이 사용하므로 급수 및 배수시설이 중요하다.
- 흙이나 오물, 쓰레기 등의 처리가 용이해야 한다.
- 냉장 보관시설이 잘 되어야 한다.

① 가열조리 구역　② 식기세척 구역
③ 육류처리 구역　④ 채소/과일처리 구역

72 다음 중 육류의 결합조직 성분으로 섭취 시 소화가 잘 이루어지지 않는 것은?
① 콜라겐 ② 엘라스틴 ③ 횡문근 ④ 평활근

73 육류의 근육조직 중 식용으로 이용되는 근육은?
① 심 격 ② 골격근 ③ 평활근 ④ 불수의근

74 다음 중 소화가 가장 빨리 이루어지는 달걀의 조리방법은?
① 완 숙 ② 반 숙
③ 생 란 ④ 프라이

75 고온 단시간의 처리로 비타민의 손실이 적으며 지용성 비타민의 흡수도 좋아지는 조리법은?
① 데치기 ② 볶 기
③ 튀기기 ④ 굽 기

76 용량을 측정하는 단위에서 1쿼터(quart)는 약 몇 컵이 되는가?
① 약 1컵 ② 약 2컵
③ 약 4컵 ④ 약 3컵

77 다음 중 튀기기의 적정한 온도는?
① 100~120℃ ② 120~140℃
③ 140~160℃ ④ 160~180℃

해 설

72 육류의 결합조직인 엘라스틴은 물 속에서 오래 끓여도 거의 변화되지 않고 단백질 소화효소에 의해서 강한 저항성을 가지고 있어 소화가 되지 않는다.
답 ②

73 육류는 근육조직, 결합조직, 지방조직 3가지로 구성되어 있으며 그 중 조리 대상이 되는 근육조직은 골격근이 식용으로 쓰인다.
답 ②

74 달걀조리 중 소화가 잘 되는 순서는 반숙 > 완숙 > 생란 > 프라이 순이다.
답 ②

75 양식에서의 볶기(saute)는 고온에서 재료를 단시간에 조리하는 것으로 영양소 손실이 적고 지용성 비타민의 흡수도 도와준다.
답 ②

76 1quart(쿼터) = 2pints(핀트) = 약 4C
답 ③

77 튀기기의 적합 온도는 160~180℃ 사이이다.
답 ④

해설

78
베이킹파우더는 제빵 시 주재료를 부풀게하는 이스트의 대체품으로 빵과 과자, 케이크 등을 만들 때 팽창제로 사용한다.
답 ③

79
- 용출 : 재료의 성분이 용매 속에 녹아 나오는 현상
- 확산 : 액의 농도가 부분에 다르면 자연히 용질의 이동이 일어나서 농도가 다 같아지는 현상
- 팽윤 : 수분을 흡수하여 몇배로 불어 나는 현상
답 ②

80
설탕은 단백질의 연화작용을 하고 밀가루 식품의 노화를 방지하며 50~60%의 설탕용액은 방부효과도 있다.
답 ①

---

78 다음 중 베이킹 파우더를 팽창제로 사용하여 만든 음식은?
① 만두피 ② 마카로니
③ 쿠 키 ④ 수제비

79 소금을 이용하여 배추를 절일 때 다음 중 가장 관련이 깊은 현상은?
① 용출현상 ② 삼투현상
③ 확산현상 ④ 팽윤현상

80 밀가루 식품의 노화를 방지하고 육류의 연화작용 및 방부의 효과가 있는 조미료는?
① 설 탕 ② 소 금
③ 식 초 ④ 간 장

06 스톡조리

 **1. 스톡조리**

1. 스톡 재료준비

(1) 스톡의 정의

① 향기 있는 중성의 맛을 띠는 액체
② 육류, 가금류, 어류, 해산물, 야채류, 향신료에 따라 다양한 스톡이 탄생
③ 화이트 스톡(White Stock)과 브라운 스톡(Brown Stock)으로 구분됨
④ 메인 코스나 수프 등 각각의 성질에 맞는 스톡으로 나눔
⑤ 스톡 제조 시 재료준비, 조리과정, 냉각, 저장 등 숙련된 경험이 필요함

(2) 스톡의 재료

스톡의 종류가 달라도 스톡에 사용되는 재료는 그 스톡의 기본 재료인 뼈와 맛을 돋우기 위한 야채, 즉 미르포아, 향신료, 물 등으로 구성

① 부케가르니(Bouquet garni)

　㉠ 통후추, 월계수 잎, 타임, 파슬리 줄기 등을 스톡을 조리할 시 사용
　㉡ 샤세 데피스(Sachet d'epices)는 부케가르니(Bouquet garni)와 재료가 비슷하고, 용도도 같아 혼용하고 있지만 부케가르니는 좀 더 작은 조각의 향신료들을 소창에 넣고 사용

② 미르포아(Mirxpoix)

　㉠ 양파, 당근, 셀러리를 2 : 1 : 1 비율로 준비한 것
　㉡ 오래 끓이는 스톡은 크게, 짧게 끓이는 스톡은 작게 준비
　㉢ 화이트 스톡의 경우 당근을 빼고 파스닙, 대파 흰부분 등으로 대신함

③ 뼈(bone)

　㉠ 스톡의 향과 색, 특성을 부여하는 역할
　㉡ 소뼈는 스톡 중 가장 대표적인 재료로 쓰이며 콜라겐(Collagen)과 연골(Cartilage Bone)이 등, 목,

정강이에 가장 많이 함유되어 있으며 6~8시간을 조리해야 함
ⓒ 닭뼈는 5~6시간을 조리해야 함
ⓔ 생선뼈는 1~2시간 내외로 조리하며, 뼈의 불순물을 완전히 제거한 후 사용

스톡	water	bone	mirepoix	aromatic	tomato	white wine
White	✔	✔	✔	✔		
Brown	✔	✔(brown)	✔(brown)	✔	✔	✔
Fish	✔	✔	✔	✔		✔
Court bouillon	✔		✔	✔		✔

(3) 스톡의 종류

스톡의 종류는 색에 따라 분류하는데, 크게 화이트 스톡(White stock)과 브라운 스톡(Brown stock)으로 나뉘며, 두 스톡의 가장 큰 차이점은 조리과정 중에 뼈를 오븐에 넣어 갈색으로 구워 사용했는지에 따라 분류됨

① 화이트 스톡(white stock)
  ㉠ 닭, 송아지 소의 뼈와 미르포아 그리고 부케가르니를 넣어 은근히 끓여 만든 것
  ㉡ 조리과정 중에 색이 나면 안 됨

② 갈색 육수(Brown Stock)
  ㉠ 닭, 송아지, 소 등의 뼈와 미르포아 그리고 부케가르니를 넣어 은근히 끓여 만든 것
  ㉡ 화이트 스톡과 가장 큰 차이점은 브라운 스톡에 사용되는 뼈와 미르포아를 높은 열에서 캐러멜화하는 것과 토마토 페이스트와 같은 토마토 부산물을 첨가한다는 것

③ 생선 육수(Fish Stock)
  ㉠ 생선뼈나 갑각류의 껍질과 미르포아 그리고 부케가르니로 만들며 끓이기 전에 색깔을 낼 필요는 없이 대략 1시간 이내의 짧은 시간에 조리하는 것
  ㉡ 생선퓌메(Fish Fumet)는 생선 육수에 화이트 와인과 레몬주스를 첨가하기도 함

스톡의 종류		세분화된 스톡의 종류	만드는 방법 및 특징
스톡 (Stock)	화이트 스톡 (White Stock)	화이트 비프 스톡(White beef stock)	찬물에 각종 뼈와 야채 향신료를 넣어 끓여서 만든다.
		화이트 피시 스톡(White fish stock)	
		화이트 치킨 스톡(White chicken stock)	
		화이트 베지터블 스톡(White vegetable stock)	
	브라운 스톡 (Brown stock)	브라운 비프 스톡(Brown beef stock)	각종 뼈와 야채를 오븐이나 스토브에서 갈색으로 내어 향신료를 넣어 장시간 끓여낸다.
		브라운 빌 스톡(Brown veal stock)	
		브라운 게임 스톡(Brown game stock)	
		브라운 치킨 스톡(Brown chicken stock)	
	부용 (Bouillon)	미트 부용(Meat bouillon)	미트 부용은 맑게 끓이고 야채와 식초, 소금, 와인 등을 넣어 끓인다.
		베지터블 부용(vegetable bouillon)	

④ 쿠르부용(Court bouillon)
  ㉠ 야채, 부케가르니 그리고 식초나 와인 등의 산성 액체를 넣어 은근히 끓여서 만든 것
  ㉡ 쿠르부용은 야채나 해산물을 포칭(poaching)하는 데 사용함
  ㉢ 생선뼈나 갑각류의 껍데기를 쿠르부용에 넣어서 끓이는 것을 나지(Nage)라 함

2. 스톡 조리

(1) 스톡 조리 시 주의사항

① 스톡 고유의 맛이 충분이 우러나야함
② 스톡의 색을 깨끗하게 유지해야 함
③ 찬물에서 시작할 때 재료가 잠기도록 물을 붓고 시작
  ㉠ 찬물에서부터 조리하여 맛을 최대한 끌어내고 불순물이 잘 올라올 수 있게 함
  ㉡ 물에 재료들이 잠기게끔 조리하여야 스톡품질에 이상 없이 조리가 가능
④ 약한 불에서 천천히 조리시작
  ㉠ 90℃의 온도에서 은근하게 끓여줘야 맛성분들이 물에 잘 용해가 된다.
  ㉡ 센불로 조리할 경우 기름과 스톡의 맛이 물에 엉켜 혼탁해진다.
⑤ 불순물을 걷어내며 조리
  ㉠ 스톡 조리 시 표면에 떠오르는 불순물을 스키밍(Skimming) 해줌
  ㉡ 스톡에 떠오르는 기름 제거
⑥ 간을 하지 않고 조리

3. 스톡 완성

(1) 스톡 거르기

① 스톡은 깨끗하고 투명하게 유지하기 위해 스톡안에 내용물과 섞이지 않게 거르기
② 표면에 기름이 많으면 기름을 제거하며 거르기
③ 차이나캡과 소창을 이용해 맑은 스톡을 만들기

(2) 스톡 냉각시키기

① 시트팬, 나인팬 같은 열전도율이 잘되는 곳에 스톡을 넣고 쿨링(Cooling) 시키기
② 스톡을 냉각시켜 보관하면 보관기간이 길어짐
③ 스톡을 냉각시켜 보관할 때 21℃에서 2시간, 5℃에서 4시간 동안 보관하기

(3) 스톡 보관하기

① 보관한 스톡 위에 기름기 많은 경우 슬로티드스푼(slotted spoon)으로 기름을 제거하기

② 냉장보관한 스톡은 3~4일, 냉동보관한 스톡은 5~6개월 동안 보관이 길어짐

(4) 완성된 스톡 평가하기

① 스톡은 크게 본체(Body), 향(flavor), 투명도(clarity), 색(color)으로 판단
② 불순물의 제거여부로 스톡의 품질이 나뉨
③ 스톡의 특성(향미)를 얼마나 잘 이끌어 냈는지 판단하기

문제점	이 유	해 결
맑지 않음	• 조리 시 불 조절 실패 • 이물질	• 찬물에서 스톡 조리 시작(시머링) • 소창으로 걸러낸다.
향이 적다	• 충분히 조리되지 않음 • 뼈와 물과의 불균형	• 조리시간을 늘인다. • 뼈를 추가로 더 넣는다.
색상이 옅음	뼈와 미르포아가 충분히 태워지지 않음	뼈와 미르포아를 짙은 갈색이 나도록 태운다.
무게감이 없다	뼈와 물과의 불균형	뼈를 추가로 더 넣는다.
짜다	조리하는 동안 소금을 넣음	스톡을 다시 조리한다(스톡에 소금 사용금지).

(5) 스톡 완성하기

① 각 재료에 맞는 스톡재료를 사용하여 조리
② 스톡의 묵직함과 바디감, 색감, 향미 등을 생각하며 조리

07 전채조리

 **1. 전채조리**

1. 전채조리 준비

(1) 전채요리의 종류와 특성

① 전채(오르되브르/Hors d'oeuvre) 식전에 나오는 음식을 의미
   * Hors는 '앞'이란 뜻이고 oeuvre는 '작업 식사'를 의미

② 전채요리의 분류 및 종류

   ㉠ 칵테일(Cocktail)
   - 칵테일은 보통 해산물이 주재료이고 크기를 작게 만들어함
   - 칵테일은 산뜻한 과일을 사용
   - 칵테일은 차갑게 제공되어야 하고 모양이 예쁘고 맛도 좋아야함

   ㉡ 카나페(Canape)
   - 카나페는 빵을 얇게 썰어서 여러 가지 모양으로 잘라 구워서 사용
   - 빵 위에 버터를 바르고 그 위에 여러 가지 재료 올림
   - 빵 대신 크래커(Cracker) 사용
   - 카나페는 다양하게 만들 수 있으며 여러 가지 재료 사용

   ㉢ 렐리시(Relishes)
   - 채소를 예쁘게 다듬어 마요네즈 등과 같은 소스를 곁들어 주는 것
   - 재료로 셀러리, 무, 올리브, 피클, 채소 스틱 등 사용

2. 전채조리

(1) 전채요리의 조리 특징

명 칭	특 징	종 류
플레인(Plain)	형태와 맛이 유지된 것	햄 카나페(Ham canape), 생굴(Oyster), 캐비아(Caviar), 올리브(Olive), 토마토(Tomato), 렐리시(Relish), 살라미(Salami), 소시지(Sausage), 새우 카나페(Shrimp canape), 안초비(Anchovies), 치즈(Cheese), 과일(Fruits), 거위 간(Foie gras), 연어(Salmon) 등
드레스트(Dressed)	요리사의 아이디어와 기술로 가공되어 맛이 유지된 것	과일 주스(Fruits juice), 칵테일(Cacktail), 육류 카나페(Meat canape), 게살카나페(Crab meat canape), 소시지 말이(Sausage roll), 구운 굴(Grillied oyster), 스터프트 에그(Stuffed egg) 등

① 신맛과 짠맛이 적당히 있어야 함
② 주요리보다 소량으로 만들어야 함
③ 예술성이 뛰어나야 함
④ 계절감, 지역별 식재료 사용이 다양해야 함
⑤ 주요리에 사용되는 재료와 반복된 조리법을 사용하지 않음

3. 전채요리 완성

(1) 전채요리에 적합한 콩디망(Condiments) 제공하기

① 전채요리에 사용되는 콩디망(Condiments) 종류

　㉠ 오일 앤 비네그레트(Oil vinaigrette)
　　• 오일과 식초를 3 : 1의 비율로 섞어서 사용
　　• 오일과 식초를 섞고 소금과 후추로 간을 해서 만듦
　　• 해산물이나 채소 요리에 어울리는 시즈닝

　㉡ 베지터블 비네그레트(Vegetable vinaigrette)
　　• 채소를 작은 주사위 모양으로 잘라 오일 3 : 식초 1 비율로 섞어 소금과 후추로 간한 것
　　• 해산물 요리에 많이 사용

　㉢ 토마토 살사(Tomato salsa) : 토마토를 작은 주사위 모양으로 잘라 다진 양파, 올리브유, 적포도주 식초, 파슬리 다진 것을 섞고 소금과 후추로 간을 해서 만든 것

　㉣ 마요네즈(Mayonnaise)
　　• 18세기 프랑스에서 처음 만듦
　　• 정제된 식물성 유지와 달걀노른자를 유화시켜 반고체 식품으로 만든 소스
　　• 채소와 같이 먹거나 무쳐서 사용

ⓜ 발사믹 소스(Balsamic sauce) : 포도주 식초의 일종으로 발사믹 식초를 반으로 졸여 올리브유와 소금, 후추로 간을 해서 사용

(2) 전채요리 접시담기 주의사항

① 전채요리 접시담기는 고객의 편리성이 우선 고려되어야 함
② 전채요리의 재료별 특성을 이해하고 적당한 공간을 두어야 함
③ 접시의 특성에 따라 다르지만, 내원을 벗어나지 않게 함
④ 전채요리에 일정한 간격과 질서를 두고 담음
⑤ 전채요리의 소스(Sauce)는 적당하게 뿌림
⑥ 전채요리의 가니쉬(Garnish)는 요리 재료의 중복을 피해야 함
⑦ 전채요리의 양과 크기가 주요리보다 크거나 많지 않게 주의해야 함
⑧ 전채요리의 색깔과 맛, 풍미, 온도에 유의해야 함

08 샌드위치 조리

  1. 샌드위치 조리

1. 샌드위치 재료준비

(1) **샌드위치**(Sandwich)

샌드위치는 얇게 썬 빵 사이에 속재료(고기 혹은 채소)를 넣은 요리로, 영국에서 유래됨

① 샌드위치 분류

온도에 따른 분류로 핫 샌드위치, 콜드 샌드위치가 있으며 형태에 따른 분류에는 오픈 샌드위치, 클로즈드 샌드위치, 핑거 샌드위치, 롤 샌드위치가 있음

㉠ 온도에 따른 분류

핫 샌드위치	가운데를 썬 빵 사이에 뜨거운 속재료(고기 패티, 어패류 패티, 그릴 야채)가 주재료가 되게 만든 샌드위치
콜드 샌드위치	가운데를 썬 빵 사이에 차가운 속재료(마요네즈에 버무린 야채, 참치캔, 파스트라미, 살라미, 프로슈트, 하몽)가 주재료가 되게 만든 샌드위치

㉡ 형태에 따른 분류

오픈 샌드위치 (Open sandwich)	• 얇게 썬 빵에 속재료를 넣고 위에 덮는 빵을 올리지 않고 오픈해 놓는 종류의 샌드위치 • 오픈 샌드위치, 브루스케타(Brustchetta), 카나페(Canape) 등
클로즈드 샌드위치 (Closed sandwich)	얇게 썬 빵에 속재료를 넣고 위와 아래에 빵을 덮는 형태의 샌드위치
핑거 샌드위치 (Finger sandwich)	식빵을 클로즈드 샌드위치로 만들어 손가락 모양으로 길게 3~6등분으로 썰어 제공하는 형태의 샌드위치
롤 샌드위치 (Roll sandwich)	빵을 넓고 길게 잘라 재료(크림치즈, 게살, 훈제연어, 참치)를 넣고 둥글게 말아 썰어 제공하는 형태의 샌드위치

(2) **샌드위치의 구성요소**

빵, 스프레드, 주재료로서의 속재료, 부재료로서의 가니쉬, 양념

① 빵(Bread)
　㉠ 샌드위치 빵은 단맛이 적고 썰기 좋은 조직을 가지고 있어야 함
　㉡ 수분이 많은 빵을 사용해야 샌드를 했을 때 속재료에 의해 눅눅해지지 않음
　㉢ 샌드위치빵에 두께는 1.2~1.3cm, 오픈 샌드위치의 경우 1.5cm가 적합

② 스프레드(Spread)
　㉠ 빵이 눅눅해지는걸 방지하는 코팅제 역할
　㉡ 재료와 빵을 부착시켜주는 접착제 역할
　㉢ 샌드위치 맛의 조화를 이루어줌

③ 주재료로서의 속재료(Filling)
　㉠ 샌드위치의 핵심은 속재료로 핫 속재료, 콜드 속재료로 구분
　㉡ 핫 샌드위치에는 뜨거운 빵과 뜨거운 속재료를 사용
　㉢ 콜드 샌드위치는 상온의 빵과 차가운 속재료를 사용

④ 부재료(Vegetables & herb)로서의 가니쉬(Garnish) : 가니쉬는 야채류, 싹류, 과일 등으로 만들며 보기 좋게 만드는 구성요소

⑤ 양념(Condiment)
　㉠ 샌드위치에 사용하는 양념은 조미료나 음식의 소스 혹은 드레싱을 의미
　㉡ 음식에 짠맛, 단맛, 신맛, 쓴맛, 매운맛을 제공하여 재료의 맛이 개성 있게 표현될 수 있게 하는 역할

(3) 샌드위치 스프레드(Sandwich spread)

유지 스프레드	마요네즈, 버터, 땅콩버터	매운맛 스프레드	머스타드, 할라피뇨
단맛의 스프레드	꿀, 잼, 발사믹 크림, 생크림	페스토	바질페스토, 타페나드
유제품 스프레드	크림치즈, 리코타		

> **Tip** 샌드위치에 스프레드를 사용하는 이유
> - **코팅제** : 스프레드는 속재료의 수분이 빵을 눅눅하게 하는 것을 방지하는 코팅제 역할
> - **접착성** : 빵과 속재료, 가니쉬의 접착성을 증가
> - **맛의 향상**
>   – 샌드위치의 맛을 더욱 좋게 하기 위해 사용
>   – 잼, 타페나드, 마요네즈, 버터 등을 발라 맛을 보충
> - **감 촉** : 샌드위치의 촉촉한 감촉을 위해서 사용

2. 샌드위치 스프레드의 종류

(1) **단순 스프레드**(Simple spread)

　　마요네즈, 잼, 버터, 머스터드, 크림치즈, 리코타 치즈, 발사믹 크림, 땅콩버터 자체로 이용되며 스프레드 재료 본래의 맛과 질감을 가진 샌드위치를 만듦

(2) **복합 스프레드**(Compound spread)

　　2가지 이상의 재료를 혼합하여 샌드위치에 특별한 맛을 제공

　① 버터 또는 마요네즈를 기본으로 한 복합 스프레드

　　㉠ 머스터드 스프레드(머스터드+버터 또는 마요네즈)

　　㉡ 안초비 스프레드(안초비+버터 또는 마요네즈)

　　㉢ 견과류 버터 스프레드(견과류 촙+버터 또는 마요네즈)

　　㉣ 사우어크림 스프레드(딜 촙+사워크림+마요네즈)

　　㉤ 그린 페퍼 스프레드(그린페퍼 촙+파슬리 촙+마요네즈)

　　㉥ 레몬 버터 스프레드(레몬즙+버터)

　② 유제품을 기본으로 한 복합 스프레드

　　㉠ 허브 크림치즈 스프레드(허브 촙+크림치즈)

　　㉡ 사워크림 스프레드(딜 촙 + 사워크림)

　③ 올리브오일을 기본으로 한 복합 스프레드

　　㉠ 바질 페이스트 스프레드(바질 퓌레+올리브오일)

　　㉡ 타페나드(올리브, 안초비, 케이퍼, 올리브오일로 만든 페이스트)

　④ 기 타

　　스프레드를 샌드위치 속에 함께 넣어 버무리는 경우로 마요네즈 드레싱을 곁들인 참치, 오렌지 망고 퓌레 스프레드, 아보카도 퓌레 스프레드 등

(3) **샌드위치 속재료**

　① 핫(Hot) 속재료

구 분	내 용
육 류	육류 패티(Patty)+그릴한 야채+샐러맨더한 치즈
생 선	생선 패티(Patty)+그릴한 야채+샐러맨더한 치즈
야 채	그릴한 야채
기 타	루벤 샌드위치(Reuben sandwich : 호밀빵에 얇게 썬 그릴한 콘드비프+그릴한 토마토+뜨거운 사워크라우트+스위스 치즈), 햄버거 샌드위치

② 콜드(Cold) 속재료

구 분	내 용
육류	파스트라미(Pastrami : 지방이 없는 Plat, Brisket, Round 부위의 소고기를 진하게 양념해 말리거나 훈제한 것), 살라미, 프로슈토, 하몽, 본레스 햄, 소세지
생선	훈제 연어, 훈제 송어, 훈제 참치, 캔 참치, 게살
야채	훈제 치즈, 에멘탈 치즈, 아메리칸 치즈, 브리 치즈, 모짜렐라
기타	마요네즈에 버무린 재료, 유제품(사워크림, 플레인 요플레)에 버무린 견과류, 야채, 과일

(4) 샌드위치 가니쉬

샌드위치에서의 가니쉬(Garnish)는 상품성 있게 만드는 필수적인 구성요소
① **야채류** : 양상추, 로메인, 치커리, 라디치오, 양배추, 루꼴라, 토마토, 오이, 당근 등
② **싹류** : 적채 싹, 알파파, 브로콜리 싹, 메밀 싹 등
③ **과일류** : 파인애플, 사과, 바나나, 아보카도, 오렌지, 망고, 메론 등

(5) 양 념

샌드위치에 사용하는 양념(Condiment)은 조미료나 음식의 소스 혹은 드레싱 뜻함
① **습한 양념** : 올리브류(그린올리브, 칼라마타 올리브, 블랙올리브), 피클류(오이피클, 양파피클, 할라피뇨), 렐리시류(과일 렐리시, 허브 렐리시, 야채 렐리시)
② **건조한(Dry) 양념** : 소금, 후추, 스파이스 믹스, 카이엔 페퍼, 케이준 스파이스, 허브 솔트, 갈릭 파우더, 올스파이스

3. 샌드위치 조리

(1) 샌드위치 종류에 따른 속재료와 가니쉬 : 핫, 콜드 샌드위치
① 핫, 콜 샌드위치에 어울리는 빵을 선정
② 핫, 콜 샌드위치에 어울리는 스프레드를 선택
③ 핫, 콜 샌드위치에 어울리는 속재료를 선택
④ 핫, 콜 샌드위치에 어울리는 가니쉬를 선택
⑤ 핫, 콜 샌드위치에 어울리는 디스플레이를 설정

4. 샌드위치 완성

(1) 샌드위치 평가
① 담기, 구성, 맛으로 샌드위치를 평가
② 음식을 담는 원칙(구성, 요소, 양)

③ 창작성(샌드위치의 재료에 따른 색다른 스타일)
④ 맛, 질감, 시즈닝, 풍미 등

(2) 샌드위치 완성하기
① 샌드위치는 서비스 레스토랑에 따라 다르게 제공
② 속재료가 흐르지 않게 포장에 신경쓰기

(3) 샌드위치 가니쉬(Sandwich garish)
가니쉬(Garnish)는 맛보다 눈을 즐겁게 하는 역할

① 오이 피클
　㉠ 오이를 설탕, 식초, 소금, 향신료 등 적당한 비율로 끓여 절인 음식
　㉡ 침색을 자극하며 샌드위치에 첨가시 속안을 부드럽게 만듦

② 토마토(Tomato)
　㉠ 샌드위치에 부족한 영양분 공급
　㉡ 샌드위치에 색감을 부여

③ 양상추(Lettuce)
　㉠ 샌드위치에 수분이 흡수되는 것을 막아주는 역할
　㉡ 샌드위치에 부족한 영양분 공급

09 샐러드조리

1. 샐러드조리

1. 샐러드 재료준비

(1) 샐러드의 개요

샐러드의 어원은 '소금을 뿌린 향초'란 의미로 드레싱, 비네그레이트 등을 곁들여 먹음

① **샐러드의 정의** : 차가운 소스를 곁들여 주요리가 제공되기 전에 신선한 채소, 과일 등을 드레싱과 함께 섞어 제공하는 요리

② **샐러드의 기본구성** : 기본적인 구성인 바탕과 본체, 드레싱, 가니쉬

  ㉠ 바탕(Base)
- 일반적으로 잎상추, 로메인 상추와 같은 샐러드 채소로 구성
- 그릇을 채워주는 역할과 사용된 본체와의 색 대비를 이루는 것

  ㉡ 본체(Body)
- 사용된 재료에 따라 샐러드가 결정됨
- 좋은 샐러드를 만들기 위해 지켜져야만 하는 법칙들을 준수하여 조리

  ㉢ 드레싱(Dressing)
- 모든 종류의 샐러드와 어울림
- 드레싱은 샐러드 조리의 성공 여부에 중요한 역할을 함
- 맛과 가치를 증가시키고 소화 및 곁들임의 역할로 사용

  ㉣ 가니쉬(Garnish)
- 가니쉬 주목적은 완성된 제품을 아름답게 보이도록 하는 것
- 때에 따라 형태를 개선하고 맛을 증가시키기는 역할

③ 샐러드의 분류
- ㉠ 순수 샐러드(Simple Salad)
  - 여러 가지의 샐러드를 배합하여 만들며 채소로 이루어짐
  - 영양, 색상, 맛이 잘 배합되어 있는 샐러드
  - 잎채소를 생으로 사용하는 경우가 대부분
  - 곁들임 또는 세트 메뉴 코스용 샐러드로 사용
- ㉡ 혼합 샐러드(Compound Salad)
  - 잎채소, 향신료, 육류, 해산물 등 다양하게 섞어 만든 샐러드
  - 애피타이저 또는 뷔페에 많이 사용
  - 조리가 되어 있는 재료를 많이 사용
- ㉢ 더운 샐러드(Warm Salad) : 중간 불이나 낮은 불에서 드레싱을 데워 샐러드 재료와 버무려 만드는 샐러드
- ㉣ 그린 샐러드(Green Salad) : 한 가지 또는 그 이상의 샐러드를 드레싱과 곁들이는 형태

④ 샐러드용 채소 손질
- ㉠ 채소 세척(Clean)
  - 흐르는 물로 뿌리나 잎 부근에 있는 불순물을 씻어내기
  - 잎채소 같은 경우 차가운 물로 씻으면 상하므로 상온의 물에 담가서 사용하기
  - 허브나 꽃 같은 약한 채소는 물에 담갔다 뺏다 반복하며 씻어주기
- ㉡ 채소 정선(Cutting)
  - 채소는 칼이 닿으면 갈변현상이 일어나므로 가능하면 손 사용
  - 잎채소 쪽을 주로 사용하며 한입사이즈로 잘라주기
- ㉢ 채소의 수분 제거(Dry)
  - 스피너 등을 이용해 물기를 제거
- ㉣ 채소를 용기에 보관하기(Store)
  - 채소는 통에 젖은 행주를 깔고 그위에 채소를 넣어 보관
  - 채소통에 2/3만 담아 보관해 채소를 싱싱하게 보관

(2) 드레싱의 종류

차가운 유화 소스류, 유제품 기초 소스류, 살사 & 쿨리 & 퓨레 소스류 등으로 나뉨

① 차가운 유화 소스류
- ㉠ 비네그레트(Vinaigrettes)
  - 기름과 식초를 3 : 1 비율로 일시적으로 유화시키는 드레싱
  - 식초의 종류에 따라 여러 가지로 파생

　　　ⓒ 마요네즈(Mayonnaise)
　　　　• 노른자, 머스터드, 소금, 식초, 설탕 등을 유화시켜 만든 드레싱
　　　　• 들어가는 재료에 따라 다양한 마요네즈로 파생
　　　ⓒ 유제품 기초 소스류
　　　　• 신맛이 강한 유제품으로 만든 드레싱
　　　　• 기호에 따라 다양한 허브를 넣고 만듦
　　② 살사 & 쿨리 & 퓌레 소스류(Salsa & Coulie & Puree)
　　　㉠ 살사류(Salsa)
　　　　• 익지 않은 과일 또는 야채로 만듦
　　　　• 산을 첨가하여 만드는 것이 특징
　　　　• 나라마다의 살사의 특징이 다름
　　　㉡ 쿨리와 퓌레(Coulie & Puree) : 과일 또는 채소를 우유나 크림 등을 이용해 익힌 후 블랜더에 간 것
　　③ 드레싱의 기본재료

오일(Oil)	드레싱 오일은 주로 엑스트라 버진 올리브오일을 사용
식초(Vinegar)	드레싱은 식초에 따라 맛이 결정되며 다양한 종류의 식초를 사용
달걀노른자(Egg Yolk)	마요네즈 같은 드레싱의 유화제로 사용하며 신선한 달걀로 만듦
소금(Salt)	소금은 드레싱에 첨가 시 MSG가 첨가되지 않은 소금을 넣음
후추(Pepper)	드레싱에서의 후추의 역할은 오일 또는 노른자의 비린내를 잡아줌
설탕(Sugar)	드레싱에 단맛을 부여하며 현재는 올리고당, 꿀, 포도당, 시럽 등을 사용
레몬(Lemon)	드레싱의 산미를 부여

　　④ 드레싱 사용 목적
　　　㉠ 차가운 온도의 드레싱으로 샐러드의 맛을 한층 더 증가
　　　㉡ 맛이 강한 샐러드를 더욱 부드럽게 만듦
　　　㉢ 맛이 순한 샐러드에는 향과 풍미를 충분하게 제공
　　　㉣ 음식을 섭취할 때 입에서 즐기는 질감을 높임
　　　㉤ 신맛의 드레싱으로 소화를 촉진
　　　㉥ 상큼한 맛으로 식욕을 촉진

2. 샐러드조리

(1) 유화 드레싱의 원리와 조리방법
　① 유화 드레싱의 원리
　　㉠ 일시적으로 위스크 등을 이용해 물과 기름을 섞는 방법

ⓛ 유화보다 좀 더 안정적이고 균질화 되게 만들기 위해 유화제(Emulsifier)를 넣고 드레싱을 만들면 쉽게 분리되지 않음

② 유화 드레싱 조리방법

㉠ 비네그레트 만들기
- 믹싱볼에 머스터드, 소금, 후추, 허브 등을 넣고 식초를 조금씩 부어가며 거품기로 빠르게 섞기
- 천천히 오일을 부어가며 저어 크림 같은 질감으로 만들기
- 크림같은 질감이 아니면 유화에 실패한 것
- 가니쉬를 첨가해주고 마무리

ⓛ 마요네즈 만들기
- 믹싱볼에 달걀노른자와 머스터드, 소금, 후추를 넣고 거품기로 혼합
- 재료가 골고루 섞이면 기름을 조금씩 넣어가며 마요네즈를 완성
- 되직한 질감이 되면 식초를 조금씩 부어가며 농도를 조절
- 농도는 소프트피크 정도가 되어야 함

*Soft peak : 외관상으로는 윤기가 흐르며, 저었을 때 리본이 그려져서 그대로 약 15초간 머무는 정도의 점성

③ 유화 드레싱 유분리 현상과 복원 방법

㉠ 유분리 현상 원인
- 달걀노른자가 기름을 흡수하기에 너무 빠르게 기름이 첨가될 때
- 소스의 농도가 너무 진할 때
- 소스가 만들어지는 과정에서 너무 차거나 따뜻하게 되었을 때

ⓛ 유분리 복원 방법
- 멸균 처리된 달걀노른자를 거품이 일어날 정도로 젓기
- 유분리된 마요네즈를 조금씩 부어가면서 다시 드레싱을 만들기

3. 샐러드요리 완성

(1) 샐러드와 드레싱의 조화

① 드레싱은 샐러드 종류에 따라 버무려 먹거나 위에 뿌려먹기
② 심플 샐러드는 드레싱을 선택할 수 있는 점, 복합샐러드는 드레싱이 버무려 져서 서비스가 제공되는 차이가 있음

(2) 복합샐러드의 특징

① 식재료 간 궁합이 잘 맞아야함
② 반복되는 맛과 색은 사용하지 않음
③ 식재료 간 맛의 상승작용을 고려해서 만듦

④ 접시에 플레이팅할 때는 음식의 질감과 색감을 잘 맞혀서 배열

(3) 샐러드 완성하기

① 샐러드의 핵심

　㉠ 샐러드는 신선한 채소가 핵심

　㉡ 샐러드의 숨이 살아 있어야 하며 보관에 주의할 것

　㉢ 싱싱한 샐러드를 만들기 위해 사용하기 하루 전에 정선해서 랩으로 밀봉한 후 냉장 보관해서 사용

② 샐러드 담을 때 주의사항

　㉠ 채소의 물기는 반드시 제거

　㉡ 주재료와 부재료의 크기를 생각하고 절대로 부재료가 주재료를 가리지 않게 담기

　㉢ 주재료와 부재료의 모양과 색상, 식감은 항상 다르게 준비

　㉣ 드레싱의 양이 샐러드의 양보다 많지 않게 담기

　㉤ 드레싱의 농도가 너무 묽지 않게 준비

　㉥ 드레싱은 절대로 미리 뿌리지 말고 제공할 때 뿌려줌

　㉦ 샐러드를 미리 만들면 반드시 덮개를 씌워서 채소가 마르는 일이 없도록 주의

　㉧ 가니쉬는 절대 중복해서 사용하지 말 것

10 조식조리

1. 달걀요리 조리

1. 조찬용 달걀요리

(1) 조 식

① 조식(Breakfast)요리에는 시리얼, 빵, 계란요리 등
② [깨다(Break) 단식, 금식(Fast)으로 금식을 깨다. 긴 밤 동안 단식을 깬다] 라는 뜻
③ 조식의 종류
　㉠ 유럽식 아침 식사(Continental breakfast) : 대륙식 아침 식사라고도 하며, 각종 주스류 및 조식용 빵과 커피, 홍차로 구성된 간단한 아침 식사
　㉡ 미국식 아침 식사(American breakfast) : 유럽식 아침 식사에 달걀요리가 제공되며, 감자요리와 햄, 베이컨, 소시지가 고객의 취향에 따라 제공
　㉢ 영국식 아침 식사(English breakfast) : 빵과 주스 등 미국식 조찬과 같이 제공되나 달걀과 감자요리에 육류 요리나 생선요리가 제공되며 조식 요리 중 가장 무겁게 느껴지는 아침 식사

(2) 달걀의 품질

달걀의 품질은 축산물품질평가원에서 세척한 달걀에 대해 외관 검사, 투광 및 할란 판정을 거쳐 1⁺, 1, 2, 3등급으로 구분하며 달걀의 무게에 따라 왕란, 대란, 중란, 소란으로 분별

① 등급 표시 : 축산물품질평가원에서는 객관적이고 과학적인 평가 기준에 따라 평가한 달걀을 등급 조회 서비스를 이용해 등급 정보, 농장 정보(주소, 품종, 일령), 판정일, 브랜드, 집하장 등 생산정보를 조회할 수 있음
② 달걀 선별법
　㉠ 투시법 : 어두운 곳에서 달걀에 빛을 비추면 난각에 광선이 투과되므로 기실의 크기, 난황의 색과 크기 등을 보고 선별하는 방법

ⓒ 비중법 : 신선한 달걀의 비중은 1.06~1.09이며, 신선도가 떨어질수록 수분이 증발하여 비중이 작아져 6%의 소금물에 담그면 신선한 달걀은 가라앉고 신선도가 떨어진 달걀은 소금물에 뜸

ⓓ 할란 판정
- 달걀을 깨어 내용물을 평판 위에 놓고 신선도를 평가하는 방법
- 달걀의 흰자와 노른자의 높이가 높고, 퍼지는 지름이 작을수록 좋은 품질의 달걀

(3) 달걀요리의 종류

달걀요리의 종류는 건식열을 이용한 방법과 습식열을 이용한 요리 방법으로 구분할 수 있으며 달걀이 부재료로 들어간 요리로 구분할 수 있음

① 습식열을 이용한 달걀요리의 종류

ⓐ 포치드 에그(Poached egg) : 90℃ 정도의 비등점 아래 뜨거운 물에 식초를 넣고 껍질을 제거한 달걀을 넣어 익히는 방법

ⓑ 보일드 에그(Boiled egg) : 삶은 달걀이라고 하며, 100℃ 이상의 끓는 물에 달걀을 넣고 고객이 원하는 정도로 익히는 것

코들드 에그(Coddled egg)	100℃ 끓는 물에 넣고 30초 정도 살짝 삶아진 달걀
반숙 달걀(Soft boiled egg)	100℃ 끓는 물에 넣고 3~4분간 삶아 노른자가 1/3 정도 익은 것
중반숙 달걀(Medium boiled egg)	100℃ 끓는 물에 넣고 5~7분간 삶아 노른자가 반 정도 익은 것
완숙 달걀(Hard boiled egg)	100℃ 끓는 물에 넣고 10~14분간 삶아 노른자가 완전히 익은 것

② 건식열을 이용한 달걀요리의 종류

ⓐ 달걀 프라이(Fried egg) : 프라이팬을 이용하여 조리한 달걀을 말하며 달걀의 뒤집기와 노른자의 익은 상태에 따라 분류

서니 사이드 업(Sunny side up)	• 달걀의 한쪽 면만 익힌 것을 의미 • 달걀노른자 위가 마치 떠오르는 태양과 같다고 해서 붙여진 이름 • 프라이팬에 버터나 식용유를 두르고 한쪽면만 익힘
오버 이지(Over easy egg)	• 달걀의 양쪽 면을 살짝 익힌 것을 의미 • 달걀의 흰자는 익고 노른자는 익지 않아야 함 • 프라이팬에 버터나 식용유를 두르고 흰자가 반쯤 익었을 때 노른자가 터지지 않도록 뒤집어 흰자를 익혀야 하며, 노른자가 터지지 않도록 해야 함
오버 미디엄(Over medium egg)	오버 이지와 같은 방법으로 조리하며, 달걀노른자가 반 정도 익은 상태
오버 하드(Over hard egg)	프라이팬에 버터나 식용유를 두르고 달걀을 넣어 양쪽으로 완전히 익은 상태

ⓑ 스크램블 에그(Scrambled egg) : 달걀을 깨서 팬에 버터나 식용유를 두르고 넣어 빠르게 휘저어 만든 달걀요리

ⓒ 오믈렛(Omelet) : 달걀을 깨서 스크램블 에그로 만들다 프라이팬 모양을 이용해 럭비공 모양으로 만든 달걀요리

ⓓ 에그 베네딕틴(Egg benedictine) : 구운 잉글리시 머핀에 햄, 포치드에그(Poached egg)를 얹고 홀랜다이즈 소스(Hollandaise sauce)를 올린 미국의 대표적 요리

2. 조찬용 빵류 조리

(1) 조찬용 빵

① 아침 식사용 빵의 종류 : 제과·제빵 부서에서 만들어져 직접 고객에게 제공되는 빵의 종류와 조리과정을 통해 만들어지는 빵으로 구분할 수 있음

㉠ 아침 식사용 빵의 종류

토스트 브레드(Toast bread)	• 토스트 브레드는 식빵을 0.7~1㎝ 두께로 얇게 썰어 구운 빵 • 버터나 각종 잼을 발라 먹음
데니시 페이스트리(Danish pastry)	버터 등을 중간에 끼워 만든 페이스트리 반죽에 잼, 과일, 커스터드 등의 속재료를 채워 구운 덴마크의 대표적인 빵
크루아상(Croissant)	• 버터를 켜켜이 넣어 만든 페이스트리 반죽을 초승달 모양으로 만든 프랑스의 대표적인 페이스트리 • 크루아상은 프랑스어로 초승달을 의미
베이글(Bagel)	밀가루, 이스트, 물, 소금으로 반죽해서 가운데 구멍이 뚫린 링 모양으로 만들어 발효시킨 후 끓는 물에 익힌 후 오븐에 한 번 구워낸 빵
잉글리시 머핀(English muffin)	• 영국에서 아침 식사에 먹는 달지 않은 납작한 빵 • 크럼펫(Crumpet)과 함께 영국의 대표적인 빵으로 샌드위치용으로 사용
프렌치 브레드 (French bread : bagutte)	• 밀가루, 이스트, 물, 소금만으로 만든 프랑스의 대표적이며 주식인 빵 • 모양은 가늘고 길쭉한 몽둥이 모양으로 바삭바삭한 식감이 특징
호밀 빵(Rye bread)	• 호밀을 주원료로 만들며 독일의 전통 빵 • 속이 꽉 차 있고, 향이 강하며 섬유소가 많아서 건강빵으로 사용
브리오슈(Brioche)	• 프랑스의 전통 빵 • 밀가루, 버터, 이스트, 설탕 등으로 달콤하게 만들며, 주로 아침 식사용으로 먹음
스위트 롤(Sweet roll)	• 건포도, 향신료, 시럽 등의 재료를 겉에 입히지 않는 모든 영국식 롤빵 • 롤 사이에는 계피가루를 넣음
하드 롤(Hard roll)	• 껍질은 바삭하고 속은 부드러운 빵 • 강력분으로 반죽을 만들며 속을 파내고 채소나 파스타를 넣어 만들기도 함
소프트 롤(Soft roll)	• 둥글게 만든 빵 • 하드 롤보다 설탕, 유지가 많이 들어가고, 달걀을 첨가하여 부드러운 것이 특징 • 모닝 롤이라고도 부름

㉡ 아침 식사 조리용 빵의 종류

프렌치토스트 (French toast)	• 아침 식사로 많이 사용되고 건조해진 빵을 활용하기 위해 만들어진 조리법 • 프랑스에서는 팽 페르뒤(Pain perdu)라 부르며 못쓰게 된 빵이란 뜻을 가짐 • 달걀과 계피가루, 설탕, 우유에 빵을 담가 버터를 두르고 팬에 구워 잼과 시럽을 곁들임
팬케이크 (Pancake)	• 팬케이크는 뜨거울 때 먹으면 맛있어서 핫케이크 • 다른 빵과 다르게 밀가루 반죽으로 만든 것 • 밀가루, 달걀, 물 등으로 만들어 프라이팬에 구워 버터와 메이플 시럽을 곁들임

와플(Waffle)	• 서양 과자의 한 종류로 표면이 벌집 모양이며 바삭한 맛을 가지고 있는 빵 • 벨기에식 와플과 미국식 와플 두 가지로 분류 • 미국식 와플은 베이킹파우더를 넣어 반죽하고 설탕을 많이 넣어 달게 먹는 것이 특징 • 벨기에식 와플은 이스트를 넣어 발효시킨 반죽에 머랭을 섞어 굽는 것이 특징 • 반죽 자체는 달지 않아 과일이나 휘핑크림 등을 얹어서 먹음

(2) 조찬용 빵의 곁들임

① 딸기 잼(Strawberry jam) : 딸기에 70~80%의 설탕을 조려서 젤리화 또는 시럽화한 것으로 다량의 당분을 함유하는 저장성 식품으로 빵 등에 같이 제공

② 블루베리 잼(Strawberry jam) : 블루베리에 다량의 설탕과 식초 또는 레몬주스를 넣고 조려서 젤리화한 것

③ 오렌지 마멀레이드(Orange marmalade)
  ㉠ 오렌지에 설탕과 물 등을 넣고 끓여 달콤하게 만든 보존 식품
  ㉡ 영국식은 쓴맛이 나고 미국식은 달콤한 맛이남
  ㉢ 오렌지 껍질을 얇게 썰어 부드럽게 될 때까지 끓여만듦
  ㉣ 아침 식사에 구운 빵과 함께 제공

④ 버터(Butter)
  ㉠ 우유의 유지방을 분리하여 만든 크림을 응고시켜 만든 유제품
  ㉡ 지방 81%, 수분 16%, 무기질 2%, 소금 1.5~1.8%로 구성
  ㉢ 조식 빵에 바르거나 올려서 제공

⑤ 메이플 시럽(Maple syrup)
  ㉠ 설탕단풍나무(Acer saccharum)에서 생산된 수액으로 만든 시럽
  ㉡ 팬케이크와 곁들여 제공

⑥ 꿀(Honey)
  ㉠ 자연에서 얻는 천연 감미료
  ㉡ 식용과 약용으로 사용
  ㉢ 80% 가량이 탄수화물로 과당 36~38%, 포도당 34~36%, 설탕과 테스트린이 2~3%이며 그 밖에 단백질, 무기질로 구성되어 있음

3. 시리얼류 조리

(1) 시리얼류

① 쌀, 밀, 귀리, 옥수수, 기장 등 여러 가지의 영양소를 함유
② 소화가 잘되는 장점
③ 차갑게 먹는 시리얼과 뜨겁게 먹는 시리얼로 나뉨

(2) 차가운 시리얼(Cold cereals)

① 가열하지 않고 개봉해서 바로 먹을 수 있는 시리얼

② 주로 우유나 주스를 넣어 아침 식사로 섭취

③ 얇게 썬 생과일이나 견과류 등을 곁들여 먹음

- 차가운 시리얼의 종류 및 특징

콘플레이크(Cornflakes)	• 옥수수를 구워서 얇게 으깨어 만든 것 • 1906년 초기에는 환자들의 건강식으로 만든 식품 • 설탕 코팅을 입힌 프레이크와 다이어트 프레이크로 나뉨
올 브랜(All bran)	• 밀기울을 으깨어 가공한 것 • 천연 밀기울은 섬유질을 함유하고 있어 소화를 돕는 데 중요한 역할
라이스 크리스피 (Rice crispy)	쌀을 바삭바삭하게 튀긴 것
레이진 브렌 (Raisin bran)	• 구운 밀기울 조각에 달콤한 건포도를 넣은 것 • 좋은 섬유소와 필수 비타민 및 미네랄을 함유
쉬레디드 휘트 (Shredded wheat)	• 밀을 조각내고 으깨어 사각형 모양으로 만든 비스킷 형태 • 아침식사에 시리얼로 섭취
버처 뮤즐리 (Bircher muesli)	• 오트밀(귀리)을 기본으로 해서 견과류 등을 넣은 아침식사 • 오트밀과 견과류, 과일 등을 우유나 플레인 요구르트에 넣고 냉장고에서 하루 정도 보관한 섭취

(3) 더운 시리얼(Hot cereals)

- 오트밀(Oatmeal) : 식이 섬유소가 풍부해서 아침식사로 많이 먹으며 귀리를 볶은 다음 거칠게 부수거나 납작하게 누른 식품으로 육수나 우유를 넣고 죽처럼 조리해 섭취

(4) 시리얼의 부재료

① 생과일(Fresh fruits)

㉠ 생과일은 과육과 과즙이 풍부하며 단맛과 특유의 향이 존재

㉡ 수분이 많고 각종 비타민과 무기질을 많이 포함하고 있으며, 특히 비타민 C가 가장 많음

② 건조과일(Dry fruits) : 과일을 건조시키면 수분이 줄어들며, 식이섬유, 탄수화물, 지방, 단백질, 무기질 등의 함량비율이 높아져 고유의 향과 맛이 깊어지며 보관이 쉬워짐

③ 견과류(Nut)

㉠ 먹을 수 있는 부분을 단단하고 마른 껍질이 감싸고 있는 과일류를 견과류라 부름

㉡ 호두, 밤, 은행, 아몬드, 마카다미아 너트 등이 있으며, 각종 영양소가 들어있음

11 수프조리

 1. 수프 재료준비

1. 생채·회 재료준비

(1) 수프의 구성요소

① 육수(Stock)
  ㉠ 수프의 맛을 좌우하는 가장 기본이 되는 요소
  ㉡ 생선(Fish), 소고기(Beef), 닭고기(Chicken), 채소(Vegetable) 등으로 맛을 낸 국물
  ㉢ 수프가 가지고 있는 본래의 맛을 낼 수 있게 해야 함

② 루(Roux) 등의 농후제
  ㉠ 농후제는 리에종(Liaison)이라고도 부름
  ㉡ 전분, 버터, 뵈르 마니에(Beurre manie), 달걀노른자, 크림, 쌀 등도 농후제의 일종
  ㉢ 수프에는 화이트루(White Roux)를 대표적으로 사용

③ 곁들임(Garnish)
  ㉠ 수프의 맛을 증가시켜주는 역할
  ㉡ 수프에 해당하는 재료를 사용하여 조화가 잘 이루어져야 함
  ㉢ 적절한 향신료를 사용하며 양과 적당한 크기로 자른 다음 제공하는 것이 일반적임

④ 허브와 향신료
  ㉠ 향기가 있는 식물의 총칭
  ㉡ 잎, 줄기, 꽃, 뿌리 등이 이용
  ㉢ 향신료(Spice)는 식물의 종자와 열매, 뿌리, 줄기, 나무껍질 등에서 얻어지는 재료들

(2) 수프의 종류(Kind of soup)

수프는 농도에 따라 맑은 수프(Clear soup)와 진한 수프(Thick soup)로 나뉘고, 온도에 따라 뜨거운 수프(Hot soup)와 차가운 수프(Cold soup)로 분류됨

① 맑은 수프(Clear soups)
　㉠ 수프의 색이 깔끔하고 투명한 것이 특징
　㉡ 보통 크루통과 치즈를 같이 곁들임으로 제공
　㉢ 이물질이나 수프의 관련되지 않은 다른 재료를 넣으면 안되므로 조리과정이 중요

② 크림과 퓌레 수프(Cream and pureed soups)
　㉠ 죽과 비슷한 식감을 가지고 있으며 리에종을 사용해 농도를 잡음
　㉡ 재료자체에 농도를 잡는 성질이 있으면 리에종을 사용하지 않음

③ 비스크 수프(Bisque soups)
　㉠ 바닷가재(Lobster), 새우(Prawn) 등의 껍질을 미르포아 함께 끓여 만든 수프
　㉡ 크림을 첨가시 향을 해치지 않을 정도로 첨가

④ 차가운 수프(Cold Soups)
　㉠ 오이, 피망, 토마토, 올리브, 마늘 등을 재료로 사용
　㉡ 스페니시 수프(Spanish Soup)인 가스파초(Gazpacho)가 대표적

⑤ 스페셜 수프(Special soup)
　각국별, 지역별로 특색 있게 개발되어 전통적으로 전해 내려오는 수프

2. 수프조리

(1) 농도(Concentration)에 의한 수프조리

① 맑은 수프(Clear soup) : 맑은 스톡을 사용하며 농축하지 않음
　㉠ 콩소메(Consomme) : 소고기(Beef), 닭(Chicken), 생선(Fish)
　㉡ 맑은 채소 수프(Clear vegetable soup) : 미네스트롱(Minestrone)

② 진한 수프(Thick soup) : 농후제를 사용한 걸쭉한 상태의 수프

크림(Cream)	• 베샤멜(Bechamel) : 화이트 루(White roux)에 우유를 넣고 만든 약간 묽은 수프 • 벨루테(Veloute)블론드 루(Blond roux)에 닭 육수를 넣고 만든 것을 기본으로 함
타주(Potage)	일반적으로 콩을 사용하여 리에종(Liaison)을 사용하지 않고 재료 자체의 녹말 성분을 이용하여 걸쭉하게 만든 수프
퓌레(Puree)	• 야채를 잘게 분쇄한 것을 퓌레(Puree)라 하며, 부용(Bouillon)과 결합하여 수프를 만듦 • 크림을 사용하지 않음
차우더(Chowder)	게살, 감자, 우유를 이용한 크림수프
비스크(Bisque)	갑각류를 이용한 부드러운 수프로 크림의 맛과 농도를 조절

(2) 온도(Temperature)에 의한 수프조리

① 가스파초(Gazpacho)
　㉠ 토마토, 오이, 양파, 피망 토마토 주스 등의 다양한 채소로 만든 차가운 수프

　　ⓒ 믹서에 채소를 갈아 체에 걸러 빵가루, 마늘, 올리브유, 식초 또는 레몬주스를 넣어 간을 하여 걸쭉하게 만듦

　ⓔ 비시스와즈(Vichyssoise) : 감자 퓌레를 만든 후 스톡과 함께 끓여 크림, 소금, 후추로 간하여 먹는 차가운 수프의 일종

(3) 재료(Ingredient)에 의한 수프조리

　고기를 주로 사용하는 고기 수프(Beef soup)와 채소를 이용한 채소 수프(Vegetable soup), 생선 수프(Fish soup) 등 각 재료에 걸맞는 수프를 조리

(4) 지역(Region)에 따른 수프조리

　지역(Region)에 따른 수프는 국가적(National soup), 지역적(Region soup) 수프를 구분하고 조리방법도 다양하고 독특하며, 수프의 명칭을 메뉴에 기재할 때 그 기원이 되는 국가에서 불리는 명칭대로 표기

　① 부야베스(Bouillabaisse) : 남부 프랑스 지방에서 시작된 수프로 생선 스톡에 여러 가지 생선과 바닷가재, 채소, 갑각류, 올리브유를 넣고 끓인 생선수프

　② 헝가리안 굴라시 수프(Hungarian goulash soup) : 파프리카 고추로 진하게 양념하여 매콤한 맛이 특징인 헝가리식 쇠고기와 야채의 스튜(Stew)

　③ 미네스트로네(Italian minestrone) : 이탈리아의 대표적인 야채수프로 각종 야채와 베이컨(Bacon)과 파스타(Pasta)를 넣고 끓인 수프

　④ 옥스테일 수프(Ox-tail soup) : 영국의 수프로 소꼬리(Ox-tail), 베이컨(Bacon), 토마토 퓌레(Tomato Puree) 등을 넣고 끓인 수프

　⑤ 보르스치 수프(Borscht soup)
　　• 러시아와 폴란드식 수프로 신선한 비트를 이용하여 만든 수프
　　• 차게 하거나 뜨겁게 먹을 수 있으나 반드시 생크림으로 첨가함
　　• 이 밖에도 영국의 체다 치즈 수프(Cheddar cheese soup) 등이 있음

3. 수프 요리 완성

(1) 수프 요리 담기

　① 수프의 조리와 마무리하기
　　ⓐ 수프는 끓이는 방법에 따라 불조절이 중요
　　ⓑ 스톡과 마찬가지로 불순물은 꾸준하게 스키밍(Skimming) 해주기
　　ⓒ 수프에 걸맞는 가니쉬를 준비

　② 수프 요리 담기
　　ⓐ 수프 재료 자체가 가지고 있는 고유의 색상과 질감을 표현
　　ⓑ 전체적으로 보기 좋아야 하고 청결하며 깔끔하게 담기

ⓒ 요리에 알맞은 양을 균형감 있게 담기

ⓔ 고객이 먹기 편하게 플레이팅(접시 꾸미기)하기

ⓜ 요리에 맞게 음식과 접시의 온도에 유의

ⓑ 식재료의 조합으로 인한 다양한 맛과 향이 공존하도록 담기

③ 수프의 가니쉬의 종류

　ⓐ 수프에 첨가되는 형태(Garnish) : 진한 수프에 첨가되는 가니쉬의 형태는 내용물이 가니쉬로 보여지는 형태의 것을 의미

　ⓑ 콩소메의 경우 채소, 국수, 달걀지단, 버섯, 라비올리 등으로 다양하게 넣어줌

　ⓒ 수프에 어울리는 형태(Toopping) : 크림수프에 올려지는 장식은 거품을 올린 크림, 크루통, 잘게 썬 차이브 등으로 수프의 형태에 따라 다르게 올려줌

　ⓓ 수프에 따로 제공되는 형태(Accompanish)

　　• 수프의 형태에 따라 첨가하지 않고 따로 제공

　　• 빵이나 달걀, 토마토 콩카세 등은 손님의 취향에 의해 분리해서 제공

12 육류조리

  1. 육류 재료준비

1. 육류 재료준비

(1) 육류의 정의
육류란 단백질이 주성분인 짐승의 고기 즉 소고기, 돼지고기, 양고기, 닭고기 등을 뜻함

(2) 양식 육류의 특징

① 소고기(Beef)
  ㉠ 좋은 소고기는 선홍색의 광택이 있음
  ㉡ 근섬유는 결이 짙고 탄력이 크며 마블링이 있는 것이 좋은 소고기
  ㉢ 살을 찌운 소는 지방이 연하고 황색을 띠며, 품질이 안좋은 소고기는 암적색을 띠고 마블링 양이 작음

② 송아지 고기(Veal)
  ㉠ 담적색이며 지방이 섞여 있지 않음
  ㉡ 근섬유가 가늘고 수분이 많지만 육즙이 적어 풍미가 소고기에 비해 적음
  ㉢ 고기의 질이 연하여 숙성이 필요없지만 다른 고기에 비해 빠르게 부패

③ 돼지고기(Pork)
  ㉠ 돼지고기는 부위별로 담홍색, 회적색, 암적색을 띰
  ㉡ 지방이 많아 육질이 연하고 근섬유는 가늠
  ㉢ 지방이 고기사이에 적절하게 분포되어 있으며 두꺼운 지방층을 형성

④ 양고기(Lamb)
  ㉠ 생후 12개월 이하의 어린 양고기는 램(Lamb), 그 이상을 머튼(Mutton)으로 구분
  ㉡ 근육섬유가 가늘고 점조성이 풍부하지만 지방이 많고 부티르산이 많아 누린내가 심함
  ㉢ 램(Lamb)같은 경우 육질이 부드럽고 누린내가 나지 않음

⑤ 닭고기(Chicken)
  ㉠ 육용종, 난용종, 육란 겸용종으로 구분
  ㉡ 닭고기는 다른 고기에 비해 미오글로빈의 함량이 적어 색이 연하고 지방함량이 낮음
  ㉢ 근섬유의 길이가 짧고 두께가 얇아 육질이 연하며 다른 육류에 비해 지방 함량이 낮고 단백질 함량이 풍부
  ㉣ 닭가슴살에는 철, 구리, 아연, 칼륨이 많이 함류하고 있으며 단백질의 함유가 다른 육류에 비해 가장 많이 함유

⑥ 오리고기(Duck)
  오리고기는 불포화지방산이 다른 육류에 비해 많이 함유

(3) 육류의 마리네이드
① 마리네이드(Marinade)는 고기를 조리하기 전 간을 하며 누린내를 제거하는 조리법
② 마리네이드는 주로 액체류에 향신료, 허브를 섞어 사용
③ 산 또는 효소 등을 이용해 질긴 고기를 부드럽게 만듦

2. 육류조리

(1) 육류 익힘 정도
① 육류의 익힘은 레어(Rare), 미디엄 레어(Medium rare), 미디엄(Medium), 미디엄 웰던(Medium well-done), 웰던(well-done) 등 5가지의 단계로 이루어짐
② 육류의 내부온도는 주로 68℃ 이상으로 익혀 조리하며 손님이 원하는 상태에 따라 다르게 서비스됨

3. 육류요리 완성

(1) 플레이팅의 구성요소
육류 요리 플레이팅 구성을 위해서는 크게 5가지의 요소가 필요
① 육류, 가금류 등의 단백질 파트
② 감자, 쌀, 파스타 등의 탄수화물 파트
③ 가니쉬 파트
④ 육류의 조화를 이루는 소스 파트
⑤ 브로콜리, 콜리플라워, 시금치 등의 비타민 파트

(2) 가니쉬(Garnish)
① 가니쉬는 메인요리의 색과 식욕을 돋우기 위해 사용
② 메인요리와의 조화가 어울리는 음식을 사용함
③ 양식에서의 가니쉬는 맛과 멋을 높이는 아이템으로 인식

13 파스타 조리

 1. 파스타 재료준비

1. 파스타의 정의
　① 파스타는 이탈리아어로 '반죽'을 뜻함
　② 밀가루, 노른자, 물, 소금 등을 사용하여 반죽을 만듦
　③ 다양한 면의 형태를 띠고 있다.

(1) 파스타와 밀
　밀의 특성은 일반 밀과 듀럼 밀로 분류되고, 단백질의 정도에 따라 강력, 중력, 박력으로 나뉨
　① 일반 밀(연질 소맥)
　　㉠ 연질밀로 분류되며 옅은 노란색을 띰
　　㉡ 주로 빵, 케이크, 과자, 페이스트리 등에 사용하는 밀가루
　② 듀럼 밀(경질 소맥)
　　㉠ 듀럼밀은 파스타 제조에 사용하는 밀가루로 연질 밀가루보다 거침
　　㉡ 세몰리나(Semolina)가 적당
　　㉢ 글루텐함량이 높아 파스타를 만들기에 적합
　　㉣ 카로티노이드 색소를 포함

(2) 파스타의 종류
　① 건조 파스타
　　㉠ 주로 세몰리나를 이용해 만듦
　　㉡ 면의 모양을 만든 후 건조시켜 사용
　　㉢ 롱파스타(Long pasta)와 숏(Short pasta)로 구분
　② 생면 파스타
　　㉠ 생면 파스타는 건조파스타에 비해 식감이 신선하고 부드러움

ⓛ 파스타에서 계란 노른자는 파스타 색과 풍미, 질감을 좋게 만들며 흰자는 반죽을 뭉치게 도와주는 역할

밀 → 일반밀·듀럼밀 → 제분 → 세물리나+물 → 밑반죽 → 건조
　　　　　　　　　　　　　　　　　　　　　　↑　　　　↓
　　　　　　　　　　　　　　　　　　　생면파스타　건조파스타

(4) 치 즈

① 이탈리아 파스타 요리에 중요한 역할
② 소, 양, 염소, 들소 등의 젖과 각 지방의 고유의 기후와 환경에 따라 다양한 치즈가 만들어짐
　㉠ 파르미지아노 레지아노 치즈
　　• 파르미지아노 치즈라고도 하며 팔마산 치즈라 불림
　　• 이탈리아 에밀리아 로마냐 주의 파르마가 원산지
　　• 1년 이상 숙성되어야 하며 고급제품은 4년 정도 숙성
　　• 조각을 내어 식후에 먹거나 파스타 소에 갈아 넣어 풍미를 살리거나 볼로네제 소스 위에 뿌려 먹는 등 여러 가지 파스타의 풍미를 살리는데 사용
　㉡ 그라나 파다노 치즈
　　• 소젖으로 만들어지는 압축가공 치즈로 파르미지아노 레지아노 치즈와 비슷한 유형의 치즈
　　• 부서지기 쉬운 낱알구조
　　• 파르미지아노 치즈보다 역사는 짧지만 독특한 제조방법과 고품질의 맛을 가지고 있음
　　• 이탈리아의 북부 지역에서 사용

(5) 다양한 생면 파스타

① 오레키에테(Orecchiette)
　㉠ 오레키에테는 '작은 귀'라는 의미로, 귀처럼 오목한 데서 유래됨
　㉡ 반죽을 원통형으로 만들어 자르고 엄지손가락으로 눌러 모양을 만들거나 날카롭지 않은 칼 같은 도구 이용
　㉢ 소스가 잘 입혀지도록 안쪽 면에 주름이 잡혀 있어야 함
　㉣ 부서지지 않고 휴대하기 쉬워 항해를 하는 뱃사람들이 많이 이용
② 탈리아텔레(Tagliatelle)
　㉠ 이탈리아 중북부 지역인 파르메산 치즈로 유명한 에밀리아-로마냐 주에서 주로 이용
　㉡ 적당한 길이와 넓적한 형태

ⓒ 면이 소스에 잘 묻는 장점
ⓔ 쉽게 부서지는 단점이 있어 보관하기 쉽게 둥글고 새집처럼 말아서 말려 사용
ⓜ 주로 쇠고기나 돼지고기로 만든 진한 소스를 사용

③ 탈리올리니(Tagliolini)
  ㉠ 탈리올리니 파스타는 탈리아텔레보다는 좁고 가늘고 스파게티보다는 두꺼움
  ㉡ 이탈리아 중북부 리구리아 지방에서 전통적으로 사용
  ㉢ 탈리올리니는 '자르다'의 의미
  ㉣ 파스타 면에 주로 달걀과 다양한 채소를 넣어 면을 만듦
  ㉤ 소스는 크림, 치즈, 후추 등을 사용

④ 파르팔레(Farfalle)
  ㉠ 나비넥타이 모양 혹은 나비가 날개를 편 모양
  ㉡ 이탈리아 중북부 롬바르디아나 에밀리아-로마냐 지역에서 유래
  ㉢ 충분히 말려서 사용하는 것이 좋음
  ㉣ 부재료는 주로 닭고기와 시금치를 사용
  ㉤ 크림소스, 토마토소스와도 잘 어울림

⑤ 토르텔리니(tortellini)
  ㉠ 소를 채운 파스타로서 이탈리아의 중북부인 에밀리아-로마냐 지방에서 주로 섭취함
  ㉡ 각각의 도우(Dough)에 내용물을 넣고 반지 모양으로 만든 것이 특징
  ㉢ 속을 채우는 재료는 다양하나, 일반적으로 버터나 치즈를 사용
  ㉣ 맑고 진한 묽은 수프에 사용

⑥ 라비올리(ravioli)
  ㉠ 2개의 면 사이에 치즈나 시금치, 고기, 채소 등으로 속을 채운 만두와 비슷한 형태
  ㉡ 주로 사각형 모양을 기본 모양으로 반달, 원형 등 다양한 모양을 만듦

(6) 파스타에 필요한 소스
  ① 조개 육수
    ㉠ 갑각류의 풍미를 살리거나 기본적인 해산물 파스타 요리에 사용하는 육수
    ㉡ 바지락, 모시조개, 홍합 등을 사용
    ㉢ 오래 끓이면 맛이 변하므로 30분 이내로 끓임
    ㉣ 농축된 육수는 올리브유에 유화시켜 소스 대신 사용
  ② 토마토소스
    ㉠ 신선하고 최상의 상태와 맛을 가진 토마토를 고르는 것이 중요
    ㉡ 토마토가 제철이 아닌 경우 가공한 토마토를 사용

ⓒ 토마토는 적당한 당도와 진하게 농축된 감칠맛을 가진 것을 고름
ⓔ 사용하는 목적에 따라 여러 가지 다른 재료를 추가할 수 있음
ⓜ 믹서기에 갈아서 사용하는 것보다 으깬 후 끓이는 방법을 선호

③ 볼로네즈 소스(라구 소스)
ⓖ 볼로네즈 소스는 볼로냐식 라구 소스라고도 부르며 이탈리아식 미트소스로 알려짐
ⓛ 돼지고기와 쇠고기, 채소와 토마토를 넣고 오랜 시간 농축된 진한 맛이 날 때까지 끓임
ⓒ 마지막으로 치즈, 크림, 버터, 올리브유 등을 이용해 부드러운 맛을 냄

④ 화이트 크림소스
ⓖ 밀가루, 버터, 우유를 주재료로 만든 화이트소스
ⓛ 버터와 밀가루를 고소하게 색이 나지 않도록 볶아 화이트 루를 만들어 사용
ⓒ 우유를 데우고 루가 들어있는 팬에 서서히 부어가며 덩어리지지 않게 끓임
ⓔ 치즈와 크림 등을 첨가하여 파생 소스를 만듦

⑤ 바질 페스토 소스
ⓖ 페스토 소스는 이탈리아 리구리아를 대표하는 바질을 주재료로 사용한 소스
ⓛ 전통적인 제노바 스타일의 소스는 대리석으로 된 절구를 사용하지만, 도마 위에서 다져서 만들기도 하고 믹서기에 갈아서 만들기도 함
ⓒ 페스토가 보관하는 동안 산화되거나 색이 변하는 것을 지연시켜 주기 위해 바질을 끓인 소금물에 데쳐 사용
ⓔ 전통적인 소스는 양젖을 이용한 치즈를 주로 사용

2. 파스타 조리

(1) 파스타 삶기
① 파스타는 적당하게 삶아 원하는 식감을 얻는 것이 중요
② 씹히는 정도가 느껴질 정도로 삶는 것이 보통임
③ 알덴테(al dente)는 파스타를 삶는 정도를 의미하며, 입안에서 느껴지는 알맞은 상태
④ 파스타를 삶는 냄비는 깊이가 있어야 하며 파스타 양의 10배 정도가 알맞음
⑤ 1리터 내외의 물에 파스타의 양은 100g 정도가 알맞은 양
⑥ 파스타를 삶을 때 알맞은 소금의 첨가는 파스타의 풍미를 살려주고 밀 단백질에 영향을 주어 파스타 면에 탄력을 줌
⑦ 파스타 면을 삶는 면수는 파스타 소스의 농도를 잡아주고 올리브유가 분리되지 않고 유화될 수 있도록 만들어줌
⑧ 파스타를 삶을 때 서로 달라붙지 않도록 분산되게 넣어야 하며 잘 저어주어야 함

⑨ 파스타를 삶는 시간은 파스타가 소스와 함께 버무려지는 시간까지 계산해야 함
⑩ 파스타는 삶은 후 바로 사용하며 삶아진 파스타 겉면에 수증기가 증발하면서 남아 있는 전분 성분이 소스와 어우러져 파스타의 품질을 좋게 만듦
⑪ 파스타는 면의 특성에 따라 삶는 정도가 다르며 다양한 경험과 숙련을 필요함

(2) 파스타에 따른 소스 선택법
① 파스타는 다양한 모양과 형태를 가지고 있으며, 각각의 특징에 따라 어울리는 소스를 선택하는 것이 중요
② 파스타는 다양한 조리법을 가지고 있으며 샐러드를 만들기도 하고 오븐을 이용한 파스타도 있음
③ 파스타를 위한 다양한 소스는 파스타가 가지고 있는 여러 가지 풍미를 살려주고 파스타의 질을 높이는 데 도움을 줌
④ 파스타 요리는 이탈리아의 대표적인 요리로, 파스타를 삶는 정도와 소스의 선택이 파스타의 수준과 완벽함을 결정
⑤ 파스타는 만드는 사람에 따라 개성을 가질 수 있으며, 소스의 선택과 만드는 방법에 따라 다양함을 추구할 수 있음
⑥ 파스타 요리에 있어서 부재료로 쓰이는 올리브유, 소금, 토마토, 치즈 등은 소스의 특징을 살리는 중요한 역할
⑦ 조화롭고 완벽한 파스타는 소스의 선택과 소스에 어울리는 부재료의 선택이 파스타의 품질을 결정
⑧ 파스타의 길이와 모양은 특정한 소스를 사용하여 개성을 추구할 수 있음

(3) 소(Stuffed)를 채운 파스타
① 소를 채운 파스타는 다양한 형태와 재료를 사용
② 소를 채운 파스타의 소는 소스와의 어울림을 강조
③ 파스타 소의 일반적인 재료는 치즈와 채소
④ 소 채운 파스타의 대표적인 형태는 만두 형태와 라자냐(Lasagna)처럼 면과 소를 층층이 쌓아올린 형태
⑤ 만두 형태의 파스타는 수프의 고명으로 쓰이기도 함
⑥ 라자냐 같은 형태의 파스타는 소스에 버무리기 어려워 주로 오븐 사용

(4) 파스타의 형태와 소스와의 조화
① 길고 가는 파스타 : 가벼운 토마토소스나 올리브유를 이용한 소스가 잘 어울리며 올리브유는 정당한 수분에 유화 되면서 독특한 풍미를 줌
② 길고 넓적한 파스타 : 파르미지아노 레지아노 치즈, 프로슈토, 버터 등과 잘 어울리며 파스타 면의 표면적이 넓어서 파스타 면에 잘 달라붙는 진한 소스가 어울림
③ 짧은 파스타 : 짧은 파스타의 경우 가벼운 소스와 진한 소스 모두 어울리며 짧은 파스타의 경우 우리나라

보다 이탈리아에서 더 선호하는 경향이 있음

④ 짧고 작은 파스타 : 짧고 작은 파스타는 수프의 고명으로 많이 사용되며, 샐러드의 재료로도 사용

3. 파스타 요리 완성

- **파스타의 완성**
  ① 파스타를 완성하기 위해서는 소스의 선택이 중요
  ② 탈리아텔레 같은 넓적한 면은 치즈와 크림 등이 들어간 진한 소스가 어울림
  ③ 파스타에 사용하는 버터와 치즈의 역할은 파스타에 부드러운 질감을 줌
  ④ 소스가 많이 묻을 수 있는 짧은 파스타의 경우 진한 질감을 가진 소스를 사용
  ⑤ 일반적으로 생면 파스타의 경우 부드러운 질감을 유도하기 위해 버터나 치즈를 많이 사용
  ⑥ 건조 파스타의 경우 고기와 채소를 이용한 소스를 주로 이용
  ⑦ 소 채운 파스타의 경우 소에 이미 일정한 수분과 맛이 결정되어 있으므로 수프 또는 가벼운 소스를 이용

지 역	특 징
이탈리아 북부	이탈리아식 베이컨과 콩 종류의 맛이 어우러진 파스타
	에밀리아 로마냐 지역의 질 좋은 고기로 만든 파스타
	진한 맛의 치즈와 크림으로 만든 파스타
	면의 표면적이 넓어 소스가 잘 묻어 풍부한 맛의 파스타
	야생버섯으로 맛을 낸 파스타
이탈리아 남부	토마토와 가지로 맛을 낸 파스타
	낙지에 토마토 소스와 레몬즙으로 맛을 낸 파스타
	홍합으로 맛을 낸 파스타
	정어리로 맛을 낸 파스타
	가지로 감싼 파스타
	살라미와 많은 양의 고추가 들어간 파스타

14 소스조리

 1. 소스 재료준비

1. 소스에 사용하는 농후제(Liaisons)의 종류와 특성

농후제는 소스나 수프를 걸쭉하게 하여 농도를 내며 풍미를 더해 주는 여러 가지 방법

(1) **루(Roux)**

① 루는 밀가루와 버터를 1 : 1로 볶아 만든 것

② 베샤멜, 벨루떼에 농후제로 자주 사용

화이트 루(White Roux)	색이 나기 직전까지만 볶아낸 것으로 베샤멜 소스와 같은 하얀색 소스를 만들 때 사용
브론드 루(Brond Roux)	약간의 갈색이 돌 때까지 볶은 것으로 대부분의 크림 수프나 수프를 끓이기 위한 벨루테를 만들 때 사용
브라운 루(Brown Roux)	색이 짙은 소스를 만들 때 사용하기 위해 루의 색깔이 갈색을 띠며 스테이크 소스에 주로 사용

(2) **뵈르 마니에(Beurre Manie)**

① 버터와 밀가루를 동량으로 섞어 만든 반죽 형태의 농후제

② 향이 강한 소스의 농후제로 사용

(3) **전분(Cornstarch)**

① 감자, 옥수수, 야채 뿌리 등에 함유

② 보통 물에 풀어 농후제로 사용

(4) **달걀(Eggs)**

① 유화제로도 많이 사용되며 앙글레이즈, 홀렌다이즈의 대표적인 재료로 사용

② 생 노른자를 사용하면 비린내와 살균이 안되므로 중탕기에 노른자를 한번 살균처리를 해준 뒤 사용

(5) **버터(Butter)**

버터는 정제하여 수프 또는 소스 마지막에 풍미용으로 몬테(Monte)함

2. 소스 조리

(1) 육수 소스의 종류와 조리법

- 육수 소스

① 갈색 육수 소스
  ㉠ 5대 모체소스에서 가장 많이 사용하는 소스
  ㉡ 데미글라스 소스가 대표적인 갈색 육수소스로 사용

② 흰색 육수 소스(Velute sauce)
  ㉠ 송아지, 닭, 생선 스톡을 사용하는 벨루떼 소스
  ㉡ 브론드 루(Blond Roux)에 스톡을 넣어 만듦

(2) 토마토 소스

① 토마토 소스는 토마토에 여러 가지 재료들을 넣고 만드는 소스
② 현재에는 토마토 통조림(Tomato Whole)을 사용
③ 토마토 형태에 따른 분류

토마토 퓌레	토마토를 파쇄하여 그대로 조미하지 않고 농축시킨 것
토마토 쿨리	토마토 퓌레에 어느 정도 향신료를 가미한 것
토마토 페이스트(반죽)	토마토 퓌레를 더 강하게 농축하여 수분을 날린 것
토마토 홀	토마토 껍질만 벗겨 통조림으로 만든 것

(3) 우유 소스

- 우유 소스의 이해

① 베샤멜과 크림소스가 대표적임
② 스톡을 넣거나 화이트와인을 넣어 화이트 루(White Roux)를 풀어줌
③ 뵈르 마니에를 첨가하기도 함

(4) 유지 소스

유지 소스는 식용유 계통과 버터 계통 소스로 구분하며 식용유 계통의 대표적인 소스는 마요네즈와 비네그레트(Vinaigrette ; 식초 소스)가 있고, 버터 계통의 대표적인 소스는 홀렌다이즈와 베르블랑(Vert Blanc)이 있다.

① 마요네즈와 비네그레이트
  ㉠ 마요네즈 제조 주의사항
    • 달걀은 냉장고에서 꺼내 실온 상태로 사용해야 함
    • 적어도 2알 이상의 노른자를 사용하여 용기는 넉넉한 사이즈를 사용
    • 약간의 겨자를 넣으면 쉽게 엉키고 기름에 잘 녹지 않는 레몬, 식초, 후추, 소금을 먼저 추가해야 함

　　ⓒ 비네그레트 소스
　　　• 기름과 식초의 비율이 3 : 1
　　　• 기름과 오일을 휘핑기로 저어 일시적으로 유화시킨 상태
　　　• 크림같은 질감이 나와야 유화가 된 것
　　ⓒ 버터 소스
　　　• 대표적인 버터소스는 홀렌다이즈와 뵈르블랑 소스
　　　• 버터는 정제하여 사용
　　　• 서비스 시 중탕에 보관하였다 레들을 사용하여 제공

홀렌다이즈 소스	• 홀렌다이즈는 뜨겁게 만든 마요네즈 • 5대 모체소스의 하나의 기준이 되는 소스
베르 블랑(beurre blanc)	• 좋은 버터로 만들어야 하는 소스 • 찬곳이나 온도가 높은 곳에서 보관하게 될 경우 분리현상이 일어남

(5) 디저트 소스
① 후식에 사용하는 소스를 말하며 크게 크림, 초콜릿, 과일과 리큐르로 분리
② 크림은 노른자 또는 생크림을, 리큐르는 증류를 사용하며 과일을 곁들여 내기도함

크림소스	• 앙글레이즈(Anglaise)소스가 대표적 • 미국에선 커스터드 크림이라고도 불림
리큐르소스	• 럼이나 브랜디에 과일향을 첨가한 소스 • 팬케이크나 와플 등 조식메뉴에도 제공 • 보통 전분이나 설탕으로 농도를 맞춤 • 다른 소스보다 또렷한 색감이 특징
초콜릿소스	• 녹인 초콜릿에 향료 또는 크림을 첨가하여 만듦 • 가나쉬보다 좀 더 묽은 질감으로 사용

3. 소스완성

(1) 소스 종류에 따른 좋은 품질 선별법
① 브라운 소스
　　㉠ 갈색이 선명하게 나야함
　　㉡ 풍미가 짙어야 하며 걸쭉한 것
② 벨루테 소스
　　㉠ 생선을 사용한 벨루떼의 경우 비린내가 나지 않아야 함
　　㉡ 색이 탁하게 나지 않고 하얀색의 짙은 풍미를 가지고 있어야 함
③ 토마토 소스
　　㉠ 잘 익은 토마토를 사용하여 먹기 좋은 붉은색의 토마토 소스를 만듦

      ⓒ 다른 허브와 스파이스의 향이 잘 섞여 있어야 함

  ④ 마요네즈

      • 산패되지 않도록 주의해야 함

  ⑤ 비네그레트

      ㉠ 분리나지 않도록 주의

      ⓒ 올리브유보다는 포도씨유나 일반 샐러드유 사용

  ⑥ 버터 소스

      ㉠ 버터는 정제하여 사용

      ⓒ 물이 들어가지 않도록 주의

  ⑦ 홀렌다이즈 소스

      ㉠ 60~70℃ 사이의 중탕의 온도에서 따뜻하게 보관

      ⓒ 분리되지 않도록 주의

(2) 소스를 용도에 맞게 제공하는 방법

  ① 소스는 사용하는 재료의 맛을 끌어 올릴 수 있어야 함

  ② 소스의 향이 너무 강하여 원재료의 맛을 저하시키면 안됨

  ③ 색감을 자극하여 모양을 내기 위해 곁들여 주는 소스는 색이 변질되면 안됨

  ④ 튀김 종류의 소스는 바삭함에 방해되지 않도록 제공 직전 뿌리기

  ⑤ 주재료의 맛에 개성이 부족한 요리의 경우에는 개성이 강한 소스가 필요하며, 주재료의 맛에 개성이 충분할 때에 그 맛을 상승시킬 수 있는 소스가 필요

출제예상문제

해 설

01 양식에 사용되는 스톡(stock)의 재료가 아닌 것은?
① 부케가르니   ② 샐러드
③ 미르포아   ④ 뼈

01
해설) 스톡의 주재료 3가지로 부케가르니, 미르포아, 뼈가 있다. 답 ②

02 스톡의 종류 중 높은 열을 이용한 캐러멜화와 관련이 깊은 것은?
① white stock   ② fish stock
③ court bouillon   ④ brown stock

02
브라운 스톡의 경우 갈색의 육수로 미르포아를 스톡에 넣기 전 색이 나도록 볶은 뒤 토마토 페이스트와 섞어 넣는다. 답 ④

03 스톡(stock)을 조리하는 방법으로 은근하게 끓이는 방법은?
① 포우칭(pouching)   ② 스티밍(steaming)
③ 블랜칭(blanching)   ④ 시머링(simmering)

03
- 포우칭(pouching) : 80℃ 정도의 물에서 재료를 데치는 방법
- 스티밍(steaming) : 수증기의 압력으로 쪄내거나 중탕하는 방법
- 블랜칭(blanching) : 식재료를 순간적으로 끓는 물에 넣었다가 꺼내어 찬물에 식히는 방법

04 스톡 조리 시 주의사항이 아닌 것은?
① 스톡을 조리할 때는 반드시 찬물로 재료를 충분히 잠길 정도까지 부은 다음에 시작한다.
② 스톡이 끓기 시작하면 불의 세기를 조절하여 스톡의 온도가 90℃를 유지하게끔 은근히 끓여준다.
③ 스톡 조리 시 표면 위로 떠오르는 불순물 스키머(skimmer)로 제거한다.
④ 스톡이 끓기 시작하면 소금 간을 하도록 한다.

04
스톡은 용도가 매우 다양하고 때에 따라서는 소량이 될 때까지 졸여서 사용해야 하므로 간은 하지 않는다. 답 ④

해설

05
토마토페이스트를 스톡에 첨가 시 신맛이 날 수 있으므로 약불에 볶아 신맛을 날린다.
답 ③

06
- 차이나 캡(china cap) : 스톡나 수프를 거를 때 사용
- 나무주걱(wooden pad) : 음식을 저을 때 사용
- 스패츌라(spatula) : 크림을 바르거나 음식을 들어 옮길 때 사용
- 스키머(skimmer) : 스톡, 수프, 소스의 거품을 제거할 때 사용

답 ①

07
전채요리에서 플레인은 형태와 맛이 유지 된 것, 드레스트는 조리사의 아이디어와 기술로 가공된 것으로 스터프드에 그가 속한다.
답 ③

08
전채요리는 식전에 먹는 요리로 신맛과 짠맛이 있어야 하며 적은 양을 제공한다. 또한 시각적으로도 훌륭해야 하며 계절별·지역별 식재료를 활용해야 한다.
답 ③

09
렐리시는 채소를 예쁘게 다듬어 마요네즈 등과 같은 소스를 곁들어 주는 것을 말하는 것으로 샐러리, 무, 올리브, 피클, 채소스틱 등을 재료로 사용한다.
답 ④

---

05 브라운 스톡(brown stock) 조리에 대한 설명으로 틀린 것은?
① 뼈와 야채가 갈색으로 잘 조리되어야 스톡의 색깔이 갈색으로 나온다.
② 뼈는 찬물에 담가 핏물을 제거하고 사용한다.
③ 토마토 페이스트는 볶지 않고 사용한다.
④ 불순물이 떠오르면 스키머(skimmer)로 제거한다.

06 야채나 수프를 거를 때 사용하는 조리도구는?
① 차이나 캡(china cap)
② 나무주걱(wooden pad)
③ 스패츌라(spatula)
④ 스키머(skimmer)

07 양식 전채요리를 플레인(plain)과 드레스트(dressed)로 구분할 때 드레스트에 속하는 것은?
① 생 굴
② 엔초비
③ 스터프드 에그
④ 새우 카나페

08 양식 전채요리의 조리 특징으로 틀린 것은?
① 신맛과 짠맛이 적당히 있어야 한다.
② 주요리에 사용되는 재료와 조리법을 사용하도록 한다.
③ 예술성이 뛰어나야 한다.
④ 주요리보다 소량으로 만들어야 한다.

09 양식 전채요리 중 채소를 예쁘게 다듬어 마요네즈 등과 같은 소스를 곁들어 주는 것은?
① 오르되브르(hors d'oeuvre)
② 칵테일(cocktail)
③ 카나페(canape)
④ 렐리시(relishes)

10 얇은 팬을 이용하여 소량의 버터나 식용 유지를 넣고 채소나 고기류 등을 200℃ 정도의 고온에서 살짝 볶는 조리방법은?

① 소테(saute)
② 블랜칭(blanching)
③ 딥 팻 프라잉(deep fat frying)
④ 포우칭(poaching)

11 조리방법 중 건열조리와 거리가 먼 것은?

① 브로일링(broiling)
② 로스팅(roasting)
③ 팬프라잉(pan-frying)
④ 시머링(simmering)

12 서양식 조리법 중 오랫동안 끓이는 방법은?

① 브로일링
② 로스팅
③ 팬브로일링
④ 스튜잉

13 완성 접시에 요리를 담을 때 고려사항으로 적절하지 않은 것은?

① 접시에 담을 때는 고객의 편리성이 우선 고려되어야 한다.
② 접시의 특성에 따라 다르지만 일반적으로 내원을 벗어나지 않는다.
③ 전채요리의 양은 주요리보다 많이 담도록 한다.
④ 전채요리의 소스(sauce)는 너무 많이 뿌리지 않게 적당하게 뿌린다.

14 양식 전채요리에서 사용되는 콩디망(condiments)은?

① 전채요리 중의 하나이다.
② 양념을 지칭하는 용어이다.
③ 에피타이저와 동일한 의미이다.
④ 조리방법의 한 종류이다.

해 설

10
- 포우칭(pouching) : 80℃ 정도의 물에서 재료를 데치는 방법
- 소테(saute) : 채소나 고기류 등을 200℃ 고온에서 살짝 볶는 방법
- 딥 팻 프라잉(deep fat frying) : 기름에 재료를 튀기는 방법
- 블랜칭(blanching) : 식재료를 순간적으로 끓는 물에 넣었다가 꺼내어 찬물에 식히는 방법 **답** ①

11
건열조리에는 브로일링, 로스팅, 팬프라잉, 베이킹 등이 있으며 시머링은 습열조리에 속한다. **답** ④

12
브로일링, 로스팅, 팬브로일링은 건열조리방법이며 스튜잉은 복합조리법을 사용하여 재료에 색이 나게 볶다가 액체류를 넣고 은은하게 끓이는 방법이다. **답** ④

13
전채요리는 식전에 먹는 음식이므로 주요리에 비해 적은 양을 담는다. **답** ③

14
콩디망은 양념을 지칭하는 용어로 소금, 겨자, 마요네즈 같은 것이 여기에 속한다. **답** ②

해 설

15
엑스트라 버진의 경우 올리브 열매에서 압착 과정을 한번 더 거쳐 추출한 것이며 등급이 가장 높다. 답 ②

16
샌드위치의 종류로는 크게 온도, 형태로 분류되며 온도에는 핫, 콜드 샌드위치가 있으며 형태에는 오픈, 클로즈드, 핑거, 롤 샌드위치가 있다. 답 ①

17
샌드위치에 사용되는 빵은 주로 부드러운 빵을 사용해야 빵이 눅눅해지지 않고 상하는 속도가 느리기 때문이다. 답 ③

18
스프레드의 역할은 코팅제, 접착제, 감촉제, 맛의 향상 역할을 한다. 답 ④

19
샌드위치 조리방법은 빵을 선택한 후 스프레드를 바른 후 속재료를 채워 완성한 뒤 가니쉬를 곁들여 제공한다. 답 ②

---

15 올리비유의 종류 중 맛과 향 등의 품질이 우수한 것부터 순서대로 나열한 것은?

① 버진 > 엑스트라 버진 > 푸어 버진
② 엑스트라 버진 > 버진 > 퓨어 버진
③ 버진 > 퓨어 버진 > 엑스트라 버진
④ 퓨어 버진 > 버진 > 엑스트라 버진

16 샌드위치 형태에 따른 분류가 아닌 것은?

① 콜드 샌드위치　　② 오픈 샌드위치
③ 핑거 샌드위치　　④ 롤 샌드위치

17 샌드위치 구성요소에 대한 설명으로 틀린 것은?

① 샌드위치의 구성요소는 빵, 스프레드, 속재료, 가니쉬, 양념이다.
② 샌드위치에 사용하는 양념은 조미료나 음식의 소스 혹은 드레싱을 뜻한다.
③ 샌드위치에 사용되는 빵은 거친 질감의 것이 좋다.
④ 속재료(filling)는 샌드위치의 핵심이 되는 재료이다.

18 샌드위치에서 스프레드(spread)의 역할로 가장 거리가 먼 것은?

① 코팅제　　② 접착제
③ 맛의 향상　　④ 이형제

19 일반적인 샌드위치 조리과정은?

㉠ 빵 종류 선택	㉡ 가니쉬 선택
㉢ 스프레드 선택	㉣ 속재료 선택

① ㉠ → ㉡ → ㉢ → ㉣
② ㉠ → ㉢ → ㉣ → ㉡
③ ㉢ → ㉡ → ㉠ → ㉣
④ ㉢ → ㉣ → ㉡ → ㉠

20 기본적으로 한 가지 또는 그 이상의 샐러드 드레싱과 곁들이는 형태로 만드는 샐러드는?

① 순수 샐러드(simple salad)
② 혼합 샐러드(compound salad)
③ 더운 샐러드(warm salad)
④ 그린 샐러드(green salad)

21 샐러드와 같이 제공되며 맛과 소화율을 향상 시키는 재료는?

① 베이스
② 드레싱
③ 가니쉬
④ 스프레드

22 샌드위치에서 드레싱(dressing)에 대한 설명으로 적절하지 않은 것은?

① 드레싱은 단맛을 가지고 있어야 한다.
② 음식을 섭취할 때 입에서 즐기는 질감을 높일 수 있다.
③ 샐러드의 맛을 증가시키고 소화를 도와준다.
④ 맛이 강한 샐러드를 더욱 부드럽게 해준다.

23 분리된 마요네즈를 다시 살리는 방법으로 적합한 것은?

① 새로운 난황에 분리된 것을 조금씩 넣으며 한 방향으로 저어준다.
② 기름을 더 넣어 한 방향으로 빠르게 저어준다.
③ 레몬즙을 놓은 후 기름과 식초를 저어준다.
④ 분리된 마요네즈를 양쪽 방향으로 빠르게 저어준다.

24 샐러드 요리를 담을 때 주의사항으로 적절하지 않은 것은?

① 채소의 물기는 반드시 제거하고 담는다.
② 드레싱의 양이 샐러드의 양보다 많지 않게 담는다.
③ 주재료와 부재료의 모양과 색상, 식감은 항상 다르게 준비한다.
④ 드레싱은 제공하기 전 미리 뿌려둔다.

해 설

20
그린 샐러드는 드레싱과 같이 제공 되는 형태이며 가든 샐러드라고도 불린다.
답 ④

21
드레싱(dressing)은 샐러드의 맛을 향상시키고 소화를 돕기 위한 액체 형태의 재료를 말한다.
답 ②

22
드레싱은 산미가 있어야하고 샐러드와 조화가 잘 이루어져야 한다.
답 ①

23
분리난 마요네즈를 다시 살리려면 유화제의 역할인 노른자를 사용한다.
답 ①

24
드레싱은 농도가 너무 묽지 않게 하며 미리 뿌려서 제공 할 시 채소가 상할 수 있으므로 서비스 전엔 뿌리지 않는다.
답 ④

해 설

25
포치드에그는 90℃ 정도의 뜨거운 물에 식초를 넣고 껍질을 제거한 달걀을 넣어 익히는 습열 조리방법이다.

답 ④

26
삶은 달걀은 100℃가 넘는 끓는 물에 조리한 습열식 조리법이다.

답 ②

27
- 코들드 에그(coddled egg) : 30초
- 반숙 달걀(soft-boiled egg) : 3~4분
- 중반숙 달걀(medium boiled egg) : 5~7분
- 완숙 달걀(hard-boiled egg) : 10~14분

28
- 스크램블 에그 : 달걀을 팬이나 버터에 넣어 빠르게 휘저은 요리
- 오믈렛 : 달걀물은 팬에 넣어 럭비공 모양으로 만든 요리
- 보일드 에그 : 끓는 물에 달걀을 넣어 익힌 삶은 달걀 요리

답 ③

29
- 토스트 브레드 : 식빵을 0.7~1cm 두께로 썰어 구운 빵
- 프렌치 브레드 : 밀가루, 이스트, 물, 소금만으로 만든 프랑스의 주식 빵
- 브리오슈 : 프랑스의 전통 빵으로 달콤하게 만든 아침식사용 빵

답 ②

---

25 90℃ 정도의 뜨거운 물에 식초, 소금을 넣고 달걀을 조리하는 조리법은?

① coddled egg
② medium boiled egg
③ hard boiled egg
④ poached egg

26 건식열로 이용한 달걀요리가 아닌 것은?

① 달걀 프라이
② 삶은 달걀
③ 스크램블 에그
④ 오믈렛

27 끓는 물에서 반숙 달걀(soft-boiled egg)을 삶을 때 적당한 시간은?

① 30초
② 3~4분
③ 5~7분
④ 10~14분

28 잉글리시 머핀에 햄, 포치드 에그, 홀렌다이즈를 곁들인 달걀 요리는?

① 스크램블 에그(scrambled egg)
② 오믈렛(omelet)
③ 에그 베네딕틴(egg benedictine)
④ 보일드 에그(boiled egg)

29 버터를 켜켜이 넣어 만든 반죽으로 만든 초승달 모양의 빵은?

① 토스트 브레드
② 크루아상
③ 프렌치 브레드
④ 브리오슈

30 와플(waffle)의 대한 설명으로 틀린 것은?

① 바삭한 맛을 가지고 있어 아침 식사와 브런치, 디저트로 인기가 높다.
② 벨기에식 와플과 미국식 와플이 있다.
③ 와플의 반죽 자체가 달기 때문에 주로 토핑없이 먹는다.
④ 서양과자의 한 종류로 표면이 벌집 모양이다.

31 시리얼의 종류 중 더운 시리얼류에 해당하는 것은?

① 오트밀(oatmeal)
② 라이스 크리스피(rice crispy)
③ 콘프레이크(cornflakes)
④ 레이진 브렌(raisin bran)

32 수프(soup)의 농도를 조절하는 농후제는?

① 크루통(crouton)
② 리에종(liaison)
③ 콩카세(consasse)
④ 가니쉬(garnish)

33 수프(soup)의 구성 요소 중 수프의 맛을 좌우하는 가장 기본이 되는 요소는?

① 스톡(stock)
② 루(roux)
③ 가니쉬(garinsh)
④ 허브와 향신료

34 갑각류 껍질을 으깨어 채소와 함께 완전히 우러나올 수 있도록 끓이는 수프는?

① 가스파초(gazpacho)
② 비스크 수프(bisque soup)
③ 크림수프(cream soup)
④ 맑은수프(clear soup)

35 농후제를 사용하지 않고 재료 자체의 녹말성분을 이용하여 걸쭉하게 만든 수프는?

① 콩소메(consomme)
② 차우더(chowder)
③ 퓨레(puree)
④ 포타주(potage)

해 설

30 와플의 반죽은 달지 않으며 올라가는 토핑에 당성분이 많이 포함되어 있다. 답 ③

31 오트밀, 레이진 브렌, 콘프레이크는 차가운 시리얼류에 속한다. 답 ①

32 크루통, 콩카세, 가니쉬는 곁들임에 속하며 리에종은 농후제로 사용되며 루, 버터, 전분 등이 이에 속한다. 답 ②

33 수프의 성질, 형태, 맛, 재료 등은 수프에 사용되는 스톡의 종류에 따라 달라진다. 답 ①

34 비스크수프는 갑각류 껍질을 으깨어 채소와 함께 끓여준 수프이다. 답 ②

35 포타주는 콩을 사용하여 만든 수프로 콩 안에 있는 녹말로 걸쭉하게 만든다. 답 ④

해설

36
마리에이드는 육류의 간을 베게 하고 누리는 없애는 작업을 뜻하며 용액에 절이는 경우도 있다.　**답** ①

37
복합조리법에는 브레이징, 스튜잉, 수비드 법이 있다.　**답** ③

38
이탈리안 미트소스는 5대 모체 소스 중 하나인 토마토 소스의 파생소스이다.　**답** ④

39
건조파스타는 경질 소맥(듀럼 밀)을 거칠게 제분한 세몰리나를 많이 사용한다.　**답** ①

40
파스타는 삶은 후 바로 사용해야 면에 있는 전분 성질이 증발하지 않고 소스와 어우러져 파스타의 품질을 좋게 한다.　**답** ④

---

36 육류 조리 시 고기의 누린내를 제거하고 간을 베이게 하는 작업은?

① 마리네이드(marinade)
② 로스팅(roasting)
③ 마블링(marbling)
④ 시머링(simmering)

37 육류 조리법 중 복합조리에 해당하는 것은?

㉠ 포우칭(poaching)	㉡ 시머링(simmering)
㉢ 글레이징(glazing)	㉣ 브레이징(braising)
㉤ 베이킹(baking)	㉥ 스튜잉(stewing)

① ㉠, ㉡, ㉢, ㉣, ㉤, ㉥
② ㉠, ㉡, ㉢, ㉣
③ ㉣, ㉥
④ ㉢, ㉣, ㉥

38 5대 모체소스에 해당하지 않는 것은?

① 베샤멜 소스(bechamel sauce)
② 브라운 소스(brown sauce)
③ 홀랜다이즈 소스(hollandaise sauce)
④ 이탈리안 미트소스(bolognese sauce)

39 건조 파스타에 이용되는 세몰리나(semolina)는?

① 듀럼 밀을 제분한 가루
② 일반 밀을 제분한 가루
③ 연질 소맥을 제분한 가루
④ 일반밀과 듀럼밀을 혼합하여 제분한 가루

40 파스타 삶기에서 틀린 것은?

① 삶을 때 소금을 첨가하여 면의 풍미를 살리고 면의 탄력을 준다.
② 1L 물 기준 파스타의 양은 100g을 넣는다.
③ 면수는 파스타 조리 시 농후제 및 유화제로 사용한다.
④ 파스타는 알단테로 삶으며 삶은 후 곧바로 사용하지 않는다.

41 파스타에 사용되는 조개 육수에 대한 설명으로 틀린 것은?

① 갑각류의 풍미를 살리거나 기본적인 해산물 파스타 요리에 사용하는 육수이다.
② 바지락, 모시조개, 홍합 등을 사용한다.
③ 오래 끓일수록 육수에 풍미가 진해지므로 1시간 이상 끓인다.
④ 농축된 육수는 올리브유에 유화시켜 소스 대신 사용하기도 한다.

42 파스타에 사용되는 소스로 틀린 것은?

① 토마토소스는 믹서기에 갈아서 사용한다.
② 화이트 크림소스는 우유, 버터, 밀가루를 주로 만든 소스이다.
③ 바질페스토는 양젖을 이용한 치즈를 사용한다.
④ 조개 육수는 해산물 파스타의 기본 육수이다.

43 소스 조리 시 사용되는 농후제로 틀린 것은?

① 브라운 루는 색이 짙은 소스를 만들 때 사용한다.
② 전분은 더운 물에서는 쉽게 호화되므로 주의한다.
③ 달걀은 흰자를 이용하여 농도를 낼 수 있다.
④ 화이트 루는 색이 나기 직전까지만 볶아낸 것이다.

44 스파게티나 국수에 이용되는 문어나 오징어 먹물의 색소는?

① 타우린(taurine) ② 멜라닌(melanin)
③ 미오글로빈(myoglobin) ④ 히스타민(histamine)

45 비프 스테이크(Beef steak)의 구운 정도를 나타낸 용어와 거리가 먼 것은?

① Moderate ② Medium
③ Rare ④ Well-done

해 설

41
조개 육수는 오래 끓이면 맛성분이 변하므로 30분 내외로 끓인다.
답 ③

42
토마토소스는 덩어리를 살려 끓이는 것이 좋다.
답 ①

43
달걀의 노른자는 농후제로도 사용되며 대표적으로 디저트소스인 앙글레이즈가 있다.
답 ③

44
오징어의 멜라닌 색소로 검은색 파스타면을 만든다.
답 ②

45
스테이크의 구운 정도를 표현하는 용어로는 레어, 미디엄, 웰던 등이 있으며 Moderate는 사용되지 않는다.
답 ①

edukyungrok

한국산업인력공단 출제기준에 의한

조리기능사 양식 필기

정가 16,000원

발　행	2021년 1월 10일
인　쇄	2021년 1월 5일
저　자	양진삼·김정민 외
발 행 자	이 성 태 / 李 星 兌
발 행 처	경록 / 景鹿
주　소	서울시 강남구 영동대로 114길 7(삼성동 91-24) 경록사옥
문　의	02)419-4630
홈페이지	www.kyungrok.com
팩　스	02)556-7008
등　록	제16-496호
ISBN	979-11-90100-04-5　　13590

저자협의인지생략

www.edukyungrok.com
대표전화 02)419-4630

이 책의 무단복제·복사를 금함

이 책은 저작권법에 의해 저작권이 보호됩니다. 무단전재 또는 복제행위는 이 법 제136조에 의해
5년 이하의 징역 또는 5,000만원 이하의 벌금에 처하거나 병과(倂科)할 수 있습니다.

 Audio   Video   Physical   e-Book

공인중개사 100% 합격프로젝트!!
Winning Begins with Kyungrok

기본서 시리즈

경록교재!! 어느 교육기관 어떤 책으로 공부했던지 반드시 읽어야 할 필독서!!

부동산학개론

- 부동산학개론의 특성상 자칫 필요 이상의 영역학습으로 시간을 낭비하는 경우가 많다는 점을 특별히 고려하여 시험의 출제비중과 깊이에 따라 단원별·단락별 분량의 중요성에 따라 배분하고 양을 최적화했다.
- 강의를 듣는 것처럼 느껴지는 교수 코멘트와 삽화의 설명이 이해력과 가독력을 극대화함

민법및민사특별법

- 국토교통부의 시험내용인 법조문과 용어의 개념 정리부터 판례 설명까지 가장 알기 쉽게 설명한 대표적 교재 !!
- 출제비중이 90%인 방대하고 난해한 여러 판례들을 문제의 질문과 예문으로 이해할 수 있을 만큼 쉽고 간결하게 정리한 국내 최초의 대표적 교재 !!

공인중개사법령및중개실무

- 법령편을 이 과목의 독특한 시험출제 성향에 따라 체계적으로 정리함
- 중개실무편을 법령과 주변 관련 법령들을 체계적으로 알기 쉽게 실무에 적용해 시험을 리드한 국내 최초의 대표적 교재 !!
- 출제비중에 따른 영역별 양 배분과 부피를 최적화해 학습 부담을 줄인 대표적 혁신 교재 !!

부동산공법

- 부동산공법 총 6개 법령의 1,000여 개 법조문을 출제 우선 순위에 따라 체계적으로 정리하고 출제되지 않을 참고 법령 조문에는 참고라고 표시해 공부에 헛수고를 하지 않도록 엮은 국내 최초의 대표적인 정통교재 !!
- 교재만 읽어도 고득점이 가능한 알기 쉬운 설명이 돋보이는 교재 !!

부동산공시법

- 부동산등기법은 민법을 잘 공부하면 이해가 쉽고, 측량·수로 조사및지적에 관한 법률은 기사시험이 아닌 공인중개사 시험 영역과 깊이를 잘 골라내어 공부하도록 효율적인 특징을 모두 고려해 엮은 대표적 교재 !!
- 출제비중에 따른 영역별 양 배분과 부피를 최적화해 학습 부담을 줄인 대표적 혁신 교재 !!

부동산세법

- 시험에 출제될 조문을 우선순위에 따라 복잡하고 방대한 부동산세법의 범위와 깊이를 고려해 체계적으로 엮은 대표적 교재 !!
- 특히 불필요한 학습없이 부동산세법에서도 고득점이 가능한 교재 !!
- 출제비중에 따른 영역별 양 배분과 부피를 최적화해 학습부담을 줄인 대표적 혁신교재 !!

공인중개사 100%합격프로젝트!!
Winning Begins with Kyungrok

문제집 시리즈

경록 대한민국 최고 최대 중진출제위원급 저자그룹출제!! 가장 많이 풀어보는 99% 독보적 정답률 문제!!

부동산학개론 출제예상문제

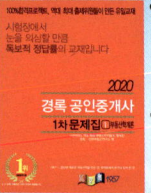

- 부동산학개론의 시험 내용을 출제되는 비중에 따라 모두 문제로 출제해 시험을 완벽하게 커버하는 정통한 문제집 시리즈!!
- 대부분의 불합격자들이 경험한 시간이 부족해서 아는 문제도 못 풀고 나와 실패하는 일이 없도록 완벽훈련!!

민법및민사특별법 출제예상문제

- 민법및민사특별법 출제문제 중 판례 관련 문제가 90%를 차지해 출제가능한 모든 판례를 기본서의 체계에 따라 문제로 편성해 민법및민사특별법은 물론 판례문제를 완벽히 총정리하도록 엮은 대표적 문제집시리즈!!
- 대부분의 불합격자들이 경험한 시간이 부족해서 아는 문제도 못 풀고 나와 실패하는 일이 없도록 완벽훈련!!

공인중개사법실무 출제예상문제

- 이 과목을 2차시험과목의 고득점 전략과목으로 설정할 수 있도록 중개사법령의 시험문제 특성에 맞는 문제출제와 이 법령의 실무적용, 그리고 관련 주변 법령의 실무적용문제를 체계적으로 문제화해 시험을 리드하는 대표적 문제집 시리즈!!
- 대부분의 불합격자들이 경험한 시간이 부족해서 아는 문제도 못 풀고 나와 실패하는 일이 없도록 완벽훈련!!

부동산공법 출제예상문제

- 부동산공법 과목의 총 6개 법령 1,000여개 법조문 중 시험에 출제되는 우선순위에 따라 문제를 출제, 선정하여 기본서의 체계로 엮어 어떤 유형의 문제도 빠짐없이 해결할 수 있도록 한 문제집시리즈!!
- 대부분의 불합격자들이 경험한 시험장에서 시간이 부족해 아는 답을 못 쓰고 나오는 일이 없도록 훈련될 수 있는 다양한 유형의 문제를 충분히 수록 해설함

부동산공시법 출제예상문제

- 등기법과 지적법을 공인중개사 시험문제 출제영역의 법조문문제와 판례문제의 모든 유형의 문제를 기본서 체계에 따라 총정리 하여 고득점 획득을 겨냥할 수 있도록 엮은 대표적인 문제집 시리즈!!
- 대부분의 불합격자들이 경험한 시간이 부족해서 아는 문제도 못 풀고 나와 실패하는 일이 없도록 완벽훈련!!

부동산세법 출제예상문제

- 복잡한 부동산세법 중 시험에 출제되는 조문 문제를 우선순위로 선정하고 불필요한 조문의 문제를 제외하여 꼭 필요한 내용을 읽을 수 있도록 한 문제집시리즈!!
- 대부분의 불합격자들이 경험한 시험장에서 시간이 부족해 아는 답을 못 쓰고 나오는 일이 없도록 훈련될 수 있는 다양한 유형의 문제를 충분히 수록 해설함

Audio   Video   Physical   e-Book

공인중개사 100% 합격프로젝트!!
Winning Begins with Kyungrok

최단기 완성

타의추종을 불허하는 최단기 완성교재!!

공인중개사 1차 종합 이론편
- 시험내용의 핵심을 분야별 출제비율과 출제되는 우선순위에 따라 핵심내용을 족집게처럼 총정리한 대표적 교재!!
- 누구나 쉽게 이해할 수 있도록 효율적 전달방식을 특화한 교재!!
- **구성** : 핵심정리 + 강의처럼 느껴지는 교수코멘트 + 키워드 삽화 완벽해설

공인중개사 2차 종합 이론편
- 시험내용의 핵심을 분야별 출제비율과 출제되는 우선순위에 따라 핵심내용을 족집게처럼 총정리한 대표적 교재!!
- 누구나 쉽게 이해할 수 있도록 효율적 전달방식을 특화한 교재!!
- **구성** : 핵심정리 + 강의처럼 느껴지는 교수코멘트 + 키워드 삽화 완벽해설

적중실전모의고사

경록 대한민국 최고 최대 중진출제위원급 저자그룹출제!! 가장 많이 풀어보는 99% 독보적 정답률 문제!!

공인중개사 모의고사 1차/2차
- 보통시험에서는 4배수로 출제하지만 10배수를 선정해 주요문제를 강의함
- 공인중개사시험의 문제유형을 모두 반영해 어떤 문제도 빠져나갈 수 없다.
- 공인중개사시험 전 영역을 출제비중과 깊이를 고려하여 모두 커버할 수 있도록 출제하여 해설하였다.

공인중개사 블랙박스 1차/2차
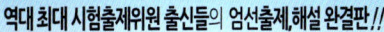
역대 최대 시험출제위원 출신들의 엄선출제 해설 완결판!!
- 대한민국 공인중개사 시험문제를 리드하는 가장 정통한 모의고사 시리즈!!
- 공인중개사 파이널 블랙박스!!

강좌

자투리 시간만 투자해도 100% 합격을 노리는 경록 전문기획 인강!! 1957~, 부동산학 만들고 부동산교육을 창학한 노하우!!

인터넷, 스마트폰, MP3, 태블릿PC 강의로 무제한 반복 학습 특화!!
- 경록강좌는 인터넷, 스마트폰, MP3, 태블릿PC 등으로 무제한 반복수강하면 됩니다.
- 주부가 집안일 하면서, 직장인이 출퇴근시 차안에서 자투리 시간을 활용해 마스터하도록 특별제작된 국내 유일한 e-learning program 입니다.

주택관리사 100%합격프로젝트!!
Winning Begins with Kyungrok

기본서 시리즈

경록교재!! 어느 교육기관 어떤 책으로 공부했던지 반드시 읽어야 할 필독서!!

회계원리

- 회계원리를 혼자 공부해도 좋을 만큼 쉽게 엮었다.
- 보통 어렵게 생각하기 쉬운 회계원리를 주택관리사 시험 내용에 따라 난이도를 설정하고 쉽게 이해할 수 있는 여러 가지 전달 형식을 적용한 대표적인 교재이다.
- 일반적으로 회계원리 과목의 과락을 면하려는 전략과 달리 오히려 고득점 전략과목이 되도록 엮었다.

공동주택시설개론

- 공학도가 아니더라도 혼자 공부할 수 있을 만큼 시설개론의 성격에 따라 간결하고 체계적으로 엮은 대표적 교재!!
- 시험에 나오는 영역을 우선순위에 따라 집중함. (특히 시설개론 특성상 진부한 내용을 생략해 수험생들의 헛수고들을 덜었다)
- 시험의 출제비중에 따라 집중화함

민법

- 민법을 혼자 공부해도 좋을 만큼 체계적으로 가독력과 이해력을 극대화해 고득점 전략과목이 되도록 엮었다.
- 종전의 민법총칙만 출제될 때와는 확연이 다른 개념의 출제범위와 깊이를 충분히 고려해 엮은 대표적 교재!!
- 시험의 출제비중에 따라 집중화함

주택관리관계법규

- 혼자 공부해도 좋을 만큼 알기 쉽게 체계적으로 엮은 대표적 교재!!
- 11개 법령의 1,000여 개 법조문 중 주택관리사시험에 나오는 시험내용을 쏙 뽑아주는 국내 최초의 대표적 교재!! (출제될 내용과 출제되지 않을 내용을 표시했음)
- 이 과목의 특성에 따라 개념과 시험의 핵심을 제시하고 헛수고하지 않도록 부피를 최적화했다.

공동주택관리실무

- 공동주택관리실무는 법령을 실무의 일반업무와 시설관리 업무 등에 적용하는 이론들이다. 경록 교재는 시험내용의 우선순위에 따라 꼭 필요한 내용만을 체계적으로 정리해 학습량을 줄이고 혼자서도 쉽게 공부할 수 있도록 알기 쉽게 엮은 대표적 교재이다!!
- 특히, 주택관리사가 현장에서 알아야 할 모든 현장의 시설들을 동영상으로 제작하여 경록홈피 kyungrok.com 에서 서비스한다.
- 시험의 출제비중에 따라 집중화함

Audio Video Physical e-Book

주택관리사 100%합격프로젝트!!
Winning Begins with Kyungrok

문제집 시리즈 — 경록 대한민국 최고 최대 중진출제위원급 저자그룹출제!! 가장 많이 풀어보는 99% 독보적 정답률 문제!!

회계원리 출제예상문제

- 회계원리 역시 고득점 전략과목으로 설정함
- 문제풀이로 국토교통부의 시험내용과 모든 문제유형을 기본서의 체계에 따라 총정리함

공동주택시설개론 출제예상문제

- 시설개론 역시 고득점 전략과목으로 설정함
- 문제풀이로 국토교통부의 시험내용과 모든 문제유형을 기본서의 체계에 따라 총정리함
- 문제를 풀면 기본서 전체를 진도에 따라 문제로 읽히는 효과를 얻게 함

민법 출제예상문제

- 1차 과목의 고득점 전략과목으로 특화함
- 문제풀이로 국토교통부의 시험내용과 모든 문제유형을 기본서의 체계에 따라 총정리함
- 문제를 풀면 기본서 전체를 진도에 따라 문제로 읽히는 효과를 얻게 함

주택관리관계법규 출제예상문제

- 주택관계법규 역시 고득점 전략과목으로 설정함
- 문제풀이로 국토교통부의 시험내용과 모든 문제 유형을 기본서의 체계에 따라 총정리함

공동주택관리실무 출제예상문제

- 공동주택관리실무 역시 고득점 전략과목으로 설정함
- 문제풀이로 국토교통부의 시험내용과 모든 문제유형을 기본서의 체계에 따라 총정리함
- 문제를 풀면 기본서 전체를 진도에 따라 문제로 읽히는 효과를 얻게 함
- 시간이 부족해서 아는 문제도 못 풀고 나와 실패하는 일이 없도록 완벽훈련 !!

적중실전모의고사 — 경록 대한민국 최고 최대 중진출제위원급 저자그룹출제!! 가장 많이 풀어보는 99% 독보적 정답률 문제!!

적중실전모의고사(1차 · 2차 종합)

경록!! 대한민국 **주택관리사**시험문제를 리드하는 가장 정통한 **모의고사시리즈!!**
- 보통 시험에서는 5배수로 출제되지만 10배수를 선정해 주요문제를 엄선 출제하였다.
- 주택관리사시험의 문제유형을 모두 반영해 어떤 문제도 빠져 나갈 수 없다.
- 주택관리사시험 전영역을 출제비중과 깊이를 고려하여 모두 커버할 수 있도록 출제하여 해설하였다.

정년없는직업!! 100%창업프로젝트!!

창업 / 겸업 / 부업 / 취업 / 직능향상

Winning Begins with Kyungrok

임대관리사

경록교재!! 어느 교육기관 어떤 책으로 공부했던지 반드시 읽어야 할 필독서!!

임대관리실무 / 임대용역관리계약실무 (합본)

임대차관리실무를 알면 누구나 임대수익관리를 할 수 있다.
수익형부동산, 주거형부동산의 실무지침서!!

- 임대업무 / 임대기준의 책정 / 임대차계약실무 / 채권확보 등

임대관리사법

부동산관리의 법률상식 수록
성인이라면 누구나 가져야 하는 꼭 필요한 기초 법률지식!!

- 법률행위 / 물권 / 채권 / 주택임대차보호법 / 상가건물임대차보호법 등

임대관리세무회계

부동산관리에서 기본적으로 꼭 알아야 할 세법과 회계 수록!!
임대관리사의 필수 세법과 회계!!

- 사업자등록과 부가가치세 / 취득세 / 양도소득세 / 회계 등

임대관리공법

임대관련 공법을 알면 부동산을 누구나 수익관리할 수 있다.
임대관리사가 꼭 알아야 하는 필수 공법!!

- 토지 이용 관련 규정 / 건축물 건축관련규정 / 건축물 관리 관련규정 / 건축물관련 주요 법정기준에 관한 규정 등

임대(재산)관리 총정리문제

임대(재산)관리사시험준비의 필수교재!! 임대관리사실무가 마스터됩니다.

공경매실무

경록교재!! 어느 교육기관 어떤 책으로 공부했던지 반드시 읽어야 할 필독서!!

공경매 경매절차

경매!! 절차를 잘 알면 낙찰 성공이 한눈에 보인다.
경매성공!! 똑똑하고 지혜로운 경매절차!!
이 책 속에 들어 있다.

- 부동산 경매절차가 법령에 근거하여 술술 풀리도록 엮었습니다.

공경매 권리분석

부동산을 사는 것이 아니라 권리를 사는 것이다.
권리는 돈이다!! 이 책을 보면 권리가 보인다.

- 권리분석을 전문가든 비전문가든 누구든지 보다 쉽고 간결하게 익힐 수 있고 물권별 권리분석의 체크 매뉴얼로 사용할 수 있도록 엮었습니다.

정년없는직업!! 100%창업프로젝트!!

창업 / 겸업 / 부업 / 취업 / 직능향상

임대(재산)관리사시험 □ 등록번호 : 2012-1164

수익형 부동산 임대(재산)관리시대!!

★ 수익형 임대주택관리 대행, 건물관리 대행, 상가관리 대행 등 선진국형 수익형 부동산 임대관리업 창업!!
★ 중개업, 임대관리업, 공경매는 부동산 3대 서비스 직종!!
★ 직접 투자 / 겸업 / 부업 / 취업 / 창업

공경매전문과정

공경매를 알면 돈이 보인다!!

★ 직접 투자 / 겸업 / 부업 / 취업 / 창업

kkf.or.kr

취업, 직장, 진학에서 가장 경쟁력 있는 한중일한자!!
한중일한자는 선택이 아닌 필수소양!!

한국지식재단
kkf.or.kr □ 등록번호 : 2011-1052

★ 세계의 가장 많은 사람들이 사용하는 정자, 간자, 약자가 술술~
★ 세계의 가장 많은 사람들이 공부하는 한중일한자가 술술~
★ 모든 한자시험이 동시에 술술~
★ 한국, 중국, 일본의 일반교과서 어휘가 술술~
★ 한국어, 중국어, 일본어, 영어가 술술~
★ 한중일 FTA(자유무역협정)시대 필수소양 ~

kkf.or.kr

술술풀리는 **한중일한자**
9급 8급 7급 6급 5급 4급 3급 2급 1급

인터넷, 스마트폰, MP3, PMP, 태블릿 PC 24시간 무한 반복학습 가능

한중일한자교육개발원

kcjc.co.kr

조리기능사·기사·기능장 / 떡제조기능사

● 조리

조리기능사 — 교재 / 전문기획 인강

조리기능사 교재를 혁신했습니다. 시험을 리드하는 교재와 최초의 완벽 인강 마스터 코스!!

- 필기
  - 조리기능사 한방에 필기
  - 조리기능사 필기 10개년 기출문제집
- 실기
  - 조리기능사 실기 한식
  - 조리기능사 실기 양식
  - 조리기능사 실기 중식
  - 조리기능사 실기 일식·복어

경록의 필기·실기 전문기획 인강이면 초단기합격이 가능하고, 비용도 훨씬 절감됩니다. 기능사, 산업기사, 기능장의 실기인강을 생생하게 무제한 반복수강할 수 있어 자연히 익혀 집니다.

지금 경록홈페이지에서 체험해 보세요.

조리기능장 — 전문기획 인강

- 조리기능장 실기 한식 인강
- 조리기능장 실기 양식 인강
- 조리기능장 실기 중식 인강
- 조리기능장 실기 일식·복어 인강

한식조리산업기사 — 교재 / 전문기획 인강

한식조리산업기사 완벽한 교재와 국내 최초 인강 마스터 코스!!

한식조리기능장 — 교재 / 전문기획 인강

조리기능장 완벽한 교재와 국내 최초 인강 마스터 코스!!

조리기능사 전문기획 인강

- 조리기능사 필기 인강
- 조리기능사 실기 한식 인강
- 조리기능사 실기 양식 인강
- 조리기능사 실기 중식 인강
- 조리기능사 실기 일식·복어 인강

● 떡

떡제조기능사 — 교재 / 전문기획 인강

떡제조기능사 교재를 국내 최초로 만들었습니다. 시험을 리드하는 교재와 최초의 완벽 인강 마스터코스!!

- 떡제조기능사 필기
- 떡제조기능사 실기

떡제조기능사 베스트셀러 교재

- 떡제조기능사 필기
- 떡제조기능사 필기 출제예상문제
- 떡제조기능사 실기

떡제조기능사 베스트셀러 전문기획 인강

- 떡제조기능사 필기 인강
- 떡제조기능사 실기 인강

조리산업기사 전문기획 인강

- 조리산업기사 실기 한식 인강
- 조리산업기사 실기 양식 인강
- 조리산업기사 실기 중식 인강
- 조리산업기사 실기 일식·복어 인강